• 高校思想政治理论课教学研究丛书 •

丛书主编　杨金洲　张涛华

中国近现代史纲要专题

主　编　刘启春
副主编　黎海波

WUHAN UNIVERSITY PRESS
武汉大学出版社

图书在版编目(CIP)数据

中国近现代史纲要专题/刘启春主编.—武汉：武汉大学出版社，2020.12(2022.4 重印)
高校思想政治理论课教学研究丛书
ISBN 978-7-307-21486-6

Ⅰ.中…　Ⅱ.刘…　Ⅲ.中国历史—近现代—教学研究—高等学校　Ⅳ.K25

中国版本图书馆 CIP 数据核字(2020)第 071311 号

责任编辑:黄金涛　　责任校对:汪欣怡　　版式设计:马　佳

出版发行：**武汉大学出版社**　(430072　武昌　珞珈山)
(电子邮箱：cbs22@ whu.edu.cn　网址：www.wdp. com.cn)
印刷:武汉邮科印务有限公司
开本:720×1000　1/16　印张:16.75　字数:233 千字　插页:1
版次:2020 年 12 月第 1 版　2022 年 4 月第 2 次印刷
ISBN 978-7-307-21486-6　定价:48.00 元

目　录

第一讲　历史循环与殖民侵略

鸦片战争是中国历史上的一次划时代的重大事件。中国近代历史就是以此为开端的。要了解中国近代史，所碰到的第一大事件自然就是鸦片战争。鸦片战争为什么爆发？中外史学界对这个问题的看法是不一致的，有的西方学者认为这场战争爆发是由于“商务上的误会”，有的认为是导源于“东西方文化之间的冲突”。有的说这是一个纯偶然性的事件，果真如此吗？我们说不是。鸦片战争的爆发绝非偶然，我们可以在世界历史和中国历史发展、演变的“坐标”中找到它的必然性。所以，要了解鸦片战争，首先需要考察一下它的历史背景，也就是战前世界和中国的社会历史概况。这样就不至于局限于就事论事的偏弊之中，而可从宏观历史的高度，从广阔的视野下认识这一事变发生的历史必然性，明辨是非。

一、鸦片战争前的中国与世界

（一）清朝统治的衰落

清朝在 18 世纪时达到了封建王朝的盛世阶段，封建经济、文化的发展都达到了前所未有的高度，出现了“康乾盛世”的局面。然而，到 18 世纪末年，封建王朝的衰落就已经出现了征兆。嘉庆在位的 25 年（1796—1820 年），是清王朝的一个转折期，社会矛盾在这一阶段开始激化，无论政治、经济以及文化上，都开始走下坡路。

1. 政治上

乾嘉以来，吏治日益腐败，大小官员贪污成风，营私舞弊，贿赂公行。从中央到地方的高级官僚(大学士、军机大臣、总督、巡抚等)多次发生惊人的贪污案件。嘉庆帝在位时，他以节俭著称，以整顿吏治和社会的奢靡之风为政治上最重要的事，即位之初诛杀和珅。和珅在乾隆朝权倾朝野，揽朝政达20多年，积累的不义之财竟达四亿两之多，相当于当时清政府八年的总收入。地方官吏巧取豪夺，更是无孔不入。

漕运、盐务和河工的经费，都是大小官吏贪污的主要来源，这三项被称为清代的三大弊政。(在封建王朝，社会经济生活中，流通的物资主要是粮食、食盐和棉布)除了军费开支之外，这三项成为清政府最大的财政支出，也成为官吏贪污的渠道，而无论是漕运、盐务或河工的银两，都分摊到人民头上，造成农民沉重的负担。

道光即位之后，情况是否能有改观呢？嘉庆25年(1820年)，嘉庆帝死，旻宁即位，年号道光。道光也崇尚俭德，并也力图改革弊政。他首先从漕运的改革入手，任命安徽布政使陶澍为江苏巡抚，命他试办海运，道光六年(1826年)第一次派出海运船只，沿海北上，运至天津，这样就改变了以往从运河漕运的传统，既节省了时间，也节省了费用，为改革漕运弊政积累了经验。陶澍在为两江总督之后，又开始改革盐政，实行票盐制，就是说在盐场区之适中的地点设局收税，照章交纳税课之后，在限定的地域和期限内自行贩卖，这样就革除了盐商垄断的弊病。这些措施都取得了一定成效。但是，各项弊政仍然是积重难返。

道光帝一朝是清朝的转折点，是中国近代百年社会变革的起点和开端。此间，清政府的政治前途一方面受制于王朝衰落的大势；再则，受制于中国向资本主义世界开放的时代大势。这说明统治者已面临着一个与古代社会迥异的新时代。到道光君臣依然沿袭着古代的政治理想与传统，按祖宗成法治理着不断变动的中国，在政务等各方面见不到新的气息。苦命皇帝道光是有清一代唯一系嫡出的皇帝，作为乾隆的宠孙，是清代读书最多的皇帝之一。他以守成、扎实为朝政的宗旨，鉴于国家经济的困顿，道光帝克勤克俭，力戒浮华，身穿带补丁的衣服，平时御膳不超过四样菜肴，嫔妃非节庆不得食肉，至于外出巡幸、营建宫室、梨园声色更是不去追求，仅仅是节省了自己，社会上盐商、官员的豪奢，为其意想不到，而不该省的军备偏偏节俭。

道光帝力图振作，但是他倚重的官员却是曹振镛、穆彰阿(满洲镶蓝旗人，嘉庆进士，在道光朝任军机大臣二十余年)这些或是奉无所作为为信条、或是佞臣的官吏，这就使吏治更加败坏。穆彰阿当国时，“门生故吏偏于中外，……一时号为穆党”。他的私党里旗人最多，外放为总督、巡抚、道员、知府等官，招权纳贿；旗员知府，大多目不识丁，全靠幕僚和家丁为他们搜刮经办。

2. 经济上

中国封建王朝的发展过程，总是伴随着土地的集中过程而发展的。到19世纪前后，封建土地集中达到了惊人的地步。皇帝拥有众多的皇庄，皇帝以下的大贵族大官僚，买田的活动十分普遍。而土地集中的过程，也就是农民失去土地的过程、农民日益贫困化的过程。农民被迫租种地主的土地，并承担50%以上的实物地租，依附于地主，无法脱离土地的束缚。农民与地主之间的矛盾趋于尖锐，社会更加动荡不安，这是当时中国社会最普遍的状况。过速的人口增长，也成为严重的社会问题。1835年中国总人口达4亿多，人口增长速度越来越快，而耕地面积不可能成倍增长。嘉庆年间全国人均耕地二亩多，道光年间已下降到不足二亩，这也造成了流民增多，加剧了社会动荡。

在中国封建社会中，小农业和家庭手工业相结合的自给自足的自然经济，在整个社会占据主要地位。农民不但生产自己需要的农产品，而且生产自己需要的大部分手工业品。随着商品经济的发展，在封建社会内部孕育着的资本主义萌芽逐渐增长。这主要表现在农产品的商品化和金融业的发展，具体来说：经济作物的增长，如棉、桑、茶叶、烟叶等，粮食的商品化程度也在发展。传统的手工业也达到了一定的水平，出现了具有资本主义因素的手工工场。金融业的发展表现在典当、钱庄、票号等组织的活跃。典当商是清代的三大商业势力之一(盐商、木材商)。钱庄在南宋末年就已经萌芽，票号则起源于乾隆年间，山西商人在天津设立日升昌颜料铺办理汇兑开始的，山西票号在近代中国经济史上占有重要的地位。钱庄和票号的发展，说明商业资本在货币流通和信贷方面的作用增强。(如史若民：《票商兴衰史》，中国经济出版社1998年版)但是，在封建生产关系的桎梏下，资本主义生产方式的因素发展缓慢。

3. 军事上

清朝的军队，不算临时招募的乡勇，仅八旗、绿营的正规军，总数约有八、九十万人，每年消耗饷银两千万以上，但在鸦片战争之前都腐朽不堪。例如所谓“京师首善之区”的劲旅，无论是八旗骁骑营、八旗步兵营或是绿营军，军官无不吞饷肥私，花天酒地。士兵不勤操练，许多人竟吸食鸦片，聚开赌场。军事训练无人过问，防守空虚。外省的军队中，骑兵往往没有马，水勇素来不习水，操阅时，骑兵便临时雇寻马匹，水勇雇寻渔户，冒名顶替。武器锈烂不堪，火药的制造，则克扣硝、硫。沿海的水师，大都老弱无用，战船多半是用薄板旧钉钉成，“遇击即破”。松江、上海、福州、厦门等地，每逢修理战船，武官就向修船的文官索取贿赂，而且越索越多。贿赂越多，坏船可以虚报为好船，贿赂少的，好船也不肯验收。炮台上的土炮，因铸造时敷衍了事，蜂眼很多，施放时经常炸裂。炮子的火药里掺了大量的沙石，力量微弱。

在这样的历史背景下，在19世纪前后，多次发生农民起义，如1796年的白莲教起义和1813年的天理教起义。在这两次起义之后，各地各族武装起义不断，尤其是长江流域及珠江流域的广大地区，以天地会为主体的秘密反清组织到处结会开党，蓄积力量，并发动多次起义，白莲教也在各处广泛活动。

在鸦片战争之前，清王朝已经面临深刻危机。国内矛盾已经相当尖锐，农民起义正在酝酿，与此同时，以英国为首的资本主义侵略者撞开了中国的大门。

（二）西方资本主义的发展和殖民扩张

1. 世界大势

在清王朝入关统治中原的同时，世界形势也发生了巨大的变化。1640 年，英国发生资产阶级革命，1789 年，法国也发生了资产阶级革命，资本主义制度在世界上确立起来。欧洲主要资本主义国家在资产阶级革命胜利前后，积极向海外进行殖民扩张。他们依靠海盗式掠夺、直接搜刮、贩卖奴隶、走私鸦片以及发动殖民战争、争夺海上霸权等残酷手段，从亚洲、非洲、美洲攫取了大量财富。西班牙、葡萄牙、荷兰这些老牌的海上殖民帝国在 17 世纪已经衰落，他们的殖民地或是被英、法等国夺去，或是刚刚摆脱殖民统治而独立。

1784 年，瓦特发明蒸汽机，英国出现工业革命，机器工业逐渐取代工场手工业，生产关系和社会结构也发生了急剧变化，工业生产的发展突飞猛进，迅速发展成为当时世界最先进的工业国。英国资产阶级一面对内加强统治，一面对外发动侵略战争，到处扩张殖民地，开辟新的市场。在亚洲，17 世纪时，英国东印度公司就占领了印度的马德拉斯、孟买和加尔各答，18 世纪中叶，英国又直接出兵占领孟加拉。到 19 世纪 30 年代，除了少数地区，整个印度都成为英国的殖民地，从此，印度成为英国侵略亚洲的后方基地。英国用来打开中国大门的特殊商品——鸦片的主要产地就在印度的孟加拉。印度沦为殖民地，对西方资本主义世界和对中国产生了深远的影响。1824 年，英国又把马来亚的槟榔屿、马六甲和新加坡合并起来，建立海峡殖民地。北美的加拿大和大洋洲的澳大利亚在 18 世纪成了英国的殖民地。19 世纪时，新西兰、西非洲的一些地区和南非的开普地区，英国也建立了殖民地。到 19 世纪前期，英国取得的殖民地领土约 200 多万平方公里，人口达一亿人左右，掌握着资本主义世界的霸权。

法国资产阶级大革命后成为仅次于英国的资本主义国家。18 世纪中叶，在英法争夺殖民地的战争期间，法国在北美和印度的殖民势力大部分被英国驱逐，但仍保留非洲的塞内加尔殖民地和南美洲的法属圭亚那，1830 年北非的阿尔及利亚成为法国的殖民地。

1775—1783 年的北美独立战争后，美利坚合众国建立，美国的资本主义虽比英法起步稍晚，但发展很快。1803 年、1819 年美国分别从法国、西班牙购得大片土地，领土扩大，美国的商人活跃在世界各地。

俄国长期处于封建农奴制统治之下，但是对外扩张一直是沙皇俄国的政策，17 世纪中叶以后，就将侵略活动推进到中国的黑龙江地区。德国在 19 世纪 30 年代资本主义才有了较快的发展，但还处于四分五裂的状态。日本在 17 世纪以来，一直处在德川家族的封建军事专政之下。

2. 早期侵华活动

早在 15 世纪末 16 世纪初，即明朝中叶，西方资本主义还处在原始积累阶段，葡萄牙和西班牙这两个新兴的海上强国，先后到达东方。葡萄牙自西到东，绕过非洲南端的好望角到达印度，强占果阿，又攻灭马六甲，并于 1514 年第一次到达广东海面。1557 年葡萄牙租借澳门，每年纳地租银 1000 辆(后逐渐减为 500 两)，历来均向香山县缴纳。西班牙来远东的方向是自东向西，由南美洲到达菲律宾，建立殖民统治。1575 年首次到达中国，要求通商，得到明朝政府允许。

荷兰经过尼德兰革命摆脱西班牙的统治而独立后，开始向外扩张。1601 年，荷兰人第一到广州要求“通商”，遭到明政府拒绝。荷兰人在东南沿海一带活动，先后以澎湖、台湾为据点活动。1661 年郑成功驱逐了荷兰侵略者，收复台湾。荷兰便帮助清政府镇压郑氏政权，并借口“助剿有功”，取得对华贸易权。荷兰人一方面利用清朝皇帝的虚骄心理，遣使朝贡，向皇帝三跪九叩，另一方面在东南亚等地区大规模屠杀华侨。

法国在亚洲的侵略目标主要是越南和中国。1640 年，法国开始对华贸易活动。1660 年，法国成立中国公司。随后，不断派遣传教士来华。1698 年，第一只法国商船抵达中国，其中就有一批传教士随船而来。美国在 1784 年开始与中国通商，虽起步晚，但发展迅速。

俄国的侵略矛头也指向了中国东北和新疆地区。17 世纪中叶，武装侵入我国黑龙江领域和贝加尔湖以东地区。中俄两国先后签订《尼布楚条约》(1689)、《布连斯奇条约》(1727)，规定了两国东段和中段边界。东段以外兴安岭至海、格尔必齐河和额尔古纳河为界，肯定黑龙江流域和乌苏里江流域的广大地区都是中国领土；中段以西起沙宾达巴哈、东至额尔古纳河为界。中国西部疆界在巴尔喀什湖。后俄国相继吞并哈萨克、布鲁赫等国家。

英国在 17 世纪完成资产阶级革命，18 世纪后半期，英国又最早发生了工业革命，远远超过了葡萄牙、西班牙、荷兰等国，成为侵华的主角。早在 1637 年，英国兵舰驶抵中国广东，不顾明朝政府的禁令，竟然闯入珠江，炮击并占领虎门炮台。中国军民坚决抵抗，击退侵略军。

1792 年(乾隆 57 年)，英国以祝贺乾隆八十寿辰(在 1790 年)为名，派遣马嘎尔尼为首的使团启程来华，次年 7 月到达大沽海口，9 月在热河觐见皇帝时提出：(1)开放宁波、舟山群岛及天津为通商口岸；(2)在北京设立商馆；(3)将舟山群岛之一海岛划给英国，作为英国商业基地；(4)将广州附近一块地方拨给英国，供英商居住；或允许英人在广州“出入自便”；(5)减免英货在广州和澳门之间的税额。这些要求的侵略意图至为明显，乾隆皇帝向英王颁发“敕谕”逐条驳斥，马嘎尔尼扫兴而去。

开始时，清政府盛情款待，后因英使坚决不同意向乾隆帝行跪拜礼而使双方关系紧张。1816 年，英国又派遣阿美士德为首的使团来华，主要目的是谋求驻使北京，开放北方通商口岸及争取广州的英商有更大的自由。但这个使团由于觐见的礼仪问题，同清政府争执不下。阿美士德等人坚持不行跪叩之礼，因而被清政府逐回。

1832年，英国东印度公司派遣一个叫礼士的船主，带领广东商船支援林塞(化名胡夏米)，及传教士郭士立(化名甲利)，乘武装商船阿美士德号，一行七十多人，由澳门出发北航，经厦门、福州、宁波、上海、山东文登县刘公岛以及朝鲜，前后六个月，才回到澳门。一路之上，他们以贸易和传教做幌子，实际上是从事调查沿海驻军人数、装备、测量和港湾，绘制航海图，散发宣传品和勾结汉奸内应等特务活动。根据侦查结果，极力鼓吹对华发动贸易侵略战争。

1831年，英国发生了议会改革，工业资本家进入了议会，土地贵族和金融贵族的政治垄断被打破，议会决议于1834年废除了东印度公司对华贸易的专利权，任何英商都可以自由到中国进行贸易，这是英国对华政策的一个重要转折。在此之前，中英贸易是由两国的商业垄断机构——中国的公行和英国的东印度公司作为媒介进行的，英国在华的商务代表由东印度公司派人充任，叫作“大班”“二班”，他们必须按照清政府在闭关政策下形成的一套规章办事。而在此以后，英国政府就直接派遣“驻华商务监督”，代表英国政府，也就是代表英国整个资本家阶级，同清政府打交道。驻华商务监督与大班不同，他们比后者更傲慢、更强硬，更不接受清朝政府和公行的约束。与此相反，他们还要踢开公行，直接同清朝政府高级官吏交接，贯彻自己的侵略要求。从此，中英关系进入一个新阶段。

3. 中英双方武器装备的对比

在武器装备上，英军已处于初步发展的火器时代，而清军仍处于冷热兵器混用的时代。冷兵器指的是矛刀弓箭。清军使用的火器，主要不是中国发明研制的，而是仿造明代引进的“佛朗机”“鸟铳”“红夷炮”等西方火器样式制作的。鸟枪是一种前装滑膛火绳枪，士兵在发射前须从枪口装填火药，再塞入弹丸，以火绳为点火装置，射程约100米，射速为 1~2 发/分钟。

英军装备的是：伯克式(Barker)前装滑膛燧发枪，点火装置为摩擦燧石，射程约 200 米，射速 2~3 发/分钟，为 1800 年发明。布伦士威克式(Brunswick)前装滑膛击发枪，点火装置为击发枪机撞击冒火，射程约 300 米，射速 3~4 发/分钟，于 1838 年使用。

清军武器：枪身太长，点火装置落后，射速慢，射程近，无法再装枪刺，清军鸟枪并无定期修造报废更换制度(有用 166 年尚未更换的)，数量不足，质量低劣。

清军使用的大炮，主要是仿照西方 17 世纪至 18 世纪的加农炮系列，到 19 世纪鸦片战争时，与英军相比，在式样及机制原理上大体相同，而差别在于制造工艺引起的质量问题上：(1)铁质差(冶炼技术落后，铁含杂质多，气孔气泡多，容易炸裂，解决办法一是加厚火炮的管壁，因此有数千斤的巨炮，但十分笨重，威力小。二是使用铜炮，数量非常少)；(2)铸造工艺落后；(3)炮架和瞄准器具不全或不完善，很多炮是固定的，不能灵活转动，很多炮架为木架，大多数炮无瞄准器具，主要靠经验来瞄准。(4)炮弹种类少，质量差，多为实心弹，英军已有实心弹、散弹、爆破弹等几种。

火药均为黑色火药，但清军火药中含硝量过高，容易吸潮，不便久储，爆炸效力低。

舰船方面英军海军为当时世界之最(木制，夹板船，包铜，双层，两桅或三桅，军舰大，安炮多)。清军时称“水师”，主要有福建水师和广东水师，而其任务并非出洋作战，而是近海巡缉、守卫海岸，主要是针对海盗的，相当于海岸警卫队。水师的主要兵力，主要并不在舰船上，而是驻守于沿海、沿江的众多炮台、城寨、要隘，许多海防要地、陆上防守全由水师负责。清军水师最基本的特点是船小，并不是中国造不出远洋舰船，而是根据乾隆年间固定下来的“工部军需则例”、“户部军需则例”，限制了式样和修造军费。因此在鸦片战争中中英军事武器水平差距悬殊，清军根本不敢以水师出海迎战英军舰队，迫使清军放弃海上交锋而专注于陆地，丧失了战争的主动权。

(三)闭关政策

1."闭关"政策的起源和演变

我们知道，中国在长时期的封建社会里有些王朝并不是闭关锁国，而是开放的。只是到了明、清某些时候，才实行了"闭关"政策。"闭关"政策肇端于明朝的"海禁"。明朝初年，朱元璋就立下了"不许寸板下海"的祖训，后来"海禁"一度松弛(郑和下西洋就发生在明朝)。再后，为了防御倭寇的侵扰，又曾厉行"海禁"。清朝开国之初，并没有实行闭关政策，还发布过鼓励海上贸易的上谕。从顺治十三年，(1656年)开始，皇帝连续发布两道命令：一是"禁海令"，规定"片帆不得下海"，"片帆不得出洋"；另一道是"迁海令"，规定广东、福建、浙江、江苏等省沿海军民，一律内迁五十里。当时实行这些措施，目的主要是对付以郑成功为首的反清势力(郑成功反对其父郑芝龙降清在广东南澳起兵从事抗清活动，1661年从厦门出发至台湾，从荷兰人手里收复台湾)，有言："海上穷寇，内援既断，来无所掠，如婴儿断乳，立即饿毙矣!"这种彻底的闭关政策，清政府实行了将近三十年，平定了台湾等地反清势力后，清政府于1685年(康熙二十四年)决定部分地开放海禁，实行对外贸易，起初是开四关贸易(广东之澳门，福建之漳州，浙江之宁波，江苏之云台山)，到1757年(乾隆二十二年)只留广州一关而封闭其他三关。与之密切联系的就是"公行制度"。

何谓"公行制度"？这是在闭关政策之下清政府对外贸易的一种管制办法。粤海关虽有清廷和地方大员控制管理，但政府及海关不直接与外商发生关系，一切事务都要通过"洋行"居间经办。后来各洋行之间为了避免过分竞争，就组成了一种行会性质的"公行"，"公行"里的洋行通称"十三行"。大家要注意，"十三行"只是一种习惯性叫法，并非洋行的固定数目，或多或少，只是在1813年、1837年两年恰好十三家者而已。公行的主要任务的：承销外商的进口货物，并为之购出口货物；划定出口货物的价格；经手交纳进出口货物的海关税；照管外商的生活，并监督其行动；居间传达清政府对外商的指令及外商向清官方的提出的意见、禀贴，具体经办清政府对外商的一切联系事宜。可见，公行既是中外商人联系的中介，又是清政府与外商联系的中介。它既具有商业的职能，又具有政治、外交的职能。

清政府对外商的管理办法：

(1)禁止外商在广东过冬。外商到广东，必须住在行商为之特别建立的“夷馆”中，其生活、行为由行商负责照管；

(2)禁止拖欠外商银两；

(3)外商雇佣中国民人，加以限制；

(4)“夷船”停泊地方，派兵丁加强巡逻；

(5)“夷船”到中国后，不入口纳税，而在外洋停泊、走私漏税、贩卖鸦片，立即驱逐；

(6)禁止偷运枪炮到商馆；

(7)外国妇女不许居住广州夷馆，只许停留船上或居住澳门。

上述对外国商人的严格限制，并不是闭关政策的主要内容，最主要的在于它对国内实行的一些商业的、文化的政策：

(1)对国产货物出口的严格限制：粮食、铁及铁器、硫磺、硝等物，均严禁出口；丝及丝织品、茶叶、大黄的出口量严格限制。

(2)严格限制中国商人制造海船。

(3)长时期的“海禁”解除后又有一段时期禁止华商赴南洋等地贸易等。

(4)对西方资本主义的科学文化，都采取深闭固拒的态度。对西方制造品，一律斥为“奇技淫巧”，予以排斥。

(5)禁止中国史书出洋，禁止中国人教授外人汉文，否则即视为“奸民”“汉奸”，严拿治罪。

(6)由行商垄断对外贸易，而又对行商无情勒索敲诈，如：外商到广州，须住在为之特别建造的夷馆，不得任意外出闲逛，也不许中国民人接触夷馆，禁止外商在广州过冬(1831 年宣布撤销)，不准外国妇女来广州夷馆居住等等。

2. 实行闭关政策的必然性

清王朝统治下的中国在文化上以儒家文化为主导，在经济上自然经济居于统治地位。前一个因素使之极端轻视夷狄；后一个因素则使之无求于外国。于是对外贸易成了可有可无之事，而最终未加取消，则完全是对夷狄的恩典和怜悯。在这样情况下，实行一种限制对外贸易的政策，即“闭关政策”。

闭关政策不同于通常的严格管制对外贸易的政策，而是一种封建主义的对外和对内政策，这种政策不限于外贸和外交的领域，而且在政治、经济和文化上带有与世隔绝和盲目排外的倾向，一些亚洲国家的封建政府也曾实行过类似政策，实行这一政策带有一定的必然性，具体表现在：

(1)它是封建自然经济的产物。在中国，封建专制制度立足于小农自然经济的基础上。在这样的自然经济下，连国内市场的商品交换都还没有充分发展起来，更何况广泛的对外贸易，封建统治者认为可有可无。田赋是封建政府的主要财政来源，工商业税收只占很次要的地位，对外贸易更加无足轻重。

(2)它是封建中国被迫自卫的一种简单手段。当西方资本主义国家初到中国时，就充分暴露了它们的海盗习性，在东南沿海无恶不作。清政府不能不进行防卫，最简单的办法就是闭关。

(3)封建统治者妄自尊大的心理。中国是有着悠久历史和文化的大国，农业、手工业素来发达；近几千年来，周围的邻国一般都是相对的后进小国。中国和周围国家商业上、文化上的交流，相当大部分是通过“朝贡”“贡舶贸易”的方式进行的。久而久之，封建统治者养成了一种骄虚心理，认为自己是“天朝上国”，别人是“夷狄蛮貊”；外国使者到中国，无非是“输诚向化”“万方来朝”。西方侵略者撞开中国的大门，在封建统治者的眼里仍然是那么回事。1792 年，英国派马嘎尔尼出使中国，目的是为了侵略，而清朝君臣却要自欺欺人地当作“朝贡”。英国在贸易中经常践踏中国的主权，对清朝地方官行文中称呼外国“蛮夷”表示反对，认为有轻辱之意，广东地方官的答复为：“蛮夷二字，系外国统称。在南曰蛮，在西曰夷，只系称呼，并无轻辱之意。岂可推敲字句?”

3. 闭关政策的不良后果

从表面上看，闭关政策容易被理解为对外国商人的刁难和压制，而事实上，闭关政策并没有起到对外“关紧大门”，反而对内却造成了不良后果：

(1)闭关政策阻碍了国内资本主义萌芽的生长；

(2)闭关政策阻碍了科学文化的发展。

二、反对英国侵略的战争

(一)鸦片泛滥和中国的禁烟

1. 战前的中英贸易概况

西方资本主义迅速崛起后，出于发展资本主义的现实需要而来到东方。作为农业经济的中国，欧洲商品首先受到了中国自然经济的抵御。一方面中国农民不仅生产自己食用的粮食，而且还生产自己需要的纺织品、生活用品；另一方面中国农民的贫困程度也是惊人的，大多数农民几乎总是处于饥饿状态之下，不可能购买商品。欧洲商人运往中国的商品既不对路，再加上运输成本、价格又高，所以除了少量的毛织品、金属制品和从印度转贩而来的棉花外，欧洲商人的其他商品在中国几乎无人问津。在闭关政策下，外商在对华贸易活动中处于极其不利的境地。这表现在其商品在华销售非常困难，而中国的茶叶、大黄、丝绸、瓷器又为其所必需，只好以现金来支付茶叶等中国商品的价款。英国商船载着墨西哥或西班牙银圆驶往中国，然后载着茶叶等中国商品返航。这就导致了在中外贸易中，中国处于出口额要远大于进口额的“出超”地位。这种贸易逆差由欧洲国家以白银来弥补，白银源源不断地流入“天朝”。为了扭转这种局面，英国政府及其商人设法：派遣使节出访中国，力图说服皇帝，改变闭关政策；结束了东印度公司垄断对华贸易的特权，采取更为灵活的经营方式，增加商品种类：煤炭、铜、钢铁、麻布、斜纹布等，但这些均告失败。

2. 鸦片贸易及危害

鸦片学名罂粟，俗称大烟。原产于南欧及小亚细亚，后传入阿拉伯、印度及东南亚等地，最初是当作药材传入中国的。英国向中国输入鸦片始于18世纪中叶，每年不超过200箱，以后逐年增加。1773年，英印殖民政府确立了大量种植及向中国大量输入鸦片的政策，并给予东印度公司制造和专卖的特权。英国强迫印度农民种植罂粟，在加尔各答等地设立加工厂，制造适合中国吸食者口味的鸦片，由东印度公司以高于成本10倍的垄断价格将鸦片卖给英国烟贩。嘉庆元年(1796年)以后，由于清政府的禁烟，由港脚商人向中国走私鸦片。英国运往中国的鸦片有两种：孟加拉鸦片和马尔瓦鸦片。到19世纪，鸦片走私更形猖獗，由于清政府的禁烟，鸦片贸易从广州内河转改以走私的方式在澳门和黄埔之间徘徊。

英国强迫印度生产鸦片，换取中国的白银，借以扩大英国工业品在印度的销路。印度用种植鸦片的收入，购买英国纺织品，英国用印度的鸦片换取中国的茶、丝，运销英国和世界各地。可见，在英国—印度—中国，即棉纺织品—鸦片—茶、丝，在这循环的三角贸易中，鸦片起到重要的作用。

鸦片大量输入的影响：

(1)改变了中国对外贸易中的长期优势，英国由原来的入超变为出超，而且这种差额越来越大；

(2)清朝统治阶级更加腐化，军队更加丧失战斗力；

(3)严重破坏中国的社会经济，白银外流造成银贵钱贱，一方面造成清政府的财政陷入困境，另一方面直接加重了劳动人民的负担；

(4)工商业的普遍萧条和衰落。

3. 道光帝禁烟

道光帝对鸦片走私的注意开始于财政危机的加深，力图禁烟。

清政府禁烟始于雍正七年(1729年)禁烟令颁布。其后，乾隆、嘉庆两朝沿袭了这一禁令。但那时的禁烟政策主要是针对贩卖者和开设烟馆者，处罚力度不太重，一般是处以枷号和充军的处罚，未规定对吸食者该如何处理，而且执行情况也不理想。当然，当时中国吸食者不多，鸦片输入量不大，危害尚属有限。清政府禁烟以后，鸦片贸易退出了广州内河入口，转移到了澳门。澳门一时成为鸦片输入内地的集散地。英国商人于正常货物之内夹带鸦片，在广州黄埔走私，造成了道光朝鸦片的泛滥。

道光元年(1821年)，道光帝决定实现“源流并重”的禁烟方针，颁布了一系列的禁令，作出了对“开馆者议绞、贩卖者充军、吸食者杖徒”的新规定，比前代历次禁烟令都要严格，相当严格地执行了禁烟政策。而在禁烟最严格的时期，鸦片的泛滥也达到了空前的程度。

其主要的责任在地方官，此时官僚队伍十分腐化，国家机器运转不灵，上谕自然难以贯彻，加之一部分沿海官商将鸦片视为利益所在，更要想方设法对禁烟令加以破坏、抵制或歪曲，造成禁烟难度很大。地方官对禁烟政策在总体上不持异议，但在实施上则信心不足。如：禁止种植鸦片，虽有“铲毁”“锄毁”规定，但种植鸦片均在中国边远省份的深山穷谷或少数民族之地，为统治力量的薄弱之区；至于在关津要道加派胥吏稽查，而胥吏的素质又可想而知，实行起来反而转为滋扰人民，为其别开一生财之道。外国鸦片贩驾船接济，防不胜防；吸食者被处以杖徒的刑罚，但与犯瘾的痛苦相比，毕竟还可以忍受。这一政策对吸食者实际上产生不了什么威慑力，对贩运者来说，巨额利润使其敢于冒一切风险。

4.“驰禁”和“严禁”之争

道光13年、14年(1833年、1834年)，道光帝的禁烟政策面临严峻的考验，一方面鸦片泛滥，白银外流的问题必须解决；另一方面，鸦片又确实难禁。在这种情况下，有了“新思路”。

道光四年(1824年)，广州学海堂在19世纪为华南最著名的学术中心，(顺德人)何太青提出了驰禁论，向广东按察使许乃济(许乃济，1777—1839，浙江仁和人，嘉庆进士)和学海堂的堂长吴兰修推销其驰禁理论，得到许、吴赞同，主要提出了允许内地自种鸦片、抵制鸦片走私，同时也解决了白银外流、银贵钱贱和走私者腐蚀清政府官员的问题，得到许、吴的赞同。

道光16年(1836年)，改任太常寺卿的许乃济上《鸦片例禁愈严流弊愈大亟请变通办法折》，提出了全面的驰禁主张：鸦片交易合法化(药材税)，“文武员弁士子兵丁等不得吸食，其民间贩卖吸食者，一概勿论”，“内地民人允许栽种罂粟”。这一奏折得到了一部分广东地方官吏和士绅的支持，如两广总督邓廷桢的赞同。

但许乃济的奏议遭到了大多数人的反对，如礼部侍郎朱嶟、兵部给事中许球、江南道御史袁玉麟等。他们先后上奏批驳驰禁论，主张严禁鸦片。1838年，黄爵滋提出了禁烟新思路——重治吸食。

黄爵滋(1793—1853)，江西宜黄人，字德成，号树斋，道光进士。曾任翰林院编修等职，此时任鸿胪寺卿。道光18年(1838年)6月2日，上《严塞漏卮以培国本折》，提出重治吸食：广传戒烟药方，限期一年戒绝；过期仍吸者，平民处以死刑，官吏加等治罪，其子孙不准参加科举考试。道光帝将此奏下发各督抚将军讨论，禁烟政策大讨论再次展开。

道光帝共收到29份复奏，由于皇帝已经在谕旨中表露了严禁鸦片的政治倾向，故督抚中没有一人主张驰禁，所有人都主张加强对烟贩、销售者的打击和处罚力度，严禁鸦片在政策的表面上取得了一致。而如何严禁，有8份奏折基本同意黄爵滋的主张，其中有湖广总督林则徐、两江总督陶澍、四川总督苏廷玉等。其余的人只主张对吸食者加强打击力度，不同意处以死刑，并格外强调应该严查海口，以杜其源。

在我国史学界，一直认为在战争爆发前，在禁烟的问题上，清政府中存在着两种对立的派别：即以黄爵滋、林则徐为首的“严禁派”；以穆彰阿、琦善为代表的“驰禁派”。两派在禁烟过程中进行着尖锐的斗争，孔祥吉发表《近代史研究》上的《鸦片战争前期统治阶级内部斗争探析》提出，在清王朝中，从来没有因禁烟这一问题出现过两个对立的政治派别。虽然有人提出过“驰禁”，但从未形成一个政治派别。所谓两派，实际上是禁烟的方法上持不同意见者的争论而已，并不存在什么“驰禁”的派别。

(1)道光皇帝的严禁态度不可能出现“驰禁派”

雍正帝时开始下令禁烟，这一政令一直也没有改变过。到清道光帝时，烟祸更炽。面对烟祸造成的大量白银外流的局面，道光帝厉行禁烟这一传统的政策。1823年，他下诏制定了《失察鸦片条例》，严正指出：“鸦片烟一项，流毒甚炽，总由地方官查拿不力所致……，以后如有洋船夹带鸦片进口，并奸民私种罂粟煎熬烟膏，开设烟馆，文职地方官及巡察委员如能自行拿获究办，免进议处，其有碍规故纵者，仍旧照例革职。”这两道谕旨是有清一朝历来禁烟过程中最严厉的法令，它表明道光帝在那时的决心是很大的。

正因为如此，当1836年许乃济提出自种鸦片烟以绝外烟输入造成白银外流的主张后，立刻遭到朝野群起而攻之，从此“举朝无继言者”。当时，在中国从事贸易的洋人也看出道光帝“决定采取厉行禁止鸦片贸易政策"。不仅如此，道光在实际行动上，也表现出严禁鸦片的坚决态度。他曾多次嘉奖禁烟得力的官员，严饬缉拿"烟君子"。对最先上书主张驰禁的许乃济则"著去为六品顶带，即行休致"，从而惩戒了上到中央亲王，下到百姓平民的吸食、贩卖鸦片的人。在当时高度集权的封建制度下，皇权至高无上，皇帝每出一言必成法，封建官吏只能俯首听命，何人又敢再言？加之禁烟是传统的政策，早就得到朝野上下的支持，开战前又无洋人的压力。不可能在这种情况下，竟有那么一大批官僚敢于上抗皇命，下违民情，甘冒政治风险而结成所谓的"驰禁派"。

(2)所谓两派只是在禁烟措施上重治吸食，还是重治贩卖的区别而已

由于政府腐败，烟祸愈禁愈烈。黄爵滋于1836年上书《请严塞漏卮以培国本折》，痛陈烟害。他力主严刑峻法，重治吸食。在各省督抚、将军的奏折中就出现了重治吸食和重治贩运的两种不同的意见，这只是在禁烟的大前提下出现的不同侧重点而已。但是力主重治吸食者在战争中或是战后，顶着洋人压力，仍主张禁烟；而力主禁贩者在战争中实有人采取投降态度，战后同意鸦片进口。

黄爵滋的措施十分严密，但这些都是在面上着眼的，单用这种措施，是不可能禁绝烟祸的。因为，就吸食者而言，他们久吸上瘾，欲罢不能，当其烟瘾发作时苦不堪言，甘冒处死也要吸上一口，故对他们再严厉的法令也不会奏效的。更何况贪官污吏甚多，执法犯法，从中渔利呢？彻底杜绝烟祸，不仅要在重治吸食上，而且也应重在禁绝贩运上。这样才能既遏流，又能清其源，使吸食者无处买烟，烟祸自然根除。而黄爵滋的奏折恰恰忽视这一点。这些不足之处理所自然会遭到异议。而且道光皇帝下令各省督抚各抒己见，集思广益，以便制定出一个更加完善的禁烟法令。在这种情况下，有不同的意见出现尽在情理之中。因此，不加分析地把反对黄爵滋奏章的意见说成是"驰禁"，未免过于片面。

我们再看看道光帝收集上来的督抚们的意见种种。与黄爵滋意见正

相对的被视为“驰禁派”的琦善在《遵旨复奏禁烟折》中认为：鸦片出自外洋，“天下未有不清其源而能遏其流者”，力主“拔木塞源，庶外夷之毒物内地无贩卖之人”。为此，“扼要之策，似当严拿囤贩，重治惩办，以绝根株”。

(3)历史的当事人道光帝、魏源、梁廷楠都否定“驰禁派”的存在

道光皇帝在惩处许乃济的上谕中说：“朕于此事深加痛恨，必欲净绝根株，用贻远患”。一直密切关注禁烟运动的魏源，也没有提出有“驰禁派”的存在。在他所著的《道光洋艘征抚记》中载：黄爵滋上奏后，“诏令各省将军，督抚会议速奏，此时中外复奏，皆主严禁”。梁廷楠在他的《夷氛闻记》中说：许乃济驰禁主张遭到大臣们批驳后，“举朝无继言者”。当然，道光帝言辞不免有夸张之处，官员们认识也难免一致，修史的魏源、梁廷楠也很难收集到详尽资料。但是，在力主禁烟的道光皇帝身边，竟能有一个以“驰禁”为目的的政治团体是绝对不可能的。

综上所述，对黄爵滋奏折的争论实际上是在道光帝的诏令下，对禁烟的措施的争议，并非是“严禁派”与“驰禁派”的一次正面交锋。在这场争议中，有的力主“重治吸食”；有的力主“重在清源”，这是禁烟措施上的争议。我们不能把对严禁吸食的人一概论为“驰禁派”，从而虚枉出一个政治派系。琦善、穆彰阿不仅不是“驰禁派”的首领，而且他们在鸦片战争前的禁烟运动中，也是有一定贡献的。当然，与林则徐相比，他们的贡献是微不足道的。在鸦片战争爆发后，他们排斥林则徐，竭力主张妥协投降；作为直隶总督的琦善拒不采纳林则徐的建议，不在天津海口设防，致使英军沿海岸长驱北上，直逼北京。在这一点上，他们是投降派，是民族的罪人，但我们要用唯物史观去看待历史，分析历史人物，穆彰阿、琦善虽然在鸦片战争爆发后主张妥协投降，但我们决不能因此而否定他们在战前的禁烟行动，并把他们划为事实上并不存在的“驰禁派”。所以，我们说在鸦片战争前的禁烟运动中，清王朝内部不存在所谓的“驰禁派”。

(4)禁烟运动的开展

1838年10月5日，道光帝得知皇室家族也吸食鸦片，十分震怒。同时，直隶总督琦善在天津查获大批烟土，是雍正年间禁烟以来最大的成果，道光帝被鼓舞了。1838年11月，召见林则徐，准备禁烟。禁烟运动的开展主要以广东、天津、四川、云南、贵州以及湖广地区进行最快，特别是湖广总督林则徐最为坚决。

林则徐(1785~1850)福建侯官人，字元抚，一字少穆，嘉庆进士。他的祖父是个潦倒终生的穷秀才。他的父亲因科场失意在家乡教书，家境不好。在林则徐出生以前，他们家里只有几个女孩，林则徐出生，家里当然很高兴，起林则徐这个名字，据说就很来历。一种说法是这天夜里，林则徐的父亲梦中见到凤凰飞，以为吉兆，马上联想到有“天上石麒麟”称誉的南朝才子徐陵，便给孩子取名则徐(则，效法的意思)。一说林则徐出生时，福建巡抚徐嗣曾，恰好鸣锣打轿从门前经过，所以才给孩子取名叫则徐，希望儿子的前程像徐嗣曾那样显贵。尽管这类说法带有点神秘色彩，但那个时代的人相信天命，总要做点这类文章，特别是林家寒门，希望儿子能显贵发达，倒是很符合他们的真实心态。林则徐1811年中进士。他在京师十年，结织了一批很有政治敏感性的知识分子，如龚自珍、魏源等组织过一个带有政治色彩的诗社，因设于宣武门南面，名为“宣南诗社”。他们不仅集会吟诗，而且互砥名节，讲求经世致用之学。林则徐早年尽力修治黄河，1838年湖广总督任内，严禁吸食鸦片，成效卓著；9月上奏道光帝，极力赞同黄爵滋以死罪重治吸食的主张，强调“法当从严，若犹泄泄视之，是使数十年后，中原几无可以御敌之兵，且无可以充饷之银”。1838年12月底，他受命为钦差大臣，节制广东水师，前往广东禁烟，于1839年3月到达广州，他与两广总督邓廷桢、广东水师提督关天培等人积极合作，整顿海防；严拿烟贩，惩办不法官吏；严禁国人贩卖、吸食鸦片，凡吸食者要立即呈缴烟土烟具，限期戒除；限期外国烟贩呈缴所有鸦片，并出具甘结。

为了了解西方情况，林则徐编写了《四洲志》。他鼓励正当贸易，严禁鸦片走私；整顿海防，积极备战。1840 年 1 月任两广总督。10 月革职。次年派赴浙江，协办海防。旋即充军伊犁，在新疆兴办水利，开辟屯田，建议兵农合一。警惕沙俄对西北的陆路侵略。1846 年以后重新被起用，镇压西北西南少数民族起义。1850 年为钦差大臣，镇压拜上帝会，旋病故，《左云山房文钞》、《左云山房诗钞》

道光帝选择林则徐的原因，是仅仅从国内事务的角度来考虑禁烟的，认为禁烟难就在地方官的玩忽、胥吏的庇纵、奸民的枉法，而没有看到英国的阻扰才是禁烟真正的终极障碍。因此主持禁烟的人选，必须是公正清廉、办事认真、有一定地位、能破除官场旧习而起衰振弊的民事长官，而不是一个统帅三军与“外夷”开战的军事统帅，更不是一个与“外夷”折冲樽俎交涉谈判的外交家。以这样标准衡量，林则徐是最适宜的人选。

在道光帝的心目中，各地大吏中最得意的大约有 4 人，各有特点：一是两江总督陶澍，为政老练宽达；二是直隶总督琦善，办事果敢锐捷；三是湖广总督林则徐，理政细密周到；四是云贵总督伊里布，善于镇抚边务。其中陶澍职在海口，又年老多病，此时已几次给假调理；琦善在天津查禁鸦片事件未完，伊里布的长处是处理与少数民族的关系。综合考虑，林则徐成为广东禁烟的首选。

(5)虎门硝烟(1839 年 6 月 3 日—25 日)

(二)英国发动侵略中国的战争

英国发动侵华战争的原因：

(1)报禁烟之仇；(2)用侵略战争把中国变成英国资产阶级掠夺原料的基地和倾销商品的市场；(3)摆脱困境，转嫁危机。1837—1838 年，英国处于第二次经济危机当中，工商业萧条，大批企业倒闭，大量商品积压，失业现象严重，因而英国国内的工人运动不断高涨。

1839 年这一年，英国政府召开会议，讨论对华侵略。1940 年 2 月，英国政府任命乔治·懿律为侵华英军总司令，6 月到达中国广东海面。

第一次鸦片战争爆发。当然，早在1939年7月，英国水手在九龙尖沙咀行凶，殴打当地居民林维喜致重伤而死。林则徐多次要求义律交出凶犯，义律拒不交出。林则徐下令停止供应英人柴米食物。义律发动几次武装挑衅，被击退。1840年，道光帝命林则徐断绝中英一切贸易，并出示其罪状，宣布各国。与此同时，林则徐会同邓廷桢、关天培积极布防。

1. 第一阶段

1940年6月，英国远征军统帅乔治·懿律与英国驻华商务监督、全权代表查理·义律，发动侵华战争。从广东沿海北上，相继攻陷厦门、定海、天津等地，向直隶总督琦善递交英国首相帕麦斯顿(当时翻译为巴麦尊)给清政府的照会，提出赔款、割地、通商等侵略要求。

1840年9月，道光派琦善为钦差大臣，到广州办理中英交涉，将林则徐、邓廷桢等革职查办。

1841年1月，英军侵占香港，义律和琦善进行了所谓"穿鼻草约"谈判。

(郑永福:《莫须有的"穿鼻草约"》(《历史教学》1997年第6期中指出:(1)琦善始终没有向义律答应割让香港，只许寄居；而且始终也未答应英方占香港全岛，只同意香港一隅；(2)所谓《穿鼻草约》是英方单方面制定的条文，而琦善始终未在该草约上加盖关防或签字。故所谓的《穿鼻草约》不仅在事后未经中、英两国政府批准，即便当时也没有签订。还可参见庄建平《琦善·义律·穿鼻草约》(《安徽史学》2000年第1期)。

2. 1841.2—1841.5《广州和约》订立

道光派皇侄奕山为靖逆将军，户部尚书隆文(文)、湖南提督杨芳(武)为参赞大臣。

1841年3月，杨芳赶到广州。杨芳，贵州松桃人，15岁从军，至此已经戎马55载，身经百战，战功卓著。他一生最显赫的业绩，是在道光初年平定张格尔之役中，擒获张格尔。

1842年1月，奕山被授为靖逆将军，调七省大军，统帅南下。他不用粤勇，而招募水勇于福建；不信粤兵，而依靠外省“客军”，甚至提出“患不在外而在内”、“防民甚于防寇”的方针；在作战上，他希图侥幸取胜，邀功请赏。在5月曾贸然发动一次夜袭，结果大败而归。英军乘势反扑，占领城郊重要据点，包围并炮轰广州。1841年5月被迫签订《广州和约》，规定清军6天内退离广州60英里以外，一周内缴纳600万元赎城费；赔偿英国商馆损失30万元。

有2个问题：

(1)是不是第一次？中国社会科学院近代史研究所研究员刘蜀永到伦敦英国国家档案馆查阅资料时，在英国外交部东印度公司中文档中，发现了与1833年淇澳村事件有关的已尘封160多年的22件原始档案。1833年淇澳人民武装抗英。1833年及随后几年，淇澳岛居民与英、美等国鸦片贩子之间的斗争事件层出不穷。

(2)谁是组织者？茅海建认为，“就三元里民众抗英的具体情况来看，组织能力当属士绅为最强，各种示谕、檄文也出自他们的手笔。他们的公开活动，也不会引起官府的疑惧，反而得到了事后的承认和赞许。作为秘密组织的会党，此时尚无挑大梁唱大戏之可能。但是，当何玉成的“柬传”能在一天之内于“南海、番禺、增城连路诸村”生效时，人们也不免怀疑，何氏的“怀清社学”能有这么大的号召力？有无会党的暗中操作？要知道，当时的天地会(三合会)是一支遍及中国南方的地下军！

在文章中，茅海建提到了几种说法：按照奕山的奏折，三元里民众抗英的领袖是“义勇头人职员邓彰贤、薛必高”，参战的主体是曾获清军火药资助的“义勇”；按照梁廷楠的著作，三元里民众抗英的领袖为当地举人何玉成，事件是由他“柬传”各乡而起的。梁氏曾任广州越华书院的监院，对在籍士子的举动，自然会有更多的关注。又据何玉成的族弟何壮能的诗注，参战的主体为乡绅领导的“社学”(社学原是“学人课艺”“绅士讲睦”之所，起源于明代，逐渐发展而为城乡的文教组织、兼包揽乡村公务的社会团体)；按照林福祥的记录，三元里民众抗英的领袖就是他本人，而参战的中坚力量，是他率领的具有强烈家族色彩的林家水勇。

3. 1941. 8—1842. 8《南京条约》

1841 年 8 月英国政府派璞鼎查为全权代表，撤换了查理·义律。

英军北犯：厦门(总兵江继芸阵亡)——定海(总兵葛云飞等全军将士)——镇海(浙江提督余步云逃走，两江总督裕谦自尽，总兵谢朝恩战死)——宁波(1841 年 10 月 13 日)。

裕谦(1793—1841)，原名裕泰，字鲁山，号舒亭，谥号“靖节”。蒙古镶黄旗人。嘉庆二十二年(1817)进士。道光六年(1826)，任湖北荆州府知府，历任湖北武昌府知府、荆宜施道道员、江苏按察使、江苏布政使、江苏巡抚。

1842 年 5 月，英军退出宁波和镇海——乍浦(江浙两省海防重镇)——吴淞炮台(两江总督牛鉴闻风而逃，江南提督陈化成牺牲)——宝山、上海相继陷落——镇江(副都统海龄)——南京(1842 年 8 月 5 日)。耆英、伊里布赶到南京议和。

(三)第一批不平等条约的签订和中国半殖民地化的开端

徐修宜在《对鸦片战争称谓的新探讨》(《学术月刊》1994 年第 10 期)一文中指出，英国殖民主义者对中国的侵略企图，是蓄谋已久的，并非从中国政府销禁鸦片时开始的。据此，完全可以说，若没有中国在广州销禁英国烟贩的鸦片，英国殖民主义者发动侵略中国的战争，同样是不可避免的，只不过是中国政府的禁烟运动，促使了这场侵略战争的迅速发生罢了。由此可见，我国史学界，把 1840 年 6 月至 1842 年 8 月，由英国殖民主义者首先发动的侵略中国的战争，将其定名为“鸦片战争”，显然是不妥当的。事实上，对这场战争的这种传统称谓，忽视了英国殖民主义者发动这场侵略中国战争的罪恶目的。无产阶级革命导师马克思在论述这场战争时，也没有将这场战争定名为“鸦片战争”，而只是称之为中英“1840年战争”。那么，我们究竟应该怎样地去给这场战争定一个比较准确的称谓呢？笔者认为，给这场战争定的称谓，必须与中国近代史上其它对外战争的称谓规范化，即统一地用战争双方的国名来定其称谓。这种称谓的本身除了包括战争爆发的原因外，还涵盖了战争的经过及其性质等内容。因此，以战争双方的国名定其称谓是比较妥当的。据此，我们可以将这场战争称之为“中英战争”。由于在中国近代史上，英国殖民主义者曾发动过两次大规模侵略中国的战争，我们又可以把1840年6月爆发的战争称之为“第一次中英战争”，把1856年10月开始的战争称之为“第二次中英战争”以示区别。

三、战后十年间的中国社会

(一)鸦片战争后统治集团的认识

鸦片战争的研究，以茅海建《天朝的崩溃》为代表。他通过研究得出的结论是：清朝迎战必败，应当尽早与英国缔结一项对其相对有利的和约，这是一种假设，面临两个问题：一是按照这一判断，清朝就不应当抵抗，英国军舰一开到中国海马上就投降吗？二是按照这一判断，在战场上英勇抵抗的清军将士的血都是白流的吗？

第一个问题：可以与日本比较。1853年美国东印度舰队驶入东京湾，1854年德川幕府在武力逼迫下，接受了美国的条件，签订了条约，被迫开国。面对开国后的种种刺激，日本进行了明治维新，日本获得了成功。就如一个人一生不可能不栽跟头一样，一个民族在历史上会有许多次失败。失败并不可怕，以时间为主轴的历史，给世界上任何民族以东山再起的机会。对于列强的入侵，武力抵抗无疑是正确的，但这种抵抗如果注定要失败，另作选择也是明智的。前者是道德层面的，后者是政治层面的，负责任的政治家可以选择对其民族更为有利的策略。日本的事例证明：避免交战，减少损失，也是一种明智的选择；即使订立了不平等条约，也不见得必然一味沉沦。然而清朝是一个自信的“天朝”，尽管实事上已百病缠身，放弃武力抵抗，尽早与英方缔约，只是“事后诸葛亮”。

第二个问题：以鲜血而赢得胜利，自是其价值的充分体现。以鲜血而换来失败，也是血的教训。一个失败的民族在战后认真思过，幡然变计，是对殉国者最大的尊崇和最好的纪念。清军将士流淌的鲜血，价值就在于此。然而“天朝”仍未从迷梦中醒来，而是依然如故，就像一切都未发生。

道光帝在英军退出长江后，第一反应颇合其禀性：立即下令沿海各省撤军，以节省浩繁的军费，战争的结局是残酷的，但道光帝并没有作深刻的反省，仍是一如既往地将一切责任卸于下属。牛鉴逮问后，他又将奕山、奕经等前敌主将送上刑部大堂，统统定为斩监候。鸦片战争后，道光帝已经 60 岁，连续 20 年执政，日夜辛劳，克勤克俭。他像所有的老年人一样，希望天下太平，耳边安静，恶闻洋务及灾荒盗贼之事。

道光帝克勤克俭，力戒浮华，在清代帝王中是少见的。他召见臣工，批答奏章，日以继夜，几十年如一日，对国事可谓鞠躬尽瘁，凡遇贪官污吏，均能严惩不贷；统治期间，也曾在维护统一、严禁鸦片等方面有所建树。但是道光又鲜有作为，用人上道光帝一是谨慎过度，二是缺乏定见。谨慎过度故只能任用一些谨小慎微、目光短浅、专坏大局之辈；由于缺乏定见，故在鸦片战争中既惩罚抵抗派，又严办妥协派。

琦善于 1841 年 8 月被定为斩监候，秋后勾决。秋天时道光帝加恩释放，战争结束后，琦善逐渐官复原职。道光帝对他仍旧赏识。道光死后，琦善又遭贬斥。太平军兴，琦善主掌江北大营，1854 年卒于军中。从 1843 年复出到 1854 年病故，琦善未为中国的变革做任何有益的事，主要气力仍放在传统事务上，最关心的是如何再邀圣恩。因此，可以看出，琦善在战时的避战策略只是一种苟安，并无长久的打算和通盘的思考。而在 19 世纪险象环生的世道中，如此苟安只会将中国一次次带入噩梦。

林则徐 1841 年 6 月旨命发往伊犁效力赎罪，曾办河工。到伊犁之后，林则徐变得消沉起来，最关心的是京城的人事变动和自己复出的可能，这是当时官场的职业病。1845 年以后，道光帝再次起用林则徐署理陕甘总督。1847 年后再迁云贵总督。1849 年林获准因病开缺。从遣戍到总督，林则徐在政治上翻了身。最近几十年的研究，普遍认为林则徐具有改革中国现状的进步思想，依照这一思路，他复出后应当有所建言，应当有所行动，然而，他办事细密的作风一如从前，但主要围绕着评判等传统事务，当时中国最急迫的任务被放在一旁。蒋廷黻先生认为林则徐是知道了不说，知道了不做，就此对林则徐提出了道德上的指控。实际上还有一种可能，即林则徐的思想被今人夸张了。林则徐有着可贵且有限的开眼看世界的实事，但还不能推导出他有着改革中国的思想。

两江总督伊里布在鸦片战争中逐渐由主战走向主和，与耆英一同与璞鼎查签订了《南京条约》。他于 1843 年 3 月病故在广州病故，未留下对国事的遗言。杨芳于 1846 年病故，享年 76 岁，未留下对战后中国有何建策。奕山于 1842 年 11 月被定为斩监候，后被释放，曾任伊犁将军。在与俄国的交涉中，损害了中国在伊犁的利益。1856 年任黑龙江将军后，又签订了《瑷珲条约》，1859 年被革职。1860 年中俄北京条约签订后再次复出。1874 年以病开缺，1878 年以 88 岁高龄病故。他是鸦片战争中主要官员中最长命的，但他的思想始终停留在鸦片战争前。他从鸦片战争中引出的教训，仅仅是避免衅端。奕经 1842 年 11 月旨命交部治罪，定为斩监候，后复起。鸦片战争给他的教训是差点丢掉性命，此外并无其他。两江总督牛鉴（第三阶段）被定为斩监候，后释放，任河南巡抚，因治黄办捐有功授主事，没有对中国的未来设计。

钦差大臣耆英在战后相当长的一段时间里主持清朝的对外事务，他所抱宗旨：避免衅端，尽量维护天朝体制，保持民夷相安。这是牺牲国家利益、民族利益得来的。他在鸦片战争中得到的教训是：军事上无法对敌，应竭力避免战争，这无疑是正确的，但以苟安政策，又如何救中国？

鸦片战争中负有重大责任的高官，他们对战败体会最深，理应有猛烈的反省，有复仇的欲望，然而却没有做到。而做出反应的精英，可以魏源《海国图志》、徐继畬《瀛环志略》和梁廷枏《海国四说》为代表。

道光二十六年(1846年)，道光帝亲书“皇六字奕訢封为亲王，皇四子奕詝为皇太子”的谕旨，密封于鐍匣之内。这是有清一代最后一次实行秘密建储，后来因为咸丰皇帝仅有一子，而同治、光绪皇帝均无子，故创于雍正帝的秘密立储法便不废而止了。道光帝将封奕訢为亲王，写入立储谕旨，可见他在选择储位上的为难，这既是对奕訢歉疚之情的表示，也是对爱子的一种保护。

(二)鸦片战争后中外关系的变迁

鸦片战争的失败及《中英南京条约》等一系列不平等条约的签订，使中国不得不结束长期实行的闭关政策，开始向世界开放。于是，中外关系就成了日益重要的问题。然而，尽管一个新的时代已经开始，但清朝统治者却未从战败中吸取任何教训，对政策做任何调整，依然以天朝上国的意识来处理新时代的中外关系；闭关政策虽然已被打破，但头脑中的闭关意识依然顽固，对已经改变的世界视而不见。

在从鸦片战争后期开始至战争结束的一段时间里，道光帝对主战派和主和派的主要代表人物都进行了严惩，以此来为自己的无能安排“替罪羊”。但主战派和主和派的被严惩也反映出这样一个问题，即清政府在对外政策上没有一个一贯的方针。对各级官员来说，与外国人打交道，无论是主张强硬，还是主张妥协，都是危险的。他们视“夷务”为畏途，但求民夷相安无事，不求丝毫的进取。加之不通时务，不谙外情，于是，在外洋的步步紧逼下，清政府继续着战前的混乱，国家、民族的权益不断丧失。

1. 葡萄牙强占澳门

1557 年葡萄牙租借澳门。在道光中叶以前的明清两朝，葡萄牙人的居住并未从根本上动摇中国政府对澳门的主权。而在鸦片战争后，1843 年居澳葡人派代表向耆英提出了豁免地租银的要求，清政府拒绝。但从此，葡萄牙殖民者在澳门布兵设防、建筑炮台，任命官吏，不断制造事端。1845 年又擅自宣布澳门为“自由港”。1849 年澳门殖民总督亚马留找借口停交土地租金，毁掉香山县城衙署(在澳门境内)，完成了对澳门半岛的占领。葡萄牙殖民者并没有雄厚的国力和强大的军力作后盾，他们得以霸占澳门，主要是清政府的软弱的结果。

原因：鸦片战争后，中国虽然结束了闭关时代，但并未制定相应的对外政策，回击侵略者的挑衅，被诬为“孟浪生事”，媚外妥协被视为“有伤国体”，这样使得地方官无所适从，对洋人能只能忍气吞声，以求一时苟安，更何况他们中的多数人本来就没有抵抗侵略的决心。再则，葡人霸占澳门之际，正是广东当局被英人入城事件搞得焦头烂额之时，这使得他们漠视澳门问题。不久，太平天国革命爆发，继而第二次鸦片战争，这使得地方官大多数持一种得过且过的态度。

清政府始终没有承认葡萄牙对澳门的主权，以消极的手段制裁葡澳当局。1849 年以后，应广东当局的号召，澳门富商很多迁离此地，一时市面萧条，生意全无，加上香港商业地位的日益重要，澳门港淤塞严重，其地位一落千丈。走投无路的葡澳当局只好走私鸦片、贩卖人口、举办博彩业来谋求发展，使得这个美丽、富饶的半岛变成了后来的样子。

2. “租界”的建立

“租界”，是在近代中国、西方列强以不平等条约为依据，在中国境内划定并由其居住、管辖，完全排除中国政府行使主权的特殊区域。租界的起源，肇端于道光朝后期，地点为上海。英、美、法先后在上海获得租界，此后租界面积越来越大，并且由上海逐渐波及于整个中国沿海及内地的主要城市。

租界对繁荣商业和贸易不无作用，租界还展示和传播了资本主义的文明和文化，对于打破中国社会的长期封闭状态，加强与世界的交往，客观上起了一些积极的作用。但是租界对中国主权的侵害是巨大的，中国逐渐丧失了对租界的主权，租界成为列强侵略中国的基地与跳板。直到“二战”结束后，中国才收回了各帝国主义国家在中国全部的租界。

3. 反英人入城斗争

在以往的中外贸易史上，外人来华，只能住在城郊，不可随便进城，更不得在城内居住。鸦片战争后，英国人率先提出了在通商口岸入城居住的要求，由于五口之中上海、宁波、厦门人口不多，较为荒凉，甚至难说是什么城市，故问题不大。但在福州、广州这些大城市则发生了大的事端，尤以广州为甚。

鸦片战争后的十余年间，广州英人入城问题是中英两国关系上的最大纠纷。双方各执一辞，民情激昂，清政府广东当局虽不愿英人入城，但夹在民夷之间，左右为难，时而低眉俯首，时而又一度强硬。几经波折，终道光朝，英人进入广州的企图并未实现。其实现在来看，无论入城与否，都不会给任何一方带来实际的伤害或利益。但当时双方却不这样认为。就英国方面来说，入城与否，关乎中国人对条约的履行和诚意，更关乎英国人维护条约的能力以及颜面。清政府的原因复杂些，在中国古代，城池是军事堡垒和政治中心，让原来的敌人居住于其中是难以想象的。这关系着天朝上国的体面和实际安全上的考虑。再则，清政府估计民夷杂处一城将会产生一系列的纷扰。最后，就是观念上的问题，如对外国人的歧视而不愿“与鬼为邻”，广大民众因鸦片战争而产生的对英夷的仇恨尚未消解，此时英人又来“寻衅”，怎可轻言妥协。

先后任钦差大臣的耆英、两广总督徐广缙和叶名琛，英人终未能入城。

徐广缙(1797—1858)河南鹿邑人，嘉庆进士。

叶名琛(1807—1859)湖北汉阳人，道光进士。

除广州以外，福州也因英人要求入城而产生纷扰。但福州与广州不同，闽浙总督刘韵珂、福建巡抚徐继畬并没有采取强硬的措施而是与英人维持良好的关系，而暗中，刘韵珂为英人制造了很多麻烦，与广州的立场鲜明、针锋相对的斗争方式形成鲜明对比，当地士绅对刘韵珂等十分不满。道光三十年，咸丰帝即位，褒扬抵抗派，主张妥协者纷纷倒台，1850 年 6 月因“神光寺事件”，刘韵珂、徐继畬受到朝野一致抨击，分别去职。

鸦片战争后福州的反入城斗争。1850 年 6 月，英国一名传教士和一名医生至福州，由英国代理领事金执尔向城内乌石山神光寺的僧人租赁房屋，租借半年。侯官县知县兴廉在租契上盖印批准。此举开创了英人在通商口岸入城的先例，但神光寺为当地生童会课之地，消息传出，绅民大哗。在籍养病的林则徐联合士绅上书地方官，要求以强硬态度驱逐英人，并联络在朝的闽籍官员奏请声援。闽浙总督刘韵珂和福建巡抚徐继畬则注重能够妥协，祈求以劝说促英人自行搬出，受到言官抨击，咸丰帝亦传旨申饬。1851 年 1 月间英人被迫交出神光寺房屋，迁城内道山观英国翻译官住地，此是遂告终止。

在 19 世纪中叶，中国民众出于对侵略者的仇恨和朴素的爱国热情，积极进行了反对外人入城的斗争，并获得胜利。考虑到历史、文化等原因，不应否认其具有合理和值得肯定的一面。但是这一斗争得胜利使得清政府的对外政策转为强硬，这就与第二次鸦片战争的爆发有一定的关系。

4. 中俄关系

沙俄政府一直把侵略扩张作为国策，鸦片战争后至咸丰初年，沙俄已占领了黑龙江下游的重要港口和战略要地，清政府仍未以充分重视，加上太平天国运动使清政府对北部边疆不闻不问，种下了第二次鸦片战争丧失黑龙江以北60多万平方公里土地的祸根。

（三）鸦片战争前后社会的变迁

西方列强向中国倾销商品，掠夺资源，霸占市场，践踏了中国资本主义萌芽。《南京条约》等规定的五口通商，并不是国与国之间的正常贸易往来，以有易无，经济互通，而是以“协定”关税为前提，是在丧失海关自主权的条件下进行的掠夺贸易。所以，五口通商、协定关税，就为列强向中国倾销商品、掠夺资源大开了方便之门。其结果是列强霸占了中国市场，用商品重炮摧垮了自给自足的自然经济，同时也践踏了中国的资本主义萌芽，使之夭折。在外国资本主义的刺激下，我国的商品经济有了某种程度的发展，并且产生了民族资本主义。但是，外资利用取得的特权控制中国市场，同时，自给自足的自然经济虽遭破坏，但封建经济的根基不仅没有改变，反而在列强的支持下为民族资本主义的发展设置重重障碍。这是中国民族资本主义不能迅速发展的重要原因之一。

外国资产阶级在中国培植买办势力，形成买办阶级。鸦片战争后，废除了“公行”制度，外国商人可以任意雇用买办。这批买办，为外国侵略者推销商品、收购农副产品和原材料。他们从外国洋行取得薪金，或者作为企业合伙人取得一部分利润，作为经纪人取得大量佣金和回扣，利用外国势力自己经营商业，从各方面残酷剥削劳动人民。有些人在短时间里骤然获得数十万乃至数百万的资产。外国势力越扩大，买办势力和他们占有的社会财富也就越增多。

四、清代中国的成功与失败

(一)超级大国：18 世纪的中国

说 18 世纪的中国是一个超级大国，大家可能会觉得奇怪。教科书教给大家的知识，是清朝乃一个没落和衰败的时代。清朝统一中国之后实行文字狱、专制统治和更加严厉的闭关锁国政策，同时中国人口暴涨，人地比例恶化，地主阶级残酷剥削，使得人民衣不蔽体、食不果腹。从某种意义上来说，这些都是事实，但不是事实的全部。还有另外一面：清朝在中国历史上创造了最大的单一国家。有人可能会说元朝不是比清朝更大吗？是的，元朝鼎盛时，疆域确实比清朝大，但元朝很多地方是间接统治，也就是“羁縻”，中央政府并没有派官员去那里直接管理，只是地方首领向朝廷表示效忠而已。清朝则不然，在广大的范围建立了直接统治。因此，清朝是中国历史上单一政权建立的最大范围的统治，清朝直接统治的领土面积，要比明朝大了一倍，你说是不是很辉煌？

另外，在公元 1500 年、1700 年左右时，世界第一人口大国都是印度。到了 18 世纪，中国人口迅速增加，超过印度成为第一人口大国。在人口迅速增加的同时，中国人平均生活水平并没有下降。这是一个了不起的成就。

其次，这时中国历史上出现了空前的经济繁荣。正是因为经济繁荣，才养活了增加的人口，而这些增加的人口也为经济发展提供了更多劳动力。经济学家麦迪森说，从 17 世纪末到 19 世纪初，中国经济表现得极为出色(extremely well)。

最后，清朝取得的一个成就是由于直接统治版图大幅扩张而创造的国家安全。1820 年时，中国的国土面积已经达到 1200 万平方公里，是其 1680 年面积的 2 倍。新纳入清朝统治的地区多为人烟稀少的地域，

1820 年时这些地区的居民只占中国总人口的 2%。清朝把这些地区纳入统治版图，是为了加强边境地区的安全，以防止中国在此之前所遭受的北方游牧民族的入侵。周边的国家如缅甸、尼泊尔、柬埔寨、越南、朝鲜、琉球等，也成为清朝藩属，从而为清帝国提供了一层外围保护。

按照麦迪森的计算，1700 年时中国的 GDP 占全世界 GDP 总量的 22.3%，1820 年时占 32.9%，这是人类历史上一个国家的 GDP 所占世界 GDP 的最大份额。

对清代中国经济的重新评价，是西方学者开始的。美国耶鲁大学历史学教授保罗·肯尼迪在《大国的兴衰》中写到，乾隆十五年(1750)时中国的工业产值是法国的 8.2 倍，是英国的 17.3 倍。《白银资本》作者贡德·弗兰克说，1820 年中国经济在世界经济中所占的地位远远超过今日美国在世界经济中的地位。

清朝的昌盛，也表现在军事方面。军事史学家布莱克写到，在 18 世纪的世界上，陆地上最有活力的国家和最成功的军事强国是中国。中国在 17 世纪下半期开始扩张，收复了台湾(1683 年)，把俄国人逐出了阿穆尔河流域(1682-1689 年)。在此时期，中国还镇压了许多规模大的叛乱。

因此，在 18 世纪，中国是世界上的超级大国，这是清朝的成就。

(二)堕入深渊：19 世纪的中国

但进入 19 世纪后，中国就开始逐渐走下坡路。到了鸦片战争后，内忧外患，疆土大片丧失，甚至中国内地变成了外国的势力范围，这是中国历史上没有过的，可以说是从高峰跌入了深渊。

麦迪森认为，中国在 19 世纪的表现，与前面两个世纪相比令人失望。国内发生了一系列的社会动乱，其中规模最大的是太平天国运动，持续了 14 年。清朝财政资源匮乏，使发展新型军事力量受到限制。政府无力维护大型水利工程，致使黄河堤坝缺乏修缮，1852—1855 年间发生了灾难性的河流改道。大运河也被淤泥堵塞，到19世纪末已不能向北京输送粮食。作为灾难的后果，中国人口在1890年时还没有达到1820年的水平，人均收入也降低了。中国在之前近两千年的时间里一直是世界上最大的经济体，但到了1890年代，这个位置被美国所取代。

在1820年以后的一个半世纪中，中国经济一直在衰落，1913年，也就是清朝灭亡后两年，中国GDP在世界GDP中的份额降到了9.1%。人们后来形成了一个印象：中国是一个贫穷落后的国家。什么时候贫穷落后的？就是19世纪开始的。

（三）不同道路：18—19世纪中国和英国的技术

中国为什么在19世纪会堕入深渊？原因非常多，也非常复杂。为了讲清楚问题，我们来看看在18世纪，中国和英国之间在技术方面发生了什么样的变化。

18世纪英国在技术上突飞猛进，一系列改变人类命运的技术革新在英国出现了。早在1712年英国人就发明了纽康门蒸汽机，可以在矿井里面用来抽水，但还很落后。后来瓦特改良了蒸汽机，使之效率大大提高，使得英国从此进入了蒸汽时代。蒸汽机后来被安放在火车、轮船上，而中国还是靠人拉车，大运河上的船是靠人拖的，沿海的船是靠风航行。1883年伦敦还出现了蒸汽汽车，虽然不是很成功，但也是一个重大的尝试。由于这些技术发明，交通革命出现了，改变了人类交往的方式。进入蒸汽时代具有伟大的历史意义，从此人类不再依靠有机能源而转向矿物能源。

这一系列的技术革命带动了工业革命。工业革命这个词，是革命导师恩格斯第一个提出来的，但是他提出来后，并没有被怎么认可。后来英国历史学家汤因比于1884年出版《工业革命讲演集》，才使得此名词被普遍接受。

工业革命到底是怎么一回事？过去我们理解的都是蒸汽机和纺织

机，是技术带动的。但是英国经济史学家菲利斯·迪安认为：“工业革命一词，一般用来指复杂的经济变革。这些变革蕴含在由生产力低下、经济增长速度停滞不前的传统的工业化前经济向人均产量和生活水平相对提高、经济保持持续增长的现代工业化经济发展的转变过程之中。”经济发展是各种生产要素的优化组合，没有其他要素的配合，技术进步本身并不能导致经济发展。这种情况，最清楚地表现在蒸汽机的发明及其对经济的影响方面。蒸汽机的发明和使用是工业革命的象征，然而从技术史的角度来看，蒸汽机并非18世纪的新发明。只是到了18世纪，在各种因素比较齐备的英国，这项技术进步才逐渐发挥出其巨大的潜力，成为推动经济发展的强大力量。

工业革命是人类历史上最伟大的事件之一，是人类历史的一个分水岭，而工业革命就发生在英国。经济史学家迪安和科尔指出：英国人均国内生产总值年增长率，在工业革命前的1700—1760年间为0.45%，而1780—1800年间增至1.08%，1801—1831年间更增至1.61%。换言之，工业革命期间的经济增长率，较以前增加了1~2倍。这个增长率在今天好像不算什么，但是我们知道，大多数国家在工业革命以前能够达到百分之一的年增长率就是了不起的事情。英国经济增长率能够达到1.6%和1.6%以上，而且持续地保持了一个多世纪，当然会成为西方最强大的国家。

中国在18世纪也出现了一些技术变化，不能说中国就是技术停滞。但中国的技术变化是局部的，没有变革性，更没有使用矿物能源和金属材料。

为什么中国没有出现重大技术革命？这是著名的“李约瑟问题”的中心。麦迪森指出：直到19世纪中叶为止，中国官僚体制下所形成的那种意识、心态与教育制度，导致了一种民族自我中心主义，对中国以外的发展漠不关心。在将近两百年的时间里，北京一直住有耶稣会传教士，他们中的一些人如利玛窦、汤若望和南怀仁等是学者，与清朝统治阶层有密切的联系，但中国的上层精英对西方的知识与科学几乎没有兴趣。在1792—1793年，英王特使马嘎尔尼率领一个500人的庞大代表团访问中国，要求开放更多的港口进行贸易。他带来了600箱礼物送给乾隆皇帝，英国人想把他们最新的发明介绍给中国，如蒸气机、棉纺机、梳理机、织布机等，并猜想这准会让中国人感到惊奇而高兴。但让英国人大失所望的是，清朝人对此不感兴趣。在他们看来，这些洋人的东西，不过是些无用的奇技淫巧罢了。乾隆皇帝对乔治三世的答复是那封著名的信："天朝抚有四海……奇珍异宝，并不贵重"，"天朝物产丰盈，无所不有，原不藉外夷货物以通有无"。这种根深蒂固的心态阻止了中国向西方国家学习，这是一个致命的错误。

当时中英的贸易规模已经非常大了，英国长期处于赤字状态，最后就用鸦片来抵销赤字，于是出现了鸦片战争。

（四）技术与国运：中国与西欧两次战争的不同结局

中国和欧洲的第一次战争，并不是我们熟知的鸦片战争，而是中国和荷兰在17世纪打的一场战争。明朝和清朝对外国技术的态度有很大不同。明朝处在强敌包围当中，为了自卫，积极地吸收外国先进技术。所以明朝后期出现了军事改革运动。明朝对外国技术的吸收到了什么程度，大家可能想不到。为了保证先进武器的制作水平，明朝请了葡萄牙的技师来中国指导制作大炮，请葡萄牙军官来训练中国军队。晚明时期，明军最精锐的部队，不仅以火器为主要武器，而且所装备的火器是当时东亚世界最先进的火器。同时，这些部队的训练也达到了欧洲的先进水平，因此这些部队属于当时世界上最强悍的作战力量之一。

美国新锐历史学家欧阳泰说：1661至1668年间的中荷战争，是欧洲与中国的第一场战争，也是欧洲与中国军队之间意义最重大的一场战争，此一地位直到两百年后，才被鸦片战争所取代。在中荷战争中，双方使用的武器，都是当时最先进的大炮、火枪与船只，结果中国获胜。

在鸦片战争中，英国使用的是 19 世纪水平的武器，而中国则是 17 世纪水平的武器，结果以中国的惨败收场。

明朝在军事技术上并不落后，清朝利用明朝留下来的遗产取得了 18 世纪的辉煌。但是清朝过于强大，在亚洲没有了敌手，所以后来军事技术也就没有了改进。黄一农教授说：在清朝前 150 多年大量兵书当中，竟然没有任何讨论火炮的专门书籍出版。到雍正(1723—1735)末年，清政府发现驻防的守军，从来没有做过火炮演练，以至于准头的远近、星斗的高低，官兵茫然不知。即使到了道光年间，用铳规量度仰角以调整射程远近的方法，仍然是“中国营兵所不习”。在这种情况下，即使是在开战之前，胜负就已定了。

鸦片战争中，中国被打得落花流水，这是“技术决定国运”的一个表现。当然，与技术相比，更重要的还是腐败。嘉庆朝发生了白莲教起义，那些使用最原始武器的起义农民，横扫中国中部，攻破州县 204 个。为了镇压白莲教起义，清政府征调大批军队，耗费军费约二亿两，用了九年多的时间，才勉强将此次起义镇压下去。连农民都打不过，可见清军战斗能力之差。事实上，一支腐败的军队，即使配备了先进的武器，在战场上仍然可能一败涂地，甲午战争就是一个例子。

鲁迅先生说过：“读史，就愈可以觉悟中国改革之不可缓了。虽是国民性，要改革也得改革，否则，杂史杂说上所写的就是前车。”他的这段话很有深意，今天的中国确实很辉煌，但是我们也要记住：清朝也曾有辉煌的时候，但后来却因盲目自满而不思进取，最终走向衰败。今天我们中国取得了三十多年的经济奇迹，是了不起的事情，但是现在也遇到了困难，需要我们努力推进改革。如果今天我们没有改革的心态，还是像清朝那样觉得“老子天下第一”而不用改革，那我们能继续发展下去吗？恐怕不能，西方有一本书叫做《历史会重复》，为什么要学历史？就是因为历史会重复，那些不能记住过去的人肯定是要重复过去所出现过的错误，从而走向衰败的。

五、反侵略斗争的失败与民族意识的觉醒

(一)反侵略斗争的失败及其原因

1840—1919 年的 80 年间，近代中国的反侵略斗争，无不以中国失败、被迫接受丧权辱国的条约而告终。其原因，一是社会制度的腐败，二是经济技术的落后。面对严重的民族危机和深刻的社会危机，先进的中国人向西方国家寻找真理，开始了艰辛探求和艰难跋涉的历程，力图使中国走上富强之路。

1. 社会制度的腐败

1840 年以后，中国封建社会逐步变成了半殖民地半封建社会。统治中国的清王朝，从皇帝到权贵，大都昏庸愚昧，不了解世界大势，不懂得御敌之策。许多官员贪污腐化，克扣军饷。不少将帅贪生怕死，临阵脱逃。他们大多害怕拥有坚船利炮的外国侵略者，甚至为了自身的私利，不惜出卖国家和民族的利益。他们尤其害怕人民群众，担心人民群众动员起来以后可能危及自身的统治，所以，常常压制与破坏人民群众和爱国官兵的反侵略斗争。

鸦片战争中，禁烟抗英有功的大臣如林则徐、邓廷桢等被革职查办，甚至发配充军；钦差大臣奕山到广东，竟然把人民群众诬蔑为“汉奸”，主张“防民甚于防寇”。清政府特别害怕战争持续下去，会引发农民起义，因而急于向英国侵略者谋求妥协，为此不惜割地、赔款。

中法战争后期，1885 年 3 月，爱国将领冯子材指挥清军在中越边境前线大败法军，取得镇南关大捷和谅山大捷，使法国侵略者处于内外交困的境地，茹费理内阁还为此而垮台。可是清政府当权者却力主避战求和，竟以此为和谈资本，加紧妥协求和活动，接受法国条件，签订《中法新约》，并下令前线清军停战撤兵。中法战争最终以“中国不败而

败，法国不胜而胜”而宣告结束。

中日甲午战争时，当时名义上的国家元首是光绪皇帝，实际的最高统治者是慈禧太后。1894 年，清廷为筹办慈禧太后 60 大寿庆典，除要求各级官员捐纳外，还提用户部饷银和边防经费，甚至挪用海军军费。战争爆发后，大小官员考虑的头等大事不是如何抵抗外敌，而是给皇太后送什么礼物。1894 年 11 月 7 日慈禧太后寿辰，恰好是日军攻陷大连之日。慈禧太后却照样在宫中升殿受贺，大宴群臣，还让皇帝与大臣们陪坐听戏三日，不问国事。台湾被侵占后，清政府还下令不许接济和支援台湾军民的浴血抗战。在这种情况下，中日甲午战争最后只能以中国的失败而告终。

八国联军侵华战争开始以后，以慈禧太后为首的清政府守旧派虽然一度想利用义和团的力量与列强讨价还价及排斥异己，而实际上却一直在背后牵制、破坏义和团和部分清军官兵与八国联军的战斗。八国联军侵占北京后，慈禧太后带着光绪皇帝及亲贵大臣们西逃。1900 年 9 月 17 日，她在逃亡途中发布镇压义和团的上谕，称“义和团实为肇祸之由……非痛加铲除不可”。此后，清政府和八国联军勾结起来，共同镇压义和团运动。

2. 经济技术的落后

近代中国反侵略战争失败的一个重要原因，是国家综合实力特别是经济技术和作战能力落后。以鸦片战争为例，当时清朝常备军有 80 万人，英国全国军队不过 20 万人，而侵华远征军最多时仅 2 万人。但是，双方的武器装备、军队素质和综合实力悬殊。就武器装备来看，多数清兵尚使用刀、箭等冷兵器，英兵则普遍使用步枪。中国水师战船是木船，吨位小，载炮少，经不起风浪，难以在海上作战；英兵舰队帆船吨位大，载炮多，还拥有少量蒸汽动力的轮船，在海上行动便捷，作战自如。就军队素质和战斗力来看，清军军官不通兵法，不谙近代军事指挥。英军训练有素，指挥统一，各兵种能够协同作战，战斗力较强。在鸦片战争中，尽管中国军队在总兵力上占优势，但在局部战役、战场上并不占优势，加上综合实力等落后，这是中国军队在战场上节节失败的重要原因。

19世纪中叶，西方资本主义列强经过工业革命，经济和技术飞速发展，中国已被远远地抛在后面。但是，经济技术的落后是失败的一个重要原因，但不是决定因素，起主要作用的，是当时统治阶级的错误方针和反动政策，其根由则是专制制度阻碍了中国社会的进一步发展。

（二）民族意识的觉醒

1.“师夷长技以制夷”的主张和早期的维新思想

鸦片战争的失败，在死水一潭的中国封建社会激起轩然大波。严酷的现实，不能不引起忧国忧民的有识之士的反省。面对资本-帝国主义的入侵这一中国“数千年未有之变局”，他们敏锐地意识到，这是和中国的落后分不开的。不但古老的刀矛弓矢抵挡不住外国坚船利炮的轰击，古老的思想文化也根本抵挡不住“西学”的传入。要救国，只有维新；要维新，只有学西方。自从鸦片战争失败时起，先进的中国人历经千辛万苦，向西方国家寻找真理，力图使中国走上资本主义的富强之路。

先进的中国人向西方学习，经历了一个逐步演进和深化的过程。首先是以林则徐、龚自珍、魏源为代表的第一代睁眼看世界的先驱者。龚自珍在鸦片战争前已经敏锐地感觉到社会的严重危机，发出了改革的强烈呼唤，“自古及今，法无不变，势无不积，事例无不变迁，风气无不转移”。积极主张禁烟的林则徐被称为近代开眼看世界的第一人。鸦片战争以前，他和绝大多数清朝官员一样，对中国以外的世界知之甚少。但他敢于面对现实，注重对实际情况进行考察以寻找解决办法。在受命处理鸦片问题以后，林则徐逐步改变了传统的观念，开始主动地去了解西方，认识西方。他组织人手，“采访夷情”，翻译外国报纸和书籍。

在抵抗英国侵略的过程中，林则徐提出了“师夷长技以制敌”的思想，其后，魏源进一步发扬了这一思想，他在林则徐主持编译的《四洲志》的基础上，完成了著名的《海国图志》一书，明确提出了“师夷长技以制夷”的主张，明确提出了向西方学习的主张。

19 世纪 70 年代以后，王韬、薛福成、马建忠、郑观应等早期维新思想家不仅主张学习西方的科学技术，同时也要求吸纳西方的政治、经济学说。他们具有较强的反对外国侵略、希望中国独立富强的爱国思想，以及具有一定程度的反对封建专制的民主思想。例如提出发展民族工商业，对西方列强进行“商战”，设立议院，实行“君民共主”等制度，这具有重要的思想启蒙意义。

2. 救亡图存和振兴中华

鸦片战争以后，中国还只有少数人有朦胧的民族觉醒意识。中日甲午战争后，面对中华民族的生死存亡关头，中国人开始具有普遍的民族觉醒意识。中国在甲午战争中的失败，对中国人的刺激极大。1895 年，严复在天津的《直报》上连续发表《论事变之亟》等轰动一时的政论文章。在《救亡决论》中，他痛苦地发出“救亡”的呼号。这一振聋发聩的呐喊表明，先进的中国人在惨痛的事实面前猛醒过来了。甲午战争之后，他翻译了英国著名生物学家赫胥黎的《天演论》，认为“物竞天择，适者生存”的生物进化规律同样可以用来解释人类历史的发展。他告诉人们，根据“优胜劣汰”的规律，中国如果墨守成规，拒绝变革，就将被先进的西方民族所淘汰。进化论的介绍和传播是对近代早期知识分子的一次重要思想启蒙，影响了 19 世纪末和 20 世纪初一代中国知识分子的思想，在近代中国的变革中起到了重大的推动作用。

以康有为、梁启超等为代表的资产阶级维新派首先奋起。国家的贫困和民族的危亡，使康有为对清政府统治的腐败深感不满，认识到西方国家的资本主义社会制度，要比中国的封建社会制度进步得多，决心向西方寻找救国真理。梁启超是康有为的得意门生和得力助手。他提出中国要变法图强，必须学习西方的资本主义国家的政治制度和文化教育制度。康有为和梁启超等维新变法思想，在当时的爱国知识分子和一部分开明官僚中，引起了强烈反响。

民族危机激发了中华民族的觉醒，救亡图存成了时代的主旋律。1894年，孙中山创办兴中会，喊出了“振兴中华”的时代最强音。在此后近半个世纪内，“救亡图存”“振兴中华”成为中华民族历史进程中奏起的最响亮的旋律，是一切爱国的中国人心目中最具吸引力和凝聚力的口号。

近代以来，中国的志士仁人怀着强烈的危机感和民族意识，历尽千辛万苦，不怕流血牺牲，去探索挽救中华民族危亡的道路。甲午战争以后的戊戌变法、辛亥革命，都是在救亡图存、振兴中华这面爱国主义大旗下发生的。这些斗争和探索，使中华民族燃烧起了新的希望，标志着中华民族的进一步觉醒。

第二讲　传统阶级的自救与抗争

一、太平天国运动

(一)太平天国运动的背景

1. 经济上豪富兼并

太平天国革命的背景在经济方面，一是雍正乾隆以来的豪富兼并和人口增加，二是道光中年(1839)金融外溢和道光年间的大灾荒。豪富兼并指的是地主的兼并和商人富户的聚集。雍正乾隆年间，土地和财富慢慢的集中于部分人手中，比较突出的表现就是米价的不断上涨，乾隆多次要求各省官员向他如实说明米价不断上涨的原因。湖南巡抚杨锡绂的《陈明米贵之由疏》明确表明当时由于豪富兼并而造成的米价腾贵。该文大意为王朝建立之初，地广人稀，地价便宜；天下太平以后，土地足够养育我朝人民，地价不变，长时间的天下太平，人口愈来愈多，土地不足以承载现如今的人口，导致地价逐渐变贵。贫穷致使农民把土地卖掉，却又无力赎回土地，再加上买土地的价钱已经不再是当初卖土地的那个价钱了，所以现在的土地大多数掌控在地主和士绅等这些富户手里。卖土地的人沦为佃农，一年的劳作根本不能保证一家的口粮，必须买米接济，而富户又联合起来操纵粮价，致使米价越发昂贵，底层人民生活更加困苦。人口的增加是随着时代的变化而不断增加的，到了雍正乾隆年间，户口的增加已经成为社会问题了，也正因为如此，雍正时期有湖广、广东、广西、江西等省份的人携家带口的迁往人口稀少的四川等地。再加上当时的清王朝的政策，不允许汉人随意迁徙到满蒙地区，禁止移民殖边，所以，不断增加的人口之中除了一小部分下海经商或者依靠劳力谋生之外，剩下的一大部分没有出路的人，变成了流民、流寇、强盗、土匪甚至一方枭雄，这些都是太平军的预备役。

从之前的论述中可以看出，人口与土地问题在清王朝里已经慢慢成为不可调和的矛盾，逐渐走向爆发的命运。英国的鸦片走私改变了中英正当贸易中中国出超的地位，致使中国严重入超，白银大量外流，加速了英国的“黑三角贸易”，英国资产阶级靠走私鸦片也使中英贸易由顺差变为逆差。因为金融的外溢，造成银贵钱贱的状况，也形成了革命爆发的条件，中英鸦片贸易在道光年间的情形。我们可以从以下表格中看出来：

(1)英国输入中国的货物

货　　物	价　　值
鸦片	13 344 030 元
金银	751 435 元
其他	3 899 873 元
生棉	6 563 124 元
总计	24 785 462 元

(2)中国输到英国的货物

货　　物	价　　值
生丝	1 986 528 元
茶叶	9 561 576 元

续表

货　　物	价　　值
金银	8 974 776 元
明矾	61 615 元
烧料	27 028 元
其他	943 177 元
运费	450 000 元
总计	22 004 700 元

从以上表格可以看出英国输入中国的货物中，鸦片价值最高，而中国输入英国的货物中，生丝是大宗商品。但是两相对比，英国输入中国的总价值要比中国输到英国的多2 780 762元，中国输入英国的金银减去英国输到中国的金银得到的数额为8 223 341元，两者数额相加得出总额是11 004 103元，这样中国在1838年对外输出银两高达1100多万，鸦片战争之前的这几年中国的银两大量外泄，根本不足以保持国内的银钱平衡，动摇了国内白银的根本，造成的严重后果就是银贵钱贱，社会上的金融大恐慌。众所周知，在大清王朝，征收地税是以钱折银，钱贱银贵导致必须用更多的钱才能折算到以前银两的数目，这对民生产生极大的影响，受害最深的是自耕农和佣工，自耕农卖农副产品所得之物为钱，一两银子折算钱最高可达二千九百文，需清楚的一点是在1821之前，一千文便可折算白银一两。十几年的银价飞涨，自耕农根本不能完成税粮的缴纳，整日被官吏逼迫，没办法只能放弃土地，逃荒而走。佣工情况是工资越来越低，做一年的工作得到的银两根本不足以养家，也走上流亡之路。在这个土豪兼并和人口爆发的时代里，自耕农和佣工原本可以生活的很好，但是由于金融的大量外泄而导致的银贵钱贱迫使他们也走上逃亡之路，成为太平天国的又一预备役。

大清王朝在经历了金融外溢、人口激增、土地矛盾等问题之后，又遇上连年的天灾——旱灾、水灾、风灾、风沙灾、冰雹灾、歉收等，灾情涉及长江流域和黄河流域，大约有11个省份，地域广、时间长，如此甚重。再加上赈灾过程中，各地官员层层克扣，灾民少沾实惠，敷衍毕事，隐瞒不报灾情，致使情况要比看到的更严重。各地灾民流离失所，饿殍遍地。灾荒中，最受苦的就是农民，而在清朝比农民更苦的是佃农，丰收的季节还有可能挨饿挨冻，灾荒年更不用说了，在加上政府只能勉强保证佃农在灾荒中活下来，根本不能给出赈灾后方案，致使连年灾荒存活下来的灾民同样也成为太平军的预备役。

2. 政治上封建体制

太平天国运动的政治背景，第一是满汉之间的民族矛盾；第二是清廷的政治贪污；第三是军备废弛与鸦片战争的影响。自清朝入关以来，满族与汉族之间就是一个欺压者和反抗者的冲突局面，这种情况下，清朝统治者首先掌握军事上的绝对权力，历次出征掌握军权的皆为满人，汉人无居要职者。其次是掌握全国的经济来源，再次则是实行“圈地运动”，允许满洲贵族自行圈占京畿周围无主土地，第四是限制关内外进出，禁止汉人开发关外，把关外作为自己的根据地。第五则是朝堂上重要大臣均为满人，汉人虽有，但不足为道。满汉之间的民族矛盾使得满人较为担心汉人卷土重来。因此在一切方面限制汉人的发展。汉族的民族意识并没有因为压迫而屈服，反之，尽可能找机会结成会社来秘密的反抗满族的统治。例如白莲教、天地会等反清复明组织皆为汉人结社而成，他们有一个弊端就是过于分散，无法形成统一的领导。新形成的拜上帝会接受了他们组织的历史渊源，就这样，他们汇入了太平天国的革命运动。

清朝政治风气不好，卖官鬻爵、功臣分赃现象一直都有，清政府不阻止甚至提倡，企图以此来消磨汉族士大夫的气节。“朝而白身，暮以五千两而黄堂矣”表明当时严重的捐官现象，甚至最后发展成为清政府的一项财政收入。捐官获得官位的人，他们本就为利禄而来，怎么能使其不鱼肉百姓？本来是为了奖励有功勋的人而存在的酬劳分成的制度，后来演变成半透明的分赃制度，使得原来腐败的体制更加腐朽不堪。这种分赃刚开始起于海关，对外贸易和对内税收均有一人操控，本地海关缴纳够朝廷所定数目，剩下可自由处分。后来这种形式蔓延到一切管理税收的部门，赈灾救济、河道治理、军备置办等都会出现这种“分肥制”。这种制度下，清王朝出现各种大贪官，漏税上千万，这些银两都是搜刮民脂民膏得来的，可以想象人民受其迫害之深。到处都是革命的种子，只等金田起义这把火，便可形成燎原之势。

鸦片战争的作用不仅仅是打开了清王朝尘封已久的大门，也暴露了现如今清朝的骄顽疲弱、积弊日重的军备实力。起初，清朝的军备实力并不薄弱，只是清军入关后，八旗子弟养尊处优，丧失满足马背上夺得天下的锐气，绿营军队由于承平已久，沾染官场不良习惯，军队疲怠羸弱，不堪一击。鸦片战争之时，清廷任命将领归整军队，奉调广州，沿途军队抢劫掠夺、欺辱贫民；校场中互相斗殴，日有负伤；楚兵白天抢夺十三行，军队无法查出其兵……等到战场上，大帅允许逃兵入城，不允许百姓出城等等让人愤懑的行为，如此毫无军纪之兵如何能够抵挡住西方的坚船利炮？结果只有竖起白旗投降。英国军队在三元里烧杀掳掠激起人民极大不满，因此，民众集结当地地方团练进行英勇反抗，广州手工业工人以及附近州县如花县、增城、从化等地团练也陆续赶来，民众增至数万，他们用土枪、土炮、矛戈、盾牌等，与英军作战，使英军损失较虎门、定海之战大。这场战役使得满清兵力衰弱完全的暴露在民众面前，也使得民众认识到洋人军队不是不可打败的，“朝廷怕洋鬼子，我们不怕”，这样也为太平军建立起一个自信的心理基础，这种自信不断地扩大的结果就是百姓相信自己可以起兵推翻清王朝，建立一个属于自己的时代。洪秀全到广西开展他的革命事业的时候，正是民众建立这种心理的时候。

3. 文化上宗教应激

在西方用先进武器打开了中国的大门之前，欧洲的文化已经在中国播下了种子，只待寻找时机长成参天大树。如上所述，鸦片战争突出了中国社会的矛盾，满汉民族之间的矛盾也更加激化，社会混乱、民生凋敝、政治腐败、中西方文化冲突，社会底层人民受其迫害甚深，对当今政治统治极大不满，使得满清政府的统治出现政治和信任危机。自雍正、乾隆皇帝以来，文字狱、禁书令大兴，从诗词文章之中摘取只言片语来诬告写诗书之人，稍有不当，便祸及满门。清朝统治者试图采用这种极端高压的方式来消灭汉族人的民族思想，防止他们起兵造反，而且清廷禁止民间群众自由结社，这种种做法表明清王朝始终想以征服者的地位来宰割汉族。太平天国运动正是在这种背景下应运而生，利用扩大满汉之间的隔阂，融合部分西方宗教和中国传统宗教文化，重新建立起一种新的民众信仰，社会刺激下的“宗教改革”团结了一大批底层社会民众，并且承接了当时已经颇具规模“反清复明”的思想，形成了以“排满”为核心的民族主义思想文化。除此之外，天平天国初期成立的“拜上帝教”信奉的是建立包含“人人平等”“公平正直”“平均”等思想的理想社会，这些思想在某种程度上与中国宗教“天下为公”比较相似，尤其是“人人平等”的观念是与中国两千多年来的封建制度体系相违背的思想，是不被认可的思想。但是这种思想在备受压迫的农民之间一直是存在的，他们受的压迫越深，便越想要通过一种方式来实现他们心中的理想社会，拜上帝教不仅仅是一种信仰，而是一种现实的可通过努力来实现的诉求，再加上当时普通民众对于满清政府心理的转变，由起先认为自己与清政府相比是“蚍蜉撼大树”，再到“官怕洋鬼，洋鬼怕百姓”的认知，以致于后来人心扩大到“浸浸乎玩大府于鼓掌之间”，思想文化上的转变才是号召人民群众逐渐聚集在一起的有力武器！

4. 太平天国起义前的广西社会

太平天国发源地广西是清代中国落后的地区之一，耕地的增长速度不及人口的增加的速度，经济总量占到当时江南地区的四分之一，行为上受当时客家文化浸染较深，生态上自然灾害频发，土壤贫瘠，地理上山河相连，内外交通不便。恶劣的耕作环境使广大农民生活困苦不堪，而吏治的腐败、土地兼并更是把农民逼向绝望的境地。土地肥力基础上占有不均的兼并是实现地租剥削的条件，客家人在乾隆、嘉庆时期的大量涌入使得土地问题更为突出。需要特别指出的是：其一，广西地区落后的文化是与当时经济状况相适应的，文化活力的缺乏使地方官和士族豪绅的政治敏感度和应变能力降低，甚至是不敢应对太平天国的起义。其二，含有地方特色的土客矛盾。封闭排外且易于接受极端思想的客家人与广西土著居民在生活中易产生矛盾，拜上帝教正是利用这点不断宣传自己的教义，帮助客家人应对来自地方官府和豪绅的压迫，发展太平天国的军事队伍，致使这一批移民成为太平天国的坚定支持者。其三，广西落后的商品经济发展。广西社会的经济命脉是由广东等外省人主导和掌握的，对外经济的发展甚至一度沦为广东省经济的附庸。

（二）太平天国运动的兴起

1. 太平军的兴起

洪秀全（又名洪仁坤、洪火秀），出生于广西花县，生于嘉庆十八年十二月初十（1814 年 1 月 11 日），卒于同治三年五月八日（即 1864 年 6 月 1 日）。父亲洪镜扬，客家人洪秀全有兄弟三人，长兄洪仁发，次兄洪仁达，他们是传统的耕读人家。洪秀全自幼聪敏，七岁入私塾，熟背《四书五经》《孝经》等书，更是各个朝代历史了然于胸。因此，他们家指望洪秀全能够夺取功名，光宗耀祖，他本人也以此为己任，不断参加应试，不幸的是，他每次都落选。在他有一次去广州考试的时候，基督教徒梁发赠与其一套《劝世良言》，共九本，当时他并不知道这是影响他一生的一套书。洪秀全之后创立的拜上帝教的教义以及在太平天国中衍生的各种体制机制皆有此而来。接受这本书之后，洪秀全再次赴广东进行考试时，但依旧没考上，回家生了一场重病，病中梦见有人赠给他一把宝剑，教他斩妖除魔之法，教他如何追击鬼魔。病好之后，有人觉得洪秀全较病前判若两人，品行谨慎、步履端庄严肃、行为坦白、身体增高增大，见解宽大而自由，史称丁酉异梦。洪秀全不甘心屡次失败，再次收整行囊去广州参加院试，但依旧落败。回家之后，他拿出之前收到的《劝世良言》，恍然发觉，这书中所写和六年前梦中所见甚为相似，便认为自己是上帝派下来拯救世人于水火之中的领导者。于是，团结民众、给太平天国运动提供原生动力的拜上帝教，受一本宣传耶稣教义册子《劝世良言》的启示，在一个屡战屡败的落魄书生手中创立起来，慢慢发展成为席卷大半个中国的太平天国运动。

如前所述，广西地区在遭遇鸦片战争以后社会百孔千疮，民不聊生，吏治无为，腐败已深，处在崩溃的边缘。洪秀全在广州的传教并不顺利，于是转战广西桂平县，利用自己是客家人的身份，和冯云山深入当地，布教宣传，利用紫荆山的地势建立许多团练。导火索是一名鱼肉百姓的大黄江上专司缉捕的巡检，想利用职务之便勒索一群烧炭工人，然而这是一群早已接受拜上帝教宣传的民众，在遇到逼迫之事时便站起来共同抵抗无赖兵勇的压迫。洪秀全见时机已成熟就乘机起事，各地方的团练迅速聚集于广西省桂平县金田村，于是竖起了一面反清的追求现世平安和来世光荣的太平天国大旗。时，1851 年 1 月 11 日（即咸丰元年十二月初十），3 月 23 日，洪秀全在广西武宣登基称太平王，后改称天王。6 月，军队折回桂平新墟，扼守紫荆山，与清军正面对抗，8 月中秋，全军向东出击在平南官村打败清军。这时清军广西提督向荣率先败退，于是太平军在闰 8 月从平南经藤县向北攻打永安，占领永安州，建立国号“太平天国”。“太平天国”中“太平”是革命的目的，“天国”是革命的信仰，“太平天国”所代表的是太平军所建的理想国的经济、社会的、政治的主张与宗教的信仰最鲜明的表征，洪秀全也进号天王。这一年也是太平天国元年，论功封爵，以杨秀清为东王，萧朝贵为西王，冯云山为南山，韦昌辉为北王，石达开为翼王，以上所封各王，都受东王节制。这便是永安建制，基本形成太平天国核心权力政治结构。

1852 年 4 月，太平军从永安向北进攻，大败清军于古苏冲，直逼桂林，但未能攻下桂林遂放弃，精锐部队攻克全州之后悉数进入湖南。在向北的进程中，太平军发布三道檄文《奉天诛妖檄文》《谕救世人檄文》《奉天讨胡檄文》，这其中前两道檄文是对一般民众而言皆为宣传布教、传授教义，劝人们信仰拜上帝教；后一道檄文是对士大夫而言的，表达民族思想，阐明满人压迫汉族的种种罪恶，引起士大夫对满族朝廷的不满。檄文传播之地，风起云涌，各地纷纷响应太平天国的号召，加入到太平军的队伍中，形成锐不可当的一股势力。太平军一鼓作气从广西经湖南、湖北、江西、安徽，一直打到江苏，席卷 6 省。1853 年 3 月，占领南京，定为首都，改名天京，正式宣告太平天国农民政权的建立。

太平军在进军的征途中，坚决镇压和打击官僚、豪绅、地主，焚烧衙门、粮册、田契、债券，有力地冲击了封建统治秩序。太平军纪律严明，所过之处，“以攫得衣物散给贫者……谓将来概免租赋三年”。这使太平军受到群众的欢迎和拥护。因此，太平天国起义得到了迅速的发展。

2. 太平军军事战争进程

大清王朝在各地频繁出现的起义中已经风雨飘摇，太平军在定都天京之后，便做出了北伐西征的决定，北伐出河南掠山西，以压燕蓟，西征以安徽攻江西，争长江上游。清王朝闻讯便派出诸方将帅镇压太平天国，向荣统帅“江南大营”，琦善统帅“江北大营”。1853 年 5 月 8 日，林凤祥、李开芳等人奉命率师北伐。北伐军虽然一度进至天津附近，孤军深入，被清军围困，因林、李二人受伤被俘致死，北伐无疾而终。1853 年 6 月 3 日，胡以晃、曾天养等奉命督战船千余，溯江西征。先后攻下安庆、九江、武昌等地。1854 年，西征军在湖南遭到曾国藩培育的新势力湘军的抵抗，湘军反攻至九江附近。1855 年初，翼王石达开大破湘军，再次攻陷武昌。1856 年 4 月 5 日，太平军再克扬州，攻破“江北大营”。1856 年 6 月，太平军攻破“江南大营”，解天京三年围困之局。清军统帅向荣在撤退过程中逝世。当是时，长江千里，上至武汉、下至金陵，皆在太平军的掌握之中，新攻克郡县的村民都积极响应太平军，携家带口，贡献粮食，要求进入太平军，可见太平天国势力蔓延之快。

在这弹指之间可以倾覆清朝大厦之时，太平军发生了内讧，即天京变乱。内讧的原因就是天王的猜忌和东王杨秀清的跋扈，韦昌辉因不满杨秀清，计杀东王，石达开也在这场内讧中因猜忌被迫出走天京变乱持续了七年，在此期间，依靠新起之秀英王陈玉成与忠王李秀成的支撑。这次变乱的结果就是两王被杀，翼王远走，是太平天国的由盛转衰的折点。

3. 太平军的溃败

自内讧后，两军对垒局势立刻转变，开启湘军压迫太平军的局面。武汉作为太平军战争过程中夺取的重镇，事变之后已成夹击之势，太平军在这个过程中艰苦经营，但武汉以及九江依旧失守。此后，上游重镇只剩下占据安徽北部枢纽的安庆，如果安庆一旦失守，大江南北军事交通要道和芜湖粮道皆为清军所有，依靠长江险阻形成的保卫天京的天然屏障皆丧失。因此，湘军把拿下安庆作为他们攻陷金陵的第一要务，太平军也把守住安庆作为保卫天京的最后防线。湘军经过多次苦战终于打破陈玉成救援军队，在 1861 年时拿下安庆。以安庆作为根据地，进军金陵，寻找时机攻克江浙。在 1860 年时，英法两国已与清朝签订《天津条约》，因太平军长久占据江浙影响两国通商，在太平军再次踏破江南大营直捣上海时，两国改变之前中立的态度与清军联合，训练“常胜军”镇压太平天国。1862 年 3 月李鸿章率领的淮军抵达上海，双方大战于虹桥，太平军败北。左宗棠围攻江浙，曾国荃攻克金陵周围要隘，扎营雨花台，围守金陵，这便开始天京的围困之局。1862 年 6 月，洪秀全命令李秀成回守天京，围困湘军四十二天，未能取胜，围困之局未能破解，湘军攻占天京的阵势无法撼动，太平军再也没有返攻的机会。最后两年的战役，双方打的异常艰辛，洪秀全拒绝李秀成提出的“让城别走”，另辟新根据地的建议，坚持死守天京，最后以洪秀全的病故为结局。1864 年 7 月，湘军攻破天京。至此太平天国农民革命运动以失败告终。

4. 太平军溃败原因

太平天国运动历时 14 载，起义军转战 18 省，并建立了与清王朝对峙的政权但依旧走向失败的结局。原因有：一是朝堂内党派之争，最显而易见的是五王之间的权力争斗以及新旧两派内部太平军之间的矛盾，其实质是结党营私党同伐异。二是太平天国内，官员的升迁主要看军功大小，但血缘、地缘关系也起很大作用，尤其是当初跟着洪秀全一起冲出广西的客家人，基本上都封王拜爵。三是军中将领拥兵为重，各争雄长、不相统属、不听调遣、军心离散，这在天京陷落时期表现尤为明显。四是太平军定都天京、北伐西征取得胜利之后，锐气和理想慢慢褪去，安享福荣之风逐渐滋长，无法制止和克服领导集团自身腐败现象的产生，这些都大大削弱了太平天国的向心力和战斗力。五是太平天国基层官吏的设置不透明，为了解决军饷问题而设立的乡官不是由公选产生，而是由太平军军官指定。六是太平天国军事战略上出现了重大失误。比如，没有解决好与捻军这一抗清斗争主力的关系，没有同他们结成同盟，以致丢失了在北方赖以发展的良机，使北伐军艰难支撑直至失败；在天京被围困的情况下死守孤城，拒绝“让城别走”，导致太平天国的最后覆灭。七是以宗教来发动、组织群众的太平天国是不能正确指导斗争，而且会给农民战争带来了危害。在太平天国后期，洪秀全想要以虚幻的力量代替农民起义者自身的努力。八是不能正确对待儒学，起初反对《四书五经》等儒学，后来倡导使用删减后保存儒学中的封建纲常伦理原则的儒学。九是对西方侵略者缺乏理性的认识，不能把西方国家的侵略者与人民群众区别开来，而是笼统地把信奉天父上帝的西方人都视为“洋兄弟”。

综而述之，农民阶级不是新的生产力和生产关系的代表，无法克服小生产者所固有的阶级局限性，缺乏科学思想理论的指导，没有先进阶级的领导，因而无法彻底完成反帝反封建的任务。

(三)《天朝天亩制度》

《天朝田亩制度》全文分为六个部分，第一是公田制度。这是《制度》中最重要的一部分——土地，是太平天国的社会制度的核心。田地按照亩产量的多少分为9等，然后不论男女，按照人口分田地，十五岁及以下分田数是十六岁的一半，人民除耕耘外，还应该有一定副业，但是人民不应该藏私，留足自己所需，其余皆应交给国库，“天下人人不受私，物物归上主”。第二是军制和社会组织。太平天国的教众是军队也是农民，以最小的家庭为单位，25个家庭作为一个组织，应该设立一个礼拜堂和一个国库。三是礼俗和教育。礼俗和教育是具有宗教色彩的内容。例如，嫁娶之时，应到礼拜堂男女分席而做，聆听教义。第四是选举和罢免。实行的是三年一升贬的保举制度。第五是司法。如有一人有犯法，不服判决，可以上诉，拥有多次上诉的机会，这样的话，审判者没有受贿的机会，这是一个进步的司法制度。第六是为人民服役。三口以上之家需要一人为士卒，有战事的话，跟随首领战斗，无战事则耕田。至于鳏寡独孤者，国库会奉养，这是早期社会保障制度的体现。第七是圣库制度即国库制度。一切财富归天朝圣库所有，由圣库统一分配个人。

《天朝田亩制度》是最能体现太平天国社会理想和这次农民起义特色的纲领性文件。《制度》深刻体现了平等原则和公正原则，但在这个部分中最重要的公田制度——没收私有土地，由国家重新分配，在当时的民间因推进难度较大，不利于稳定民心，实际上是没有实行的。《周志记租捐执照》可体现当时天朝还是承认地主的地位，并且与他们的关系还是存有旧制度下的征收粮赋税的关系。

《天朝田亩制度》的主张，从根本上否定了封建社会的基础即封建地主的土地所有制，体现了广大农民要求平均分配土地的强烈愿望，是对以往农民战争中“均贫富”“等贵贱”和“均平”“均田”思想的发展和超越，具有进步意义。不过，它并没有超出农民小生产者的狭隘眼界。它所描绘的理想天国，仍然是闭塞的自给自足的自然经济，是小农业和家庭手工业相结合的传统生活方式；同时又是一个没有商品交换的和绝对平均的社会。这种社会理想，在很大程度上具有不切实际的空想的性质。

(四)《资政新篇》

《资政新篇》是太平天国后期颁布的社会发展方案，是洪仁玕制定的带有施政纲领性质的文件。主要内容是：一是用人失察类。“禁朋党之弊”，防止君权被夺，需要加强中央集权。二是风风类，教化民众，反对女子裹脚，反对骄奢淫逸之习。三是法律类。这部分内容是该文册中最重要的一部分。例如，事关世道人心的纲常伦纪需要立法来明确。明确法律，执法严格，才能便于管理。设置书信馆，便利来往各地公文，设置新闻馆，笼络民心，广而告之各地经济发展状况。学习西方的制度和法律，运用于天朝的制度建设。此外，还主张发展近代工矿、交通、邮政、银行等事业，奖励科技发明和机器制造，尤其是提出“准富者请人雇工”，对穷人“宜令作工，以受所值”，提倡资本主义的雇佣劳动制。四是行刑类。禁止买卖鸦片，禁止溺死子女，禁止买卖奴隶等比较人性化的规定。建设鳏寡孤独院，善待囚犯等等有利于社会安定之法。还有涉及外交方面，主张同外国平等交往、自由通商，“与番人并雄”。对于外国人，强调“准其为国献策，不得毁谤国法”。

《资政新篇》是一个具有资本主义色彩的方案。按照西方资本主义的模式反对封建制度，改造中国，虽然未得到实行，但是它毕竟是符合时代潮流的救国方案，为以后的革命斗争，提供启示和借鉴。

（五）太平天国运动的影响

太平天国革命运动的性质是一场农民性质的革命，需要明白的是农民不只是有衣食困苦的农夫，还有流民，伐木烧炭的苦工，还有地痞流氓甚至有强盗，当然还有一批饱读诗书的儒家知识分子和富农、地主。社会底层的各种人物构成了太平天国运用的兵源与支持者。

革命的影响分为五个方面，其一军制方面，骄顽疲弱八旗和绿营军队根本不足以应对王朝反动起义的现状，因此新式军队脱颖而出。湘军代替了绿营，湘军的训练方式代替了绿营的训练方式，湘军制度代替了绿营制度，于是曾国藩的湘军淮军就是在这种情况下崛起的，也是后来造成军阀势力割据的起源。其二政治方面。有两大影响：一是朝堂权力的转移，满人统治权逐渐转移到汉人之手；二是中央集权的分化，地方权力增加。后来，庚子义和团之战，袁世凯、刘坤一、张之洞等东南疆吏不听从朝廷旨意与八国联军签订东南互保条约，这是近代中国中央集权势力没落与地方分权势力第一次抬头，究其渊源就是起于太平天国运动时期。其三是财政经济方面。用于筹备军饷的厘金制度的兴起；代替中国官吏向外国人征税的外人管理海关制度的成立，由银铜并用的双本位制变成银票与钱票、铜大钱与铁钱并用的复杂的货币制度，饱受战争摧残的长江流域的减赋，开启利用外债的先河。其四是社会方面。太平天国运动之后人口大量减少，田亩大量抛荒，社会民生状况发生变化。其五是文化及革命运动方面。旧习惯的改革和风俗习惯的改革以及思想的改革对后来的辛亥革命和新文化运动都产生一定的影响。

（六）对太平天国运动的评价

太平天国农民起义的历史意义太平天国起义虽然失败了，但它具有不可磨灭的历史功绩和重大的历史意义。

太平天国起义沉重打击了封建统治阶级，强烈撼动了清政府的统治根基。这次在太平天国的影响下，各地各族人民反清斗争风起云涌。如东南沿海各省天地会及其支派的起义，北方捻军起义，西部的各民族起义。天京失陷后，太平天国余部在四川等地仍坚持斗争达 4 年之久。这些斗争加速了清王朝的衰败过程。

太平天国起义是中国旧式农民战争的最高峰，它把农民对拥有土地的渴望在《天朝田亩制度》中比较完整地表达了出来。《资政新篇》则是中国近代历史上第一个比较系统的发展资本主义的方案，这反映了太平天国某些领导人在后期试图通过向外国学习来寻求出路的一种努力。

太平天国起义也冲击了孔子和儒家经典的正统权威。这在一定程度上削弱了封建统治的精神支柱。

太平天国起义还有力地打击了外国侵略势力。太平天国的领袖们拒绝承认不平等条约，严禁鸦片贸易。尤其是当中外反动派勾结起来向太平军举起屠刀时，他们毫不犹豫地同英、法军队和由外国军官组织和指挥的"常胜军"进行英勇的斗争，使侵略者"呼救无人"。

在 19 世纪中叶的亚洲民族解放运动中，太平天国起义是其中时间最久、规模最大、影响最深的一次。它和其他亚洲国家的民族解放运动汇合在一起，冲击了西方殖民主义者在亚洲的统治。

太平天国农民起义动摇了清王朝封建统治的基础，有力地打击了西方资本主义侵略者，显示了农民阶级的反抗精神和战斗力量。同时也表明，在半殖民地半封建的中国，农民具有伟大的革命潜力，但单纯的农民战争不可能完成争取民族独立和人民解放的历史任务。

二、洋务运动

(一)洋务运动的背景

洋务运动又被称为"自救运动""自强运动"，时间是 19 世纪 60 年代到 90 年代。"洋务"意思是清政府与外国打交道的一切事务。"洋务"一词来源于"夷务"，因为"夷"带有侮辱和歧视的含义，被外国人所反对，因此清政府改变对此称呼。洋务运动的时间和太平天国运动的时间较为相近，同在清王朝的统治下，因此二者发生的背景有一定的相似之处，区别在于一个是上层统治阶级发起的，一个就是下层贫苦人民发起的。工业革命以来，西方各国正处在资本主义的上升时期，这一时期的明显表现就是科学技术促使自然力代替人力，自由竞争占据主导地位，工业资本不断扩大，商品输出为主要的对外输出方式，开始对殖民地进行经济掠夺，占据和瓜分世界。而处在"世界中心"大清王朝正在经历着三种战争，一种是在全国大部分地区同各种反清斗争进行了十年之久的殊死的反革命战争；一种是在上海附近地区，由中外反动势力联合，抗拒太平军解放上海等地的反革命战争。一种是在北方京、津、冀一带进行的反侵略战争。这三种战争只有第三种第二次鸦片战争是有结果的——签订《北京条约》，条约内容使得大清王朝背负巨额的债务、领事裁判权被侵占、土地被割占等一系列来自外国的侵略加剧，变得更加风雨飘摇；第二种战争在借助外国人军事实力的情况下在 1864 年以太平天国的失败告终；而第一种战争依旧在进行中。除此之外，清廷内部已经腐朽不堪，例如土地兼并、吏治腐败、军备废弛、连年灾荒、民生凋敝等社会问题突出。因此岌岌可危的清廷在内外交困的情况下开始了向西方学习先进科学技术的道路。

（二）洋务运动的指导思想

洋务运动的指导思想出现的过程也是西学东渐的过程，道光、咸丰年间，研究世界地理、历史、风俗、政治、法律等方面的清朝知识分子不断增多，最著名的是林则徐的《四洲志》、魏源的《海国图志》、徐继畬《瀛寰志略》、梁廷枏《合省国说》等著作，这表明鸦片战争以后，五口通商口岸的开放和传教士的努力，让西方的风土人情传播到东南沿海各地，知识分子认识到不同于以往儒家经典的内容，激发起他们学习新知识的想法，再加上现实的困境，让他们开启了救亡图存的道路。

洋务运动最根本的指导思想是"自强""求富"，这是传统封建阶级在旧有的经世致用思想下面对现实的变革，具体的思想表现是“师夷长技以制夷”和“中体西用”，洋务运动是一场封建统治者在国家危亡时刻的自救运动。

“师夷长技以制夷”的主张是“近代睁眼看世界第一人”林则徐提出的。他在1839年到达广州，1841年调离广州，在广东期间最高职位是两广总督，是当时中英交接前线最高领导人。出于对自己对手的了解，他开始了对英国的探寻。他搜罗人才，翻译外国报刊，了解外国情况；他翻译《世界地理大全》即《四洲志》，翻译《各国律例》，介绍国际法，翻译英国人对中国人看法的《华事夷言》；仿造西方洋枪洋炮和帆船兵舰。这是中国人学习西方的一个良好开端，是为了反对西方侵略、维护国家和民族独立主动发起、操纵由我的自主性进步活动，这同样也是洋务运动早期的指导思想。

“中体西用”思想的提出者——冯桂芬，该主张来自《校邠庐抗议》一书。两次鸦片战争的失败对冯桂芬思想产生了极大的震动，称之为“天地开辟以来未有之奇愤”。因此他提出“以中国之伦常名教为原本，辅以诸国富强之术。”这就是“中体西用”的由来，他主要分为三个方面来论述怎样采用各国富强的方式来使中国抵制外国侵略，实现富国裕民。一是《采西学议》，主张将学习外国的技术范围加大，比如数学、物理学、光学、化学等理工科都要学习，还有各个国家的地形地貌，风土物产等皆在内，以及其他有利于国计民生的农业器具、工业器具等技术都要学习。二是《制洋器议》，希望政府能够拨款建设船炮局，聘请洋人教员，招收善于学习技术的人，并在学成之后给予奖励，授于功名。长此以往，必将自强于世界民族之林。三是《筹用国议》认为使国家富裕有三种方法，一采用西方的农业生产器具耕种，提高农业生产效率；二鼓励百姓种植茶叶、桑麻等各种有市场的出口农作物；三兴办有利于国家富裕的采矿业。这三篇文章基本上概括了本书所论述的“诸国富强之术”的主要观点，大致意思就是抓住稍纵即逝的机会，学习西方先进的科技，发展民族工商业，强国富民，改变我国如今的现状，实现富国强民。

(三)洋务运动派别分析

1. 买办阶级

1840 年到 1842 年的第一次鸦片战争，外国侵略者在逼迫清政府签订《南京条约》之后，对于终于打开中国的大门获得如此大的产品倾销市场，感觉非常的开心，一位英国官员曾说："就是兰开郡全部工厂的产品也不足以供应它一个省份的需要"。还有英国的外交大臣巴麦尊说"势将成为人类文明进步上划时代的大事情，必会给英国商界带来最大的利益"。然而，实际上是西方的商品倾销在中国自满自足固步自封的小农经济的影响下并没有打开很大的市场，甚至是遭到了沿海居民强烈的抵制，英国人必须自己创造机会让清朝百姓能够产生对商品的需要，这种需要是要经过熟人的介绍大主顾的方式和足够的宣传才能达到。这实际上就存在一个问题，如何让中英两国的人民避免接触，只有这样的话，才能在某种程度上降低对英国人多的敌视，打开中国真正的市场交易大门。因此，这就需要寻找和培植一股中介势力，这股中介势力既能听命于西方，同时又和中国的商人、民众都有接触，能帮助西方侵略者完成自己完成不了的事情，以达到占据中国市场的目的。这股中介势力就是我国在清朝已经存在，只不过随着时代变化发生异变的买办阶级。这股势力不再是只有之前的采买外国商人和本国商人的食物的作用，而且转化成可以帮助外国商人看管货物、掌握商行、雇佣本地人等，管理洋行全部事务、具有实权的"首领"。这种状况在鸦片战争后，中国的主权丧失沦为半殖民地半封建社会后，逐渐的变成一种买办制度，靠着这种方式，他们完成了中国政治、财政等各方面的侵略，形成了自鸦片战争后的外国商人统治、压迫、剥削中国的一种方式。这种制度下的买办逐渐成为一种阶级，这种阶级的来源不仅仅局限于以上一种方式，还有洋行的中国买办自己招收徒弟和外国人在中国设立教会学校，利用这种文化侵略的方式逐渐培育侵略中国买办势力。随着买办势力的不断扩大，他们不再只是西方商业上的代理人，更是中外反动势力的代表，他们更是从被清政府视为“士农工商”末等阶级的商人一跃成为清政府司道大员的资格，这个资格的获得是买办阶级同巡抚、都督之类的一方大吏更多接触的阶梯，如果说以前是商业上的接触，那么现在就是商业上和政治上相融合的接触。这就开始了买办的封建官僚化的进程，它同封建官僚的买办化进程一起，共同构成买办与封建官僚相融合的过程。这种状况在第二次鸦片战争的时候已经变得较为普遍了，并且这部分人是洋务运动的支持者和组成部分。

2. 洋务派

洋务派整体的性质是接受和维持外国侵略者在中国造成的半殖民地的现状，没有一人想要将其作为谋取国家和民族独立的工具。

(1)满洲贵族中的洋务派

以恭亲王奕䜣为首的满洲贵族洋务派，他们既是清朝统治中第一个接受半殖民地半封建社会现状的集团，也是侵略者第一个愿意扶持上位的对象，更是封建王朝内部第一个主张学习西方科学技术以改变社会现状的集团。辛酉政变之后，奕䜣成为议政王，统揽满汉内外军国事，无摄政王之名却有摄政王之实。他们在洋务运动期间镇压太平天国运动，设置同文馆、选拔绿营军队、组建新式军队、训练洋枪队、购置新式军火、组建新式舰队、创办机器制造厂、建造轮船等有助于抵抗外国侵略者的事业。

(2)洋务派的主体

洋务运动的主体是曾国藩集团和李鸿章集团，曾国藩是一个在镇压太平天国运动中崛起的汉族地方将领。他是“和外安内”思想的制定者和推行者，主旨思想是全面维护封建统治，他曾说“购买外洋船炮……今日救时之第一要务”，并且在购买之后建议试造，也确实将之付诸实践，那就是创办安庆内军械所，建造洋务派第一艘轮船，开设开平煤矿。此外，曾国藩也为国家提携了一批封建统治者需要的人才，又在理学上有些建树，在士大夫之间颇有威名。以他为主体的洋务派开启了近代“借法”维护半殖民地制度下封建统治风气的先河。

李鸿章是曾国藩“和外安内”政策的主要继承人，青出于蓝而胜于蓝。从 1870 年起，李鸿章接手曾国藩任直隶总督，1875 年起再兼任北洋海防大臣，1885 年更是兼会办海军大臣。在这期间，又进秩大学士，加太子太傅，并且在北洋任职 20 多年，掌握外交和洋务新政的大权。尽管李鸿章掌握这么大的权势，但是他依旧是按照“和外安内”的政策来进行洋务运动。李鸿章在洋务运动期间一是主张“变易兵制，讲究军实”，意思就是改变现在的绿营兵制，其主要目的是裁兵留勇。“讲究军实”是指使用洋枪炮仿造洋军火，李鸿章的淮军是最早改用洋枪洋炮的，并且他还建造了中国最早的三大军事工厂，这就方便淮军随时地更新最高级的军事武器。1875 年之后，他又开始创建近代海军，建立北洋舰队，这是当时全国唯一的一支海上作战军队；二是改变科举试帖小楷；三是开矿架电线筑铁路设织布局。这些活动都是李鸿章在变法过程中逐步实现的，但是他自始至终都没有认识到封建统治体系的没落仅仅靠“器物”的改革是行不通的，所以最后洋务新政只能走向失败。

洋务派中其他坚决抵抗外来侵略的人是同太平天国、捻军作战的第一员功将刘铭传、张树声。

洋务派的两大干将，一是郭嵩焘，洋务派的理论家。他因较早接触洋务，又在外国做过几年的出使大臣，他比那些没有出过国门的洋务派要对西方了解的多一些，观察得要深入一些，提出的洋务建议更具有根本性和实用性。但因为国家封建滞后性而导致郭嵩焘个人在对待西方国家侵略的过程中一直持妥协态度，在出使其他国家期间并没有为清王朝争得实际的权益，这也表明洋务派在整个运动过程中没有可持续性的活力因素存在，没有可以让洋务派保持前进突破固有藩篱的人。洋务派的理论家尚且如此，实干家又怎么能够获得正确的思想理论指导？

二是丁日昌，洋务派的实干家。他是中国最早创办最大的近代军事工业机器局厂的倡议者和真正的创办人，清政府中最早倡议允许华商自买轮船经营航运的官员，最早对绿营兵进行改造的试行者，以及最早派遣留学生向西方学习的助成者，同时也对中国近代海军建设作出最早的全面的设想。其洋务新政成就虽然远比李鸿章小，但是眼光却比李鸿章要精邃宽阔，但他遭到人们所诟病的是只知道片面强调侵略者对中国不平等条约的认识，压制人们反侵略的要求，不利用已掌握的有利条件，挽回中国的权益。其次，在办理洋务新政的过程中，丁日昌并非独立掌权者，办理新政的功与名皆为他人做嫁衣。丁日昌所有的行为皆未超出清政府办理洋务实现对内镇压、巩固对外统治的目的，丁日昌的一生的悲哀其实也是洋务运动的必然现象。

3. 顽固派

顽固派又称守旧派，他们或是理学权威、或是孔孟之徒、或是“帝师”之尊，他们具有强大的思想势力和社会势力，尽管洋务派提出“自强求富”的口号是基于不改变封建政治体制的情况下，但是顽固派依然进行抵制，甚至可以说“中体西用”口号的提出更让顽固派有了反对的底气。他们中代表人物是大学士倭仁、徐桐等人。他们争论的焦点：要不要学习西方的“器物”，以求自强；西方是政教昌明的国家还是不知礼仪的国家；除此之外，顽固派还认为学习西方就是“用夷变夏”，破坏祖宗之法和立国之道。顽固派对于洋务派的阻止的重点：一是出于愚昧无知和腐朽阶级对新事物的固有的抵抗性；二是对于对洋务派对外国不侵略不抵抗、一味妥协投降表示不满。

顽固派和洋务派矛盾激化起于1867年关于同文馆是否招收科举考试正途人员学习天文算学。随着社会实践的深入，奕䜣、李鸿章、曾国藩等人逐渐意识到外国的科学技术“无一不自天文、算学中来”，数学在制器中的重要作用日益突出。天文学算馆招生要求有：满汉举人，恩贡、拔贡、副贡、岁贡、优贡和例贡的贡生，并且要求满汉文业通顺；

年龄在30岁以内的翰林院庶吉士、编修、检讨和五品以下进士出身的京城和省外官员；具有天文、算法心得的人，年龄可以适当放宽。学员有宿舍可住，为期三年，按照每次的考试成绩分优劣，确定奖惩。此外学员在校期间，每月10两白银工资，解决学员后顾之忧。这为想学习西学的人打开了大门，开创全社会学习西方科技的风气。奕䜣等洋务派认为，既然这个想法得到了朝廷的支持，那么实施起来应该是很顺利的。没想到遭到顽固派强烈的反对，首先山东道监察御史张盛藻上书反对，他认为天文算学我国自古有之，不用学习，寻求自强应该是在练兵、纲纪、赏罚等方面，而且臣子和民众都要讲究气节，用升官、薪酬等诱惑士大夫等人学习"机巧"，实属不该，这样会导致士人重视名利而忽视气节。而且他还认为学习这种技巧不应该采用科举正途出身的人，应该选拔工匠、武弁来学习，其次则是大学士倭仁，天文算学得到的效果很小，但是让外国人教导我国科举正途人员确是一件不当的事，如果为了一门技艺而向"夷人"学习，不说"夷人"是否真心教导民众，就是诚心教导培养出来的也只是一批"术数之士"，而"术数之士"如何能够挽回现今危机！倭仁采用夷夏之防的观点，亡国的危言来阻止士人学习天文算学。这场辩论的结果虽然是以顽固派的失败告终，但他们的言论在中国士大夫之间产生了极大的影响，利用传统的"夷夏之防"、忠信礼义的观念和人民对侵略者的仇恨，散播无稽谣言，愚昧地讥讽科学技术，造成正途科举人员无人报考的冷清现象。此外，还有19世纪80年代的修建铁路之争、海防与塞防之争、造船与买船之争、是否兴办电报之争、是否借外债之争、是否用洋师洋匠之争、是否派遣留学生之争。

洋务运动就是在顽固派和洋务派争论中起步和缓慢前进的，二者的争论是科学启蒙和愚昧守旧之争，但是二者最终的目的是维护封建统治，这是一致的，所以也就造成这场科学启蒙的长期性和持续性以及可预见的失败！

4. 清流派

所谓的“清流派”指的是以翰林院有专折奏事权力的官员为中心的一部分士大夫，因上疏言事而相互结合形成的集团。核心人物是张佩纶、张之洞、陈宝琛等人。清流派有“翰林四谏”和“十朋”等名流，最初出现是由于光绪入继大统而引起的皇统次序及因全国灾害而应诏上陈，指责朝政弊端等纯属封建统治内部的事情，之后涉及对外交涉方面的出谋划策。因为对清政府妥协投降政策不同意，他们坚决主张抵抗侵略，要求积极筹备战争。对待抗法战争，他们积极发表建议，不顾忌权贵之势，弹劾各方不称职官员，一时间名声大噪。所以被称为“清流”或者“清侬”。他们的主张是“攘外修内”，意思是对外积极备战抵抗侵略者对清朝国土的蚕食鲸吞，对内整饬统治阶级内部纪律纲领，反对贪赃枉法和不振作官员，重用有作为的人才。二者之间是相互影响，相互联系，以此来维护封建统治的稳固。“清流派”最后也是以失败告终，他们的思想和行动始终没有超出封建地主阶级的范围，他们虽然热衷于修备军队，但他们并不知道强大的军队是建立在整个社会经济的大生产化的基础上才是可能实现的。他们的失败也表明，中国的封建地主阶级，在中国遭受到外国侵略沦落成为半殖民地半封建社会的过程中，伴随着大清王朝的衰落，已经无力维持和恢复自己的独立统治地位，更是担不起反抗侵略的领导任务。

这四个派别是洋务运动中的主要派系，他们的主张各有不同，但是最后的结果都是失败的，实践证明以维护封建统治利益出发而形成的主张、观念以及阶级是无法在资本主义大发展的时代中生存下去的，地主阶级更是无法担负起领导人民反侵略的任务的，洋务运动最后走向失败，不仅仅是清廷内部的腐朽，也是因为这场运动的领导者在思想上始终没有跳出小农经济的封建统治的藩篱，无法从中捕捉到新思想和新观念，无法变革清王朝社会体制。

(四)洋务运动的开展

1. 建设新机构

(1)总理衙门

鸦片战争以前，清王朝一直是藩贡体制，对待东方和南方的海上来往各国，一直沿用明朝已经形成的成熟管理体系——礼部的会同四译馆，因这时清朝同各方关系比较稳定，所以四译馆实际上是一个接待机构。另一方是在清军入关后逐步扩大范围，掌管北面、西面、西南面陆上各番邦事务制度的理藩院。鸦片战争后，清政府处理对外事宜沿用之前的制度显然已经不能适应变得更加复杂的近代国际关系，也影响本国的发展，所以仿照军机处设立总理各国事务衙门，简称总理衙门、总署、译署。总理衙门“拟其应设司员，拟于内阁、部、院、军机处各司员、章京内，满、汉各挑取八员，轮班入直，一切仿照军机处办理，以专责成”。随着外国对华侵略的扩张，总理衙门对外交涉也变多，由最初的英、法、俄三股，每股司员 4 名，都后来增设美国股、海防股、清档房、司务厅、电报处、银库等，供事亦增加到 44 名。由最先集中处理涉外事务演变成外交、海关、边防、商务、传教、疆界等事务的枢纽。后来的开矿、设厂、修铁路、架电线、办学校、开航运也是由总理衙门管理。1861 年总理衙门的设立是清王朝引进西方先进科学技术和洋枪洋炮政策和实践的开端，标志着洋务运动的开始。

(2)总税务司署

起源于 1854 年英、美、法三国趁国内起义期间夺取上海海关行政权，最后的结果是上述三国各派一个人成立海关税务管理委员会。1861 年总理衙门的成立，任命李泰国为海关总税务司，之后李泰国返回英国，同年任命赫德为海关总税务司，从 1863 年到 1908 年，赫德在中国任职长达 47 年，这与赫德本身的能力是切实相关的。在这期间，他促使中国财政税收的增加，这为当时的清政府提供了一大笔资金，赫德逐渐地从财政方面参与到清政府的内政、外交方面，这有利于英国对中国的侵略。

(3)三口通商大臣

这是第二次鸦片战争后，开放的通商口岸急剧增加而新设的机构，因为没有专门的衙门称谓，所以统称官职名。主要负责管理奉天的牛庄(营口)、直隶的天津、山东的登州(烟台)这三个距离京畿比较近的地方。后改称为北洋通商大臣，南方各通商口岸开放之后，演变成两江总督兼南洋通商大臣。

2. 发展军用工业

安庆内军械所。曾国藩认为西方的科学技术能够“平内患”“勤远略”抵御外辱，所以他第一个办起了新式军工厂——安庆内军械所。这是一个综合性军工厂，主要生产子弹、火药、炸炮、劈山炮、火轮船。内军械所的第一个成就是第一台蒸汽机，第二个成就是中国第一艘木壳轮船。它标志着中国进入制造机器的历史时期，由手工造机器过渡到机器造机器。因此，它是中国资本主义企业的开端，也是近代工业的开端，更是洋务工业起始的标志。

江南机器制造总局——中国第一座近代化大型军工厂。1867 年在上海奠基兴建，机器设备来源有三个：一是容闳奉曾国藩之命用 6. 8 万两白银到美国购买“制造机器之机器”；二是丁日昌在上海虹口购买的旗记铁厂和铜、铁、木料等设备材料。三是苏州洋炮局中由丁日昌和韩殿甲所管辖的两个分局的设备。已经具有规模操作机器熟练的工人和管理经验以及聘请洋人教习，使得这个工厂发展的很快，逐渐增加了机器局、枪厂、炮弹厂、铜引厂、无烟火药厂等 16 个分厂。制造的主要机器集中在这三方面，一个是机器，车床、气锤、砂轮机等；另一个是制造轮船，第一艘木壳轮船“惠吉”，曾国藩登船试行时非常高兴，说：“将来渐行渐精，即二十余丈之大舰，可伸可缩之烟筒，可高可低之轮抽，或亦可苦思而得之。”还有一个是制造枪炮弹药。这是江南制造总局始终坚持不懈的任务。制造局在19世纪90年代大约每天能够制造出9万发子弹，地雷每天大约6枚，还有火药，制造局每天的军火产量是很大的，值得说的是中国第一个洋式炼钢炉是在江南制造局中产生的，这个钢厂虽然每年产量较少，但比汉阳炼钢厂早了2年，是中国炼钢产业从无到有的标志。制造局在建立的过程中受到"西学东渐"的影响，在1868年合并之前广方言馆建立了翻译局，广纳人才学习西方语言、自然科学知识，40年间翻译西方书籍多达159种1075卷，涉及政治、历史、兵制、工农、矿藏、商业、天文、地理、物理等各个方面，这促进了西学的传播和中国科技的发展。

福州船政局。因船政局选址在福州罗星塔马伟山，又称马尾船政局。左宗棠在1866年任闽浙总督时，创办中国近代史上第一个制造轮船的专业工厂。建设福州船政局主要是为了抵制西方侵略和镇压国内人民的起义以及防海盗。福州船政局不仅可以在军事上有效地抵抗外侮，在经济上还能稍分其利，这是建设工厂的客观形势。左宗棠早期在思想上受到林则徐、魏源提出的"师夷长技以制夷"的影响，他在第一次鸦片战争中也确实感受到西方的坚船利炮对我国军事上的打击，便提出敌人的优势在于轮船，若是我们可以学到制造轮船的技术，能够限制其优势，便可在抵抗外来侵略中获得胜利。福州船政局包括转锯厂、制模厂、钟表厂、锅炉厂等9个分厂，其设备在当时都称得上先进，远超日本的造船技术。1869年，福州船政局第一艘自制轮船"万年青"号下水，管驾(船长)测试火炮、轮船坚固程度均是合格，在排水量上比日本仿造的蒸汽轮船"千代回"号大10倍。后期船政局在附近又修建了一个船槽，直至1893年完工，这个船槽可以容纳北洋海军最大的铁甲船。从此，北洋海军的船舰不必再送往香港和上海去修理。从1868年到1905年止，共造兵商轮船40艘，并且训练了一批熟练掌握一定技术的工程师。造船从木质到铁胁到钢甲船舰，新式造船工匠从无到有，总体来说，福州船政局的成绩是显著的。

金陵机器制造局。它厂址选在雨花台，即瓷塔山，于1865年兴建，次年8月竣工，之后陆续添加枪子机器厂、洋火药局、水雷局、炮台机器局等。到1899年，每年可造后膛抬枪180支，后膛炮48尊，快炮16尊，各种炮弹约66000颗，抬枪子弹5万粒，毛瑟枪子弹85000粒。1894—1895年间，为了抵御外来侵略，制造枪炮粗细火药31万镑，发挥了积极的御侮作用。

天津机器制造局。简称天津机器局，由三口通商大臣崇厚创办，主要目的一是保护京畿地区弹药火器的供应；二是崇厚是满洲贵族中洋务运动的有力支持者，是具有制造武器经验的官员；三是需要任命一名满洲官员主持军火制造抑制汉族地方官员势力的不断增大。在崇厚调任后，李鸿章接手天津机器局，这个局的东西厂形成了这样的分工：东局制造西洋式枪、炮、火药、各式子弹、水雷为主，并设水师、水雷、电报课堂；西局制造军用器具和开花子弹为主，也制造炮车器具、电线、电机、电引、布设水雷用的轮船及挖河船，还承修兵船、轮船。1877年开始试造各种水雷，1879年又创制可供水底暗射水雷之用的水底机器。由于天津机器局产品繁多复杂，又有许多装修配置业务，因此李鸿章把它称作为“洋军火总汇”。中法战争后，清政府决定加强海军建设，天津机器局除了供应陆军所需要的军火之外，还供应海军所需军火器械。1893年从英国买进全套设备建设炼钢厂，铸造6英寸口径的钢炮。其规模日益扩大，成为清末仅次于江南制造局的军工企业，雇佣工人最多达到2.4万人。据记载，机器局所生产的军火除了供应本省淮军的兵轮、炮船之外，还按时供应吉林、奉天、察哈尔、热河及分布在江南的水路淮军，还有中原地区和河南省也向天津机器局支取火药、铜帽等军械。

四大军用工业的支柱——江南制造局、福州船政局、金陵机器局、天津机器局。这些军用工业的建立，在朝野上下形成了一股“自强”的思潮。从“清内患”到“御外敌”，洋务派实践了魏源所提出的“师夷长技以制夷”的思想。在洋务运动的影响下，各省份也纷纷效仿中央，建立军用工业，如左宗棠的西安机器局、兰州机器局，张之洞创办的山西机器局、广东机器局、湖北枪炮局，英桂创办的福建机器局，刘坤一创办的广州机器局、广州火药局和金陵火药局，丁宝桢创办的山东机器局、四川机器局，刘铭传创办的台湾机器局，王文韶创办湖南机器局、吴大澂创办吉林机器局，刘秉章创办的浙江机器局，奕譞创办的神机营机器局，岑毓英创办的云南机器局等。创建的军工企业虽然具有镇压人民起义的作用，但是抵抗外侮的宗旨还是很突出的。正是这样一批以官款资助兴办的军用工业，奠定了清朝末期社会走上近代工业化道路的基础。因此，中国的工业化不是由私人资本在手工工场的基础上以赢利较快的轻纺工业为起点的，相反，是在这些官办重工业兴建后，不断向冶金、轻纺、交通运输、邮电等部门辐射的。在这个辐射的过程中，促进了中国资本主义的发展，一定程度上实现了“安内攘外”的“自强”。

3. 近代民用工业

随着军用工业的发展，太平军、捻军、西南、西北地区少数民族的反清斗争，先后被镇压，洋务派制定的国策部分实现了。随着英、美等国的修约，他们获取了新的侵略权益，威胁着中国的安全，保持军用工业的发展不容置疑，但兴办军用工业的原材料和燃料，甚至是设备，都取自外洋。如果外国一旦发生大规模的侵略战争，原材料、燃料必定受阻，军工厂必定陷入瘫痪。而且，来自外洋的原料相对于国内来说，价格差异较大，是千疮百孔的清政府不能承受的。除此之外，西方侵略者利用在华攫取的权益，在中国的沿海、内河组织航运，将大量洋纱洋布输入中国，并因此获取了巨额利润。这一切促使洋务派从军用工业向航运、电信、矿业、铁路、纺织等民用工业辐射。从“自强”走向了“求富”，为了维持和发展军用工业的求强。

轮船招商局。洋务派的求富运动就以轮船招商局的创办为起点的。《南京条约》签订之后，外商开始在中国兴办航运业务。19 世纪 60 年代，在香港、上海、天津等地出现了美国旗昌、英国会德丰、太古洋行等轮船公司，揽载客运和漕运，剥夺“大利”，中国的沿海和内河航运权逐渐沦为洋商之手，原为中沙船、钓船所得之水脚，日益增多地流入洋商腰包，于是朝野上下出现是否要创办轮船招商公司以夺回利权。1871—1872 年间，李鸿章、盛宣怀认为航运“大利，不可不兴”，李鸿章还认为：“若从此中国轮船畅行……庶使我内江外海之利，不致为洋人占尽，其关系于国计民生者，实非浅鲜。”最后，创办轮船招商局的想法得到了洋务官僚、买办、商人、资产阶级改良主义倾向者等的认同，因此，其中的代表人物有：旧式商人朱其昂、朱其诏兄弟，买办唐廷枢、徐润，洋务官僚盛宣怀，资本家以及维新倾向的谢家福、马建忠、郑观应等人。1873 年朱氏兄弟借官银 10 万两，商人认股 10 万两，组成轮船招商局。开办初期，以运送漕粮为主，不揽客货，难于与洋商争利。后经过改组，坚持“局务由商任不便由官任”和按“买卖常规”即赢利的原则办招商局，故得到社会和股商的信任，局务蒸蒸日上，初步达到“分洋商之利”的目的。1883 年由于受到世界资本主义危机和国内大量资金向工矿业转移等因素的影响，轮船招商局也受到影响，于是李鸿章再次改组招商局，由商办变为官督商办，依靠官府的力量来维持招商局。于是，对招商局减税、增加水运费用、缓还官本；聘请具有真才实学的洋人管理；提高效率，裁员节省薪金；注意照顾内河轮船公司的生存发展。这些措施促进了轮船招商局业务的发展，在盛宣怀任督办 18 年里，资本由 200 万两涨到 2000 万两。

电线电报事业。最初的电报由电线传送信号，因此架设电线便成了办电报的同义语。电报事业既是兴办近代化产业和商业、军务所必需，也是维护国家主权与外国资本竞争的需要。第二次鸦片战争，外国侵略者为扩大在华的侵略权益，争先恐后，想要插手中国这一领域。早在 1862 年初，沙俄侵略者曾向清政府“屡次言及本国为通信便捷，欲由都城至天津造用发铜线法。”之后，英国、美国也同样要求架设电线，清政府“倘任其安置飞线，是地隔千百里之遥，一切事件，中国公文尚未递到，彼已先得消息，办事备形掣肘”。清政府自身还没有瞬息千里之便的意识。1870 年洋务派官员沈葆桢说，架设电线之势不可阻挡，倒不如我们自己出资架设电线，让洋人监工建造，自己掌握架设电线之权，遇到紧急机密之事也能快速传递消息。1874年李鸿章在《筹议海防折》中说到日本侵略台湾，清军在这场战争中因消息不灵通吃了大亏，深感架设电线的迫切。1875批准在台湾架电线，直到1878年在高雄建立起一条由中国人架设、掌管的第一条电报线路。盛宣怀关于经营电线电报的主张和措施主要有：保护电报主权、与洋商在经济上竞争、先人一着架设电线、采用官督商办的方式。他的出发点是为了促进经济的发展，这必将外与洋人争夺电报电线之利，内为政治军事和工商业服务。分外商之利主要表现在收回旱线、海线不准上岸、电价交易平等、反对洋商设立电话线等反对列强侵占电线权利维护中华民族主权；为政治军事服务主要表现在对外防务和对内镇压人民起义；为工商业的服务主要表现在电报业在洋务企业中是赢利较丰的企业。

采煤工业的兴办与发展。煤炭金属矿的开采和冶炼工业的兴办，是洋务派以“求富”为主要目的兴办民用工业的正式开端，是“以富求强”的起点。开平煤矿是这一时期典型的代表。开平煤矿位于直隶东北部的唐山，北靠燕山余脉，南邻渤海湾，呈盆地地形。开平煤矿的开采已有长久的历史，并且在开平的东北部有十余处土煤窑，每处至少有几十人做工。开平煤矿经过勘测和初步的开采，再加上解决运输问题，使得煤矿的产量不断的增加，甚至单独设立“开平铁路公司(后改组称津沽铁路公司)”专事运输。李鸿章奏请朝廷说：“从此中国的兵商轮船及机器制造各局用煤，不用远购于外泽。一旦有事，庶不为敌人所把持，亦可免利源外泄。富强之基，此为先声。”开平煤矿在政府的支持下，在富有洋务经验的唐廷枢等主要投资者的经营下，有力地抵制了洋煤的进口。到19世纪80年代末，从全国范围看，虽未改变洋煤控制中国市场的局面，但是靠近开平的天津市场基本上没有洋煤进口了。此外，各地区开办的煤矿有台湾基隆煤矿、湖北广济和荆门煤矿、湖北江夏马鞍山煤矿、安徽池州煤矿、广西富川煤矿、直隶临城煤矿等等，但结果成败参半。

金属矿的兴办与发展。如果说煤矿的开采，是从燃料动力的使用和取得廉价产品并达到“求富”目的两个方面的考虑的话，除上述两方面的考虑外，还有专门从“求富”出发而进行开采的。金属矿的开采和冶炼分为两个方面，一是使用和“求富”并重归根到底是为了富，开采铁、铜、铅等种类。二是单纯要“求富”，开采金、银。第一种是军用工业导致民用开采和冶炼业的创办；第二种虽然与军事工业缺乏必然的经济联系，但是“求富”的目的是一致的。金属矿的兴办与开展，典型代表是汉阳铁厂。它是中国近代最早的官办钢铁企业，诞生于1891年，由晚清名臣张之洞创办，是当时中国第一家兼煤铁冶炼的钢铁联合的大企业，从此，中国钢铁工业蹒跚起步。它主要包括：炼生铁、炼熟铁、炼贝色马钢、炼西门子钢、造钢轨、造铁货六大厂，机器、铸铁、打铁、造鱼片钩钉四小厂，以及铁路运道、轮船码头、运矿铁桥、起矿机器房等。1894年分《关册》(汉口)说铁厂“所出钢铁曾载运出口者，计有生铁18300余担，惟钢则不多”。这说明在整个铁厂的运营过程中积存和自用数，大大超过外售数。生铁的销售情况相对较好。洋务派的首领张之洞在当时办这样大的钢铁联合厂是非常有雄心壮志的，也是中国社会工商业发展所需要的。但是在不违背封建政治目的前提下获取经济效益就必然违反或者说不按经济规律办企业，从而对资本主义工业的发展起到了阻碍作用甚至是破坏作用，使预期的“求富”以自强的目的无法达到。

纺织工业的兴办与发展。人们一日不可或缺的衣服，中国的纺织业也能生产，不赖外求，然而，正是因为如此，外国侵略者最先把它作为主攻的目标以扩展市场，因此洋商虽然没有在华设立工厂，却通过商业渠道破坏了手工纺织业。如果说轮船、电报、矿务、铁路、银行的兴办有较大的被动性的话，那纺织工业的兴办完全是主动的，完全是为了挽回利权，并借此致富，其间没有军事目的，纯粹的追求剩余价值和利润。洋务运动期间纺织工业有湖北织布局、纺纱局，兰州织呢局，上海机器织布局和焚于火后重建的华盛纺织厂等等。1888年张之洞打算设立湖北织布局，他在向朝廷请设纺织局说“中国之财溢于外洋者，洋药而外，莫如洋布、洋纱。洋纱缕细且长，织成布幅，广阔较之土布，一匹可抵数匹之用；纺纱、染纱、轧花、提花，悉用机器，一夫可抵百夫之力。工省廉价，销售日广。”致使中国“耕织交病，民生日蹙，再过十年，何堪设想。”因此湖北织布局在武汉成功设立。在运营的过程中采用官商合办的方式，促进武汉地区输进新的机器设备进行近代式的生产，除开风气之外，对于挽回利权效果也是比较明显的。例如，从1893—1900年，该厂生产原色布33万匹，棉纱13.5万担。这些产品销售于市场，就是对洋布、洋纱的排挤，就是“分洋商之利”。之后又设纺纱、缫丝、制麻三局，与织布局合称“湖北纺织四局”，亦称“纱麻丝布四局”或“纱麻四局”。

以下附上洋务运动创办的军工企业和民用工业一览表。

清朝政府举办的军工企业(1865—1894年)

名称	起止年份	地点	创办人
江南制造局	1865—1894	上海	李鸿章
金陵机器局	1865—1894	南京	李鸿章
福州船政局	1866—1894	福州	左宗棠
天津机器局	1867—1894	天津	崇厚
西安机器局	1869—1874	西安	左宗棠
福建机器局	1869—1894	福州	英桂
淮军行营制造局	1870—1894	天津	李鸿章
兰州机器局	1871—1882	兰州	左宗棠
云南洋炮局	1872—1873	昆明	王文超
广东机器局	1873—1894	广州	瑞麟
浙江机器局	1874—1894	杭州	杨昌濬
兰州火药局	1875—1894	兰州	刘典
山东机器局	1875—1894	济南	丁宝桢

续表

名称	起止年份	地点	创办人
湖南机器局	1875—1880	长沙	王文韶
四川机器局	1877—1894	成都	丁宝桢
新疆库车火药局	1878—1894	库车	左宗棠
新疆阿克苏制造局	1879—1894	阿克苏	左宗棠
大沽船坞	1879—1894	大沽	不详
福州火药局	1880—1881	福州	不详
贵州洋炮局	1880—1881	贵阳	岑毓英
金陵洋火药局	1881—1894	南京	刘坤一
吉林机器局	1881—1894	吉林	吴大澂
宁波制造军械局	1881—1882	宁波	宗湘文
浙江火药局	1882—1894	杭州	不详
神机营机器局	1883—1894	北京	奕䜣
云南机器局	1883—1894	昆明	岑毓英
旅顺船坞	1883—1894	旅顺	不详
威海水师机器厂	1883—1894	威海	不详
山西新火药局	1884—1894	太原	张之洞
绥巩军行营制造局	1884—1894	威海	吴大澂
湖北机器局	1884—1885	武昌	卞宝第
台南机器局	1885—1886	台南	刘铭传
台湾机器局	1885—1894	台北	刘铭传
湖北枪炮厂	1890—1894	汉口	张之洞

资料来源：据张海鹏主编《中国近代通史》第三卷（江苏人民出版社，2009）第97、98页统计表改编；原表说明：此表据中国史学会主编《洋务运动》第四册第1267—1390、1508、1522—1525页资料整理编制，并参考孙毓棠编《中国近代工业史资料》以及樊百川《清季洋务新政》有关数据。

清朝政府举办的民用工业(1873—1894年)

名称	开办年份	停办年份及原因	创办人	经营方式
轮船招商局	1873		李鸿章	官督商办
直隶磁州煤矿	1875	1883年退股	李鸿章	官办
湖北兴国煤矿	1875	1875年经费无着	盛宣怀	官办
台湾基隆煤矿	1876	1892年亏损	沈葆桢	官办
安徽池州煤矿	1877	1891年亏损	杨德	官督商办
直隶开采煤矿	1878		李鸿章	官督商办
兰州织呢局	1879	1882年经营不善	左宗棠	官办
山东峄县煤矿	1880		戴华藻	官督商办
广西富川煤矿	1880	1886年质劣	叶正邦	官督商办
中国电报总局	1880		李鸿章	官办
热河平泉铜矿	1881	1886年亏损	朱其诏	官督商办
直隶临城煤矿	1882		纽秉臣	官督商办
徐州利国驿煤铁矿	1882	1886年亏损	胡恩燮	官督商办
金州骆马山煤矿	1882	1884	盛宣怀	官督商办
湖北鹤峰铜矿	1882	1883年股本无着	朱季云	官督商办
湖北施宜铜矿	1882	1884年亏损	王辉远	官督商办
承德三山银矿	1882	1885年亏损	李文耀	官督商办
直隶顺德铜矿	1882	1884退股	宋宝华	官督商办
安徽贵池煤矿	1883		徐润	官督商办
安徽池州铜矿	1883	1891年亏损	杨德	官督商办
北京西山煤矿	1884		吴炽昌	官督商办
福建石竹山铅矿	1885	1888年经费不继	丁枞	官督商办
山东平度金矿	1885	1889亏损	李宗岱	官督商办
贵州青溪铁矿和铁厂	1886	1893年主持者死及事故	潘霨	官督商办
开平铁路公司	1886	1887年改组	伍廷芳	官督商办
山东淄川煤矿	1887	1891年创办者死	张曜	官办

续表

名称	开办年份	停办年份及原因	创办人	经营方式
山东淄川铅矿	1887	1892 年质劣	徐祝三	官办
台湾铁路	1887	1893 年经费不足	刘铭传	官督商办
广东香山天华银矿	1888	1890 年资本不足	何昆山	官督商办
广西贵县天平寨银矿	1889		谢光绮	官督商办
黑龙江漠河金矿	1889		李鸿章	官督商办
吉林天宝山银矿	1890	1896 年亏损	程光第	官督商办
山东宁海金矿	1890	1890 年资本不足	马建忠	官督商办
湖北大冶铁矿	1890		张之洞	官办
汉阳铁厂	1890		张之洞	官办
上海机器织布局	1890	1893 年被焚重建	李鸿章	官督商办
大冶王三台煤矿	1891	1893 年积水	张之洞	官办
湖北马鞍山煤矿	1891		张之洞	官办
山东招远金矿	1891	1892 年亏损	李赞助	官督商办
热河建平金矿	1892	1898 年获利极少	徐润	官督商办
湖北织布局	1893		张之洞	官办
吉林三姓金矿	1894	1900 年庚子事件	宋春鳌	官督商办
湖北纺纱局	1894		张之洞	官商合办
湖北缫丝局	1894		张之洞	官商合办

资料来源：据张海鹏主编《中国近代通史》第三卷第 107、108、320、321 页统计表改编。原表说明：此表据孙毓棠主编《中国近代工业史资料》和樊百川《清季的洋务新政》有关数据。

4. 组建近代海军

北洋舰队。清政府筹建海军出于对外御侮的目的，是 19 世纪 70 年代以后民族矛盾尖锐情况下开始的。1874 年日本侵略台湾，激起朝野震惊。京都重臣文祥说过东洋小国之所以胆敢侵犯中国，就是由于该国新习西洋兵法，买铁甲船。同年总理衙门所上《亟宜切筹海防折》，便提出练兵、简器、造船、筹饷、用人、持久等六项措施。1871 年俄国乘机侵占伊犁地区，西北边防告急。1875 年朝廷决定筹办海防，也要加强塞防；海防经费由户部及总理衙门议筹；限于现有财力，先就北洋创设水师一军，其他地区的海防逐渐扩展。筹办中国近代化海军——北洋舰队，就是在这种情况下起步的。

1867 年丁日昌在向朝廷呈奏《预筹条约事宜条陈》中，不仅说到了建立近代海军的重要性和紧迫性，而且明确提出了变旧制、订新制的主张，建议设立北洋、中洋、南洋提督。三路海军统一指挥，有事一路正兵，其他两路为奇兵，首尾相顾，飞驰应援，形成藩篱，拱卫海防；还有建议增设大兵轮船，便于海外作战；沿海修筑炮台，与军舰相互配合。清政府关于海防的思想基本形成。

1880 年李鸿章命人向德国订制船舰，1883 年两舰造成，由于中法战争的延误，直到 1885 年才开回国内，命名为“定远”“镇远”，当时是远东最大船舰。为适应建立海军的需要，清政府在领导体制上也作了变化。1883 年在总理衙门增设海防股，以统一海军事权。凡铁路、矿务、轮船、枪炮、弹药、机器制造、长江水师、沿海炮台、船厂等都由该股掌管。北洋舰队规章制度仿行英国和德国，舰队规模计有铁甲舰 2 艘、巡洋舰 11 艘、炮艇 6 艘，另有练船 4 艘、鱼雷艇 13 艘、运输船 2 艘、通报船 2 艘、差船 1 艘，共计 41 艘。其中福州船政局建造 10 艘、江南制造局 1 艘。到 1888 年一支庞大的舰队终于建成了。其中属于北洋编制的舰船有 25 艘。北洋舰队不仅舰种配置相当齐全，而且主力舰的载重量远东第一，当时堪称是一支强大的海军力量。沈葆桢为了确保北洋海军的建成，1878 年前曾咨文有关省和税关，将款统统交由北洋使用。1878 年后才将税款收归南洋使用，每年仅得数十万两，又因西征军饷以及为慈溪修建颐和园移用海军专款，这样就使南洋建立近代海军的愿望成了画饼，而初具规模的北洋海军也因后续资金缺乏，1888 年后很少再添新船舰和新设施。北洋海军所潜伏的问题被它既有的阵容和技术装备所掩盖，南洋海军的建立又成了奢望。这种忧虑并没有得到清政府的重视。几个月后日本发动侵华战争，北洋舰队全军覆没，成为洋务运动失败的佐证。

广东、福建、南洋水师。1885 年中法战争失败后，清廷决心大治水师。在原先统称南洋海防的范围内建立三只水师。即南洋水师：含江苏、浙江两省；福建水师：含福建、台湾两省；广东水师自成一师。北洋水师含直隶、山东、奉天，负有拱卫京师和“祖宗发祥之地”的重任，是优先建设成近代海军的重点项目。除北洋水师之外的三只水师，虽然有所发展，但都未建成完备的近代海军。

建筑港口、船坞、炮台。加强海防以编练近代海军为中心，但编练近代海军必须建设港口、造船坞、筑炮台，使得船舰得以停泊、维修，水陆相互接应，才能增强战斗力。清政府为确保京畿和东南富裕地带，1871 年开始修建大沽、北塘港、天津以及东北地区的炮台，并在运河备案筑造新城。1880 年在旅顺修筑炮台、疏浚港口、设立营所，逐渐形成北方的海防中心。1890 年建成旅顺船坞，规模宏大，为中国坞澳之冠。北洋第二大海防基地威海卫也在不断地修建海防工程，与此同时，在长江口、闽江口、台湾、广东以及沿海各省也在修建炮台。建筑这些炮台反映了清政府加强海防的决心。这些海岸和陆路炮台都配有相应的辅助设施，地陷炮台也有一定的规模，工程还算坚固。这是防御体系的进步，尤其以北洋的工程耗资多，规模大，被清廷视为捍卫京畿的屏障。

水师学堂。洋务运动的首领李鸿章、左宗棠、张之洞在创建海军、筹办海防的过程中，都深切感受到水师为海防急务，人才为水师根本，要应时制变，非设学堂不可。他们围绕海军、海防创办的学堂，除了福州造船厂所属的求是堂艺局外还有以下各所：一是北师学堂。1880 年李鸿章奏准在天津设立，靠近机器制造东局。设立驾驶、管轮两个专业，开设算学、电学、光学、重学、化学等课程。在当时同类学校中设备、待遇都比较优越。二是广州鱼雷学堂。1886 年张之洞在广州创办，

1906年归并广东水陆师学堂。三是广东水陆师学堂。1887年张之洞在广州创办，由实学馆改建而成。四昆明湖水师学堂。1887年创办，讲授西法测算、天文、驾驶等课程。除此之外，还有威海水师学堂、南洋水师学堂，甚至当时还在天津设置了储药施医总医院，在威海、旅顺设水师养病院。这些学堂教授科学知识、训练驾驶、管理技能，满足海军、海防的实际需要，提高了海军官兵的素质和国防实力，并具有推广科学技术的积极作用。

5. 发展近代教育

京师同文馆。它是洋务运动中最早设立的外语学校，是变革中国传统教育制度的先导。它既是第二次鸦片战争后，不平等条约强制下的产物，也是清政府痛感昧于外国情势，屡受欺凌，而图谋了解世界的一项举措。由于1858年《中英天津条约》第五十条、《中法天津条约》第三条都明文规定："自今以后遇有文词辩论之处，总以英文为正义。"所以奕䜣等在1861年1月奏请成立总理衙门的通筹善后章程中把培养认识外国文字、通晓外国语言人才作为六条章程之一。后来洋务企业先后建立，鉴于所购外洋产品，只知在洋匠的指挥下操作，知其用而不知其理。曾国藩、左宗棠等主张"另立学馆，以习翻译"。1863年4月法文、俄文馆相继开学，各选10名八旗子弟进馆为期三年的学习，优者留馆学习，劣者送回本旗。1865年奕䜣为首的总理衙门在办洋务方面的一个大进步是奏请增开天文算学馆。随着制器外交和总署翻译工作的需要，又陆续增添了化学馆、布文馆(德文馆)、天文馆、格致馆(物理馆)以及甲午战争后增添的东文馆。随着学生外语水平的提高、学员人数增多，同文馆除数学之外，仍以翻译新学各书为要务，还设立了印书处，并且出售。同文馆以培养外交、外语人才而设，在外交人才培养方面的成就也最大。培养出的驻外公使有：汪凤藻(日本)、杨晟(法国、荷兰、奥地利)、赓音泰(德国)等。此外还有少数学生在外务部任侍郎、部丞等官职。甚至在民国建立后，同文馆出身的学子，曾有人任外交次长、外交总长，驻外参赞等职务。至于培养的翻译人员为数更多，遍布大江南北。为了提高外语、外交人才的地位，总理衙门后来对同文馆学习期满、成绩优异的学生不仅授予官衔，也授予科第功名。这种加官衔、授功名的措施击败了顽固派抱残守缺、反对洋务派的意图，开通了社会风气，开始冲破八股取士的旧传统。

上海广方言馆、江南制造局翻译馆——外语学校与科技翻译中心。上海广方言馆也叫做京外同文馆和外国语言文学学馆。最初是外语学校，后并入江南制造总局翻译馆，成为当时科技书籍的翻译中心，近似于外语机器制造专科学校。江南制造局本来就注重翻译西书，接纳广方言馆之后，翻译科技书籍方面，成绩更加显著。1868—1904 年翻译西方书籍达 159 种 1075 卷，种类涉及基础理论、应用学、数学、物理、化学、天文、矿物、地质、医学等各方面，这使江南制造局在引进西方近代科学和应用技术上的地位凸显，是当时其他译书机构所无法比拟的。

除此之外，还设立求是堂艺局——培养轮船制造和驾驶专科学校。实业学堂——电报学堂、西学馆(实学馆、博学馆)、西艺学堂。这些学堂有的以培养轮船制造和驾驶人才著称，有的以培养工艺操作人员为主，有的专门培养基层军事人才，也有的迫于需要作短期专业培训，以应新技艺的需要。各种形式都为习西学、师人长技取得了经验，为传播西方文化作出了贡献。

幼童留美习西学——半途夭折的尝试。1868 年容闳向丁日昌提出派遣幼童留学美国的教育计划。此建议在 1870 后开始实行。1872 年 8 月第一批幼童离开上海远赴美国，1873—1875 年，第二、三、四批相继成行。幼童赴美后寄居美国居民家中，待能听懂语言之后，开始进入学校学习，这一批幼童在学习上非常努力，爱惜时光，探究学术，成绩优良。但是由于在西方受到美国民众习俗、信仰的影响，平时又少尊君孝亲封建传统的束缚，所以幼童的行为逐渐发生变化，例如，剪辫子、穿西装、做礼拜等，但是这些行为被监督人员视为忤逆朝廷礼法，“适异忘本，目无师长”，要求严加整顿，并且要求全部撤回留学生。经过一场争论，朝廷最终还是决定撤回这批留学生。这批留学生在美国已经待了9年，其中获得学籍者87人，大专生43人，学士学位的有2人，詹天佑就是这二人之一。这批回国的留学生在铁路、电报等任工程师、经理等技术和管理人员，还有翻译官、外交官、海关官员、教员、医生等，在中国的外交、实业领域发挥着中坚作用。

（五）洋务运动的历史作用及失败

洋务派提出“自强”“求富”的主张，通过所掌握的国家权力集中力量优先发展军事工业，同时也试图“稍分洋商之利”，发展若干民用企业，在客观上对中国的早期工业和民族资本主义的发展起了某些促进作用。但是，洋务派兴办洋务新政，主要是为了维护封建统治，并不是要使中国朝着独立的资本主义方向发展。

洋务运动时期，为了培养通晓洋务的人才，开办了一批新式学堂，派出了最早的官派留学生，这是中国近代教育的开始。与此同时，还翻译了一批近代自然科学书籍，给当时的中国带来了新的知识，使人们开阔了眼界。

洋务运动时期，伴随着资本主义生产方式的出现，传统的“重本抑末”等观念受到冲击，社会风气和价值观念开始变化，工商业者的地位上升。对一部分人来说，西方的各种技术和器物不再被当作“奇技淫巧”受到排斥，而是被视为模仿、学习的对象。这一切，都有利于资本主义经济的发展，也有利于社会风气的改变。

洋务运动失败的原因：洋务运动历时30多年，虽然办起了一批企业，建立了海军，但却没有使中国富强起来。甲午战争一役，洋务派经营多年的北洋海军全军覆没，标志着以“自强”“求富”为目标的洋务运动的失败。洋务运动失败的原因主要是：

首先，洋务运动具有封建性。洋务运动的指导思想是“中学为体，西学为用”，企图以吸取西方近代生产技术为手段，来达到维护和巩固中国封建统治的目的，这就决定了它必然失败的命运。因为新的生产力是同封建主义的生产关系及其上层建筑不相容的，是不可能在封建主义的桎梏下充分地发展起来的。他们既要发展近代企业，却又采取垄断经营、侵吞商股等手段压制民族资本；既想培养洋务人才，又不愿改变封建科举制度。

其次，洋务运动对列强具有依赖性。洋务运动进行之时，清政府已与西方国家签订了一批不平等条约，西方列强正是依据种种特权，从政治、经济等各方面加紧对中国的侵略和控制，它们并不希望中国真正富强起来。而洋务派官员却一再主张对外"和戎"，其所兴办的企业一切仰赖外国，他们企图依赖外国来达到"自强""求富"的目的，无异于与虎谋皮。

再次，洋务企业的管理具有腐朽性。洋务派所创办的一些新式企业虽然具有一定的资本主义性质，但其管理基本上仍是封建衙门式的。洋务派所办的军事工业完全由官方控制，经营不讲效益，造出的枪炮、轮船往往质量低下。即使是官商合办和官督商办的民用企业，其管理大多也是由政府"专派大员，用人理财悉听调度"，商人没有多少发言权，还要承担企业的亏损。企业内部极其腐败，充斥着营私舞弊、贪污受贿、挥霍浪费等官场恶习。

正因为如此，洋务运动不可能为中国摆脱贫弱找到出路，也不可能避免最终失败的命运。洋务运动的实践表明，只有求得国家独立，才能从容地建设现代化；洋务改革必须有先进的制度和政权的有力保证才能成功。

第三讲　资产阶级的改良与革命

一、戊戌维新

(一)戊戌维新兴起和夭折

1. 戊戌维新的兴起与发动

19 世纪 90 年代以后，中国民族资本主义有了初步发展。新兴的民族资产阶级一部分由投资于官督商办、官商合办及商办企业的官僚、地主和商人转化而来，一部分由采用机器生产的手工场主上升而来。他们一方面与外国资本主义和国内封建主义保持着千丝万缕的联系；另一方面要求摆脱压迫束缚，为发展资本主义开辟道路，由此产生了变法维新思想。

甲午战争的惨痛失败加重了民族危机，也激发了新的民族觉醒。为挽救危局，一批代表民族资产阶级的知识分子提出救亡图存、变法维新的主张。他们认为要救国，只有维新；要维新，只有学习外国。他们把眼光从学习西方的技术、器物转向学习资本主义政治制度和思想文化。在中西文化碰撞和清王朝内忧外患的历史条件下，资产阶级变法维新的改良思想迅速传播，很快形成一股思想潮流，并发展成为变法维新的政治运动。

资产阶级维新派主要代表人物有康有为、梁启超、谭嗣同、严复等。他们积极宣传变法思想和维新主张。康有为曾多次上书光绪皇帝主张变法。1895年4月，《马关条约》签订的消息传到京城，正在北京参加会试的康有为得知后，大为震惊，他联合在京应试举人1300多人，上书光绪皇帝，痛陈民族危亡的严重局势，提出了拒绝合约、变法图强的主张。这就是著名的"公车上书"。为了争取更多士人支持变法，维新派在北京、上海、湖南、广东、天津等地创办报刊，如梁启超主笔的《时务报》、严复主办的天津《国闻报》，以及湖南的《湘报》等，组织学会，如强学会、南学会、保国会等，开设学堂，如康有为在广州开设的万木草堂，培养了一批像梁启超、陈千秋、麦孟华、徐勤等维新骨干力量；维新派还著书立说大造变法图强的舆论，如：康有为的《新学伪经考》《孔子改制考》，梁启超的《变法通议》，谭嗣同的《仁学》，严复翻译赫胥黎的《天演论》等。康有为还积极介绍外国变法的经验教训，向光绪帝进呈了《日本变政考》《俄彼得变政记》《波兰分灭记》等书。维新派用各种方式宣传变法主张，培养变法骨干，制造维新舆论，组织革新力量，他们把重心放在争取光绪皇帝及其身边的官员大臣的支持上，希望通过皇帝进行自上而下的变法运动。

维新派的变法维新思想，特别是变法活动受到封建守旧派和洋务派的反对。他们攻击维新思想为"异端邪说"，康有为、梁启超等维新派是"名教罪人""士林败类"。

维新运动的高涨，引起封建守旧势力的仇恨和攻击；洋务派虽然也主张学习西方科学技术，但在触及君主专制制度和纲常名教根本问题上却和守旧派沆瀣一气，对维新派或正面进攻，或旁敲侧击。于是维新派与守旧派之间展开了一场激烈论战，这次论战的内容主要集中在以下三个问题上：

第一，要不要变法。在守旧派看来，中国贫穷积弱的原因不是封建制度不好，而是"人心不古"。守旧派认为"祖宗之法不可变"，洋务派虽比顽固派开明些，但他们也反对触动封建制度根基，认为"中国文武制度，事事远在西人之上"。而维新派则从进化论的观点出发，认为世界万事万物“无时不变，无事不变”，祖宗之法也得随时应变，“法既积久，弊必丛生，故无百年不变之法”，只有变法维新才是救亡图存的必然出路。康有为也明确指出：“观大地诸国，皆以变法而强，守旧而亡……能变则全，不变则亡，全变则强，小变仍亡。”

第二，要不要兴民权、设议院，实行君主立宪。守旧派与洋务派认为，“民权之说无一益而有百害”，是“说一倡，愚民必喜，乱民必作，纪纲不行，大乱四起”。维新派则运用西方资产阶级政治学说，对封建君主专制制度作了批判。谭嗣同指出：“君末也，民本也。”严复指出：国家是“民之公产”，王侯将相不过是“通国之公仆隶”，专制帝王则是“窃国者耳”。君是民共举出来的，民既可以共举君，也可以此废君。这就从根本上否定了君主专制制度的合理性，为政治变革提供了理论依据。维新派认为兴民权“宜先兴绅权”，首先是为向资产阶级转化的士绅争取政治权利。他们认为君主立宪制度是当时中国理想的政治方案，兴民权，开议院，实行君主立宪，是治理国家的正途。

第三，要不要废八股、改科举和兴西学。守旧派把西方近代科学技术斥为“奇技淫巧”，反对西学。洋务派虽主张学习西方军事和技术，但坚持封建政治制度、科举八股，认为“三纲五常”不能动摇。维新派则痛斥八股取士的科举制度是统治者“牢笼天下”的愚民政策，有“锢智慧、坏心术、滋游手”三大弊端，因此必须废八股、改科举，办学堂、兴西学。严复也高呼：“民智者，富强之原”，“欲开民智非讲西学不可”。维新派还批评洋务派的“中体西用”，指出体、用是不可分的，中学有中学的“体”“用”，西学有西学的“体”“用”，把中学的“体”与西学的“用”拼凑在一起，就如让“牛体”产生“马用”一样荒谬。

维新派与守旧派的争论，是中国近代以来资产阶级思想与封建主义思想的第一次正面交锋。通过论战，西方资产阶级社会政治学说在中国得到进一步传播，为戊戌变法运动作了理论和思想上的准备，也为以后民主主义思想的传播奠定了思想和社会基础。但是，在这场论战中也暴露了维新派的弱点。他们只求渐进，不求飞跃，不敢触动封建制度的根本；他们虽然强调兴民权，但又以“民智未开”为由，将劳动人民排斥在外；他们虽提倡新学，但却不能完全清除自己思想中的封建因素。

2. 戊戌变法的开展

1897 年，德国出兵强占胶州湾，俄国抢占大连湾。帝国主义的瓜分行动激起了中国人民反帝爱国的巨大浪潮，推动了资产阶级改良运动的迅速发展。一个月后，康有为再度上书痛陈时局之危与变法的迫不可缓。1898 年 6 月 11 日，光绪根据康有为所提出的变法建议，颁布了“明定国是”，宣布开始变法，并在此后的 103 天中，接连发布了一系列推行新政的政令，史称戊戌变法，又称“百日维新”。内容涉及政治、经济、军事和文化教育诸方面：

政治上，改革行政机构，裁撤闲散、重叠机构，撤销湖北、广东、云南三省“督抚同城”的巡抚；裁汰冗员，澄清吏治，提倡廉政；提倡向皇帝上书言事；取消旗人享受国家供养的特权，准许其自谋生计。

经济上，保护、奖励农工商业和交通采矿业，中央设立农工商总局与铁路矿务总局，各省设立商务局；提倡开办实业，奖励发明创造；注重农业发展，提倡西法垦殖，建立新式农场；广办邮政，修筑铁路；在上海、汉口等大城市开办商学、商报，设立商会等各类组织；改革财政，编制国家预决算。

军事上，裁减旧式绿营兵，改练新式陆军；采用西洋兵制，练洋操，习洋枪等。

文化教育上，创设京师大学堂，令各省书院改为高等学堂，在各地设立中、小学堂，提倡西学，废除八股，改试策论，开经济特科，设立译书局，翻译外国书籍，派人出国留学；奖励新著，奖励创办报刊，准许自由组织学会。

皇帝颁布的政令旨在开放一定程度的言论、出版、结社自由，以使资产阶级享有一定的政治权利，促进资本主义工商业的发展，但对作为君主立宪制的议院、宪法却避而不提，推行的是温和改良方案，并未触及封建制度根本。因此，戊戌维新是一场资产阶级性质的改良运动。

3. 戊戌维新失败

维新派通过光绪皇帝颁布的政令和措施，由于遭到中央和地方封建守旧势力的激烈反对和抵制，大多没有付诸实施。而以慈禧太后为中心的守旧势力集团，手里掌握着实际大权。他们对维新派进行反击和镇压，经过密谋策划，1898 年 9 月 21 日发动政变，慈禧太后以“训政”名义重新“垂帘听政”，将光绪皇帝软禁在中南海瀛台，并下令搜捕维新人士。康有为、梁启超被迫逃往国外。谭嗣同拒绝友人让他逃亡日本的劝告，表示：“各国变法，无不从流血而成；今日中国未闻有因变法而流血者，此国之所以不昌也。有之，请自嗣同始。”9 月 28 日，谭嗣同、刘光第、林旭、杨锐、杨深秀、康广仁 6 人在北京菜市口被清政府杀害。时人称为“戊戌六君子”。

至此，“百日维新”以失败告终。维新变法的成果除京师大学堂保留下来，其余新政措施大都被废除。维新派人士和同情变法的官员，或被囚禁，或被革职，或遭放逐。以慈禧为首的守旧势力镇压了维新变法运动。这场政变也称“戊戌政变”。

（二）戊戌变法的失败原因及其历史意义

1. 戊戌维新运动的意义

戊戌维新运动虽然失败了，但它在中国近代史上仍然有着重大的历史意义。

第一，戊戌维新运动是一次爱国救亡运动。这次运动是在帝国主义列强掀起瓜分中国狂潮的背景下发生的，面对严重的民族危机，以康有为为代表的资产阶级维新派挺身而出，高举救亡图存的旗帜，呼吁变法维新，旨在使中国免受帝国主义的欺凌，维护民族独立，不仅具有明显的爱国主义精神，而且也推动了中华民族的觉醒。

第二，戊戌维新运动是一场资产阶级性质的政治改良运动。从这次变法的内容看，涉及政治、经济、军事和思想文化各个领域，其目的是要让中国走上君主立宪制的资本主义发展道路。尽管坚持的时间短，且颁布的措施多数也未能实施，但在一定程度上冲击了封建制度，经过戊戌变法，不少维新人士看到搞改良在中国行不通，转而走上革命道路。

第三，戊戌维新运动更是一场思想启蒙运动。为了团结更多的维新志士，造就维新人才，推动维新事业，维新派开展了广泛的宣传、组织活动。他们建学会、设学堂、创办报刊，大力宣扬资产阶级的新文化，批判封建主义的旧文化。在维新派的推动下，“物竞天择”、变化发展、独立自由、平等民权等西方先进资产阶级观念得到广泛传播，人们开始从封建文化思想的桎梏中解放出来。在教育方面，维新派主张采用西方近代教育制度，兴办新式学堂，这对中国近代教育的发展起了积极的推动作用。

维新派在改革社会风习方面也提出了许多新的主张。如主张革除吸食鸦片及妇女缠足等恶俗陋习，提出“剪辫易服”的主张，倡导讲文明、重卫生等。

2. 戊戌维新运动失败的原因和教训

戊戌维新作为中国民族资产阶级登上政治舞台的第一次表演，最终失败了，归其原因主要是由于维新派自身的局限和以慈禧太后为首的强大的守旧势力的反对。当时中国民族资产阶级还没有形成独立的阶级力量。他们要求发展资本主义，与封建势力有矛盾，但又与之有千丝万缕的联系；他们企图挽救瓜分危机，但又缺少反抗帝国主义的勇气。因此，只能发动一场软弱的改良运动。维新派本身的局限性突出地表现在以下三个方面：

首先，不敢否定封建主义。他们在政治上不敢根本否定封建君主制度，只是幻想依靠光绪皇帝“以君权雷厉风行”，通过和平、合法的手段，实现自上而下的改良，让资产阶级和开明士绅的代表参加政权，逐步实现君主立宪。在经济上，他们虽然要求发展民族资本主义，却未触及封建主义的经济基础——封建土地所有制。在思想上，他们虽然提倡学习西学，却仍要打着孔子的旗号，借古代圣贤之名“托古改制”。

其次，对帝国主义抱有幻想。他们虽然大声疾呼救亡图存，却又幻想西方列强能帮助自己变法维新。维新派尖锐地揭露了俄国侵华的事实，却幻想依靠与英、日结成同盟来抵抗俄国。有人甚至建议聘请日本前首相伊藤博文来中国任维新顾问。英、日帝国主义虽然表面上同情维新派，但实质上只是为了乘机扩大在华侵略势力，并寻找它们在中国的代理人，同时也是为了与俄国进行争夺。因此，在戊戌政变前夕，维新派分别乞求英、美、日公使的支持，结果都落了空。

最后，脱离人民群众。维新派的活动基本上局限于官僚士大夫和知识分子的小圈子。他们不但脱离人民群众，而且惧怕甚至仇视人民群众。康有为在每次上书中，都反复提醒光绪皇帝不要忘记人民反抗的危险，强调“即无强敌之逼，揭竿斩木，已可忧危”，如果不实行变法，下层群众将会起来造反，使皇帝及其大臣们“求为长安布衣而不可得”。更令人痛惜的是，维新派在经历了血的教训后仍然认识不到人民群众的力量、建立自己军队的重要性、迫切性。随着时间的推移维新派逐渐演变成保皇派，他们开始拖着历史的车轮向后了。

戊戌变法的失败，证明在中国半封建半殖民地社会情况下，依靠清朝统治者进行自上而下的改良道路是行不通的。要改变落后与不平等的现状，必须依靠人民群众的武装斗争，用革命的手段打垮帝国主义和封建势力的联盟，才能争取国家的独立、民主、富强。“戊戌六君子”流血的教训，促使一部分人从失败的教训中猛醒过来，抛弃了改良的幻想，先后走上了暴力革命的道路，为资产阶级民主革命贡献出自己的力量。

二、辛亥革命

(一)民主革命思想的传播和革命团体出现

1. 民族危机加深，社会矛盾激化

《辛丑条约》签订后，帝国主义不断加紧对中国的政治控制和经济掠夺，极力扩大资本输出和商品输入，铁路、矿山的权利更成为帝国主义掠夺的目标。帝国主义之间甚至还在中国的大地上进行激烈的争夺和厮杀。1904 年至 1905 年，日、俄两国为了争夺在华权益竟然在中国东北进行战争。腐朽的清政府却置战区的人民于不顾，无耻地宣称；“彼此均系友邦”而恪守所谓的中立。经过一年多的厮杀，俄国战败，日本取得俄国之前在中国东北南部所攫得的一切侵略特权。1903 年英国出兵入侵我国的西藏，企图把西藏地区从我国分裂出去。中国的民族危机进一步加深了。

然而，为了支付巨额赔款，讨好帝国主义列强，清政府加紧了对人民的压榨，除了原有税费的成倍增加外，又增加了许多明目的苛捐杂税，再加上各级官吏的趁机勒索，人民生活陷入痛苦的深渊。社会矛盾进一步激化。

正是在中外反动派的严重压迫下，20 世纪初期，各阶层人民群众的反抗斗争遍及全国各地。斗争的形式有义和团余众的武装斗争、各地的抗捐、抗粮斗争、反洋教斗争，也有工人罢工、拒俄运动和抵制美货运动等。这些斗争的矛头主要指向卖国腐朽的清朝朝廷，这对于中国资产阶级革命派的成长以及他们从事的政治运动，产生了很大的影响。

各阶层人民的斗争风起云涌，遍及全国。从 1902 年至 1911 年间，各地较大规模的民变多达 1300 余起。其中包括各阶层人民的反洋教斗争，农民、手工业者的抗租、抗捐、抗税斗争，工人的罢工斗争，商人

的罢市斗争，少数民族与会党的起事等。同时，还发生了拒俄、拒法、抵制美货等爱国运动以及收回利权运动和保路运动等。在一些运动中，资产阶级开始成为主要的角色。这些情况说明，随着晚清政局的演变，人民群众已经不能照旧生活下去了。

为了适应帝国主义侵华需要，维护基本的统治权威，迫于形势的清政府不得不于 1901 年 4 月成立督办政务处，正式推行“新政”。此后，陆续推行了一些方面的改革，包括：设立商部、学部、巡警部等中央行政机构；裁撤象营，建立新军；颁布商法商律，奖励工商；鼓励留学，颁布新的学制，并下令从 1906 年起正式废除科举考试。迫于内外压力，1906 年 9 月 1 日，清王朝又颁布了“预备仿行宪政”的上谕，并于 1908 年颁布了《钦定宪法大纲》，制定了一个仿效日本实行君主立宪的方案，但又规定了 9 年的预备立宪期限。晚清责任内阁成员 13 人中，汉族只有 4 人，其余 9 人为满族，其中 7 人为皇族。满族乃至皇族权贵在该内阁中占绝对优势，被讥讽为“皇族内阁”。这表明清政府毫无实行君主立宪的诚意，时论指出：“名为内阁，实为军机，名为立宪，实则为专制。”就连一向靠立宪而“参政”的立宪派，也看出清廷的“预备立宪”实质是一场骗局。一部分立宪党人转向了革命。而张謇等人却转而投靠了下台“养痾”的袁世凯，极力支持袁世凯东山再起。“预备立宪”骗局的破产，使清政府陷入众叛亲离、四面楚歌的窘境。

随着清政府“预备立宪”骗局的破产，农民运动与国内的各种社会矛盾迅速激化，各阶级和各阶层的人们掀起了不同形式的反帝反封建的群众斗争，据不完全统计，1906 年各地人民自发的反抗斗争多达一百六十多次，至 1910 年骤增到二百九十多次。其中以 1910 年 4 月发生的长沙抢米风潮的斗争规模最大。这些遍及全国各地的群众反抗运动已进入了高潮，为辛亥革命的到来准备了有利的条件和广泛的群众基础。

事实表明，清政府已陷入无法照旧统治下去的境地。正如孙中山所形容的，清政府“可以比作一座即将倒塌的房屋，整个结构已从根本上彻底地腐朽了，难道有人只要用几根小柱子斜撑住外墙就能够使那座房屋免于倾倒吗?"革命已如箭在弦上，一触即发。这一点，连有的在华外国人也觉察到了。1911 年 5 月，长沙海关税务司伟克非在信中写道："我看在不久的将来，一场革命是免不了的。"

2. 中国民族资本主义的新发展

19 世纪末 20 世纪初，中国民族资本主义得到了初步的发展。据统计，1895 年至 1911 年间，新设立的资本额超过万元的民族资本厂矿达 800 家，资本额超过 1.6 亿元。其中发展较快的是轻工业，其中以棉纺织、面粉加工等行业最为显著。设厂地区主要集中在江浙、两湖和广东三个地区，三个地区共设厂 251 家，占民族资本企业的一半以上。民族工业虽有显著的发展，但在整个社会经济中所占的比重却是微小的，并且还经常受到帝国主义和封建势力的压迫，这严重阻碍着民族工业的发展。为了自身的生存和发展，他们开始寻求自己政治利益的代言人和经济利益的维护者，这为中国近代资产阶级民主革命奠定了物质条件和阶级基础。

3. 资产阶级革命派的宣传与组织工作

从根本上说，近代中国的革命是被外国侵略者和本国封建统治者逼迫出来的。中国革命的许多先驱者早年也曾尝试采取和平的手段来推进中国的变革与进步。1894 年，孙中山北上京津，向李鸿章上书，提出"人能尽其才，地能尽其利，物能尽其用，货能畅其流"的主张，可见，孙中山也曾寄希望于进行自上而下的改革，并把发展工业、教育等，当作"治国之大经""富强之根本"。但是，李鸿章并没有重视他的意见。孙中山在北上京津的过程中，发现清朝的腐败比他原先了解的要严重得多。这时，他确信"和平方法，无可复施"，"积渐而知和平之手段不得不稍易以强迫"，决心以革命的方式推翻清朝的统治。同年 11 月，孙中山到檀香山组建了第一个革命团体兴中会，立誓"驱除鞑虏，恢复中国，创立合众政府"，1895 年策划在广州举行武装起义，失败后流亡海外，继续从事反清革命活动。1904年，孙中山发表《中国问题的真解决》一文，指出只有推翻清朝政府的统治，“以一个新的、开明的、进步的政府来代替旧政府”，“把过时的满清君主政体改变为‘中华民国’”，才能真正解决中国问题。这表明以孙中山为首的资产阶级革命派在踏上革命道路之时，就高举起民主革命的旗帜，并选择了以武装起义推翻清王朝统治的斗争方式。这也是中国资产阶级革命派与改良派的根本不同之处。

20世纪初，伴随着资产阶级革命派的形成，资产阶级民主革命思想得到迅速传播，震撼着中国的思想界，呼唤与推动着民主革命运动高潮的到来，而传播民主革命思潮的骨干力量，是正在形成和壮大的新知识分子团体。在传播民主革命思想的过程中，还涌现了一批著名的宣传家和思想家。章炳麟、邹容、陈天华等人是其中的优秀代表人物。

1903年章炳麟在上海《苏报》上发表了传诵一时的《驳康有为论革命书》一文，针对康有为散布的“中国只可行立宪法，不可行革命”的谬论，进行了有力的批判，鲜明地提出“公理之未明，即以革命明之，旧俗之俱在，即以革命去之”，革命是“启迪民智除旧布新”的良药。留学日本的邹容和陈天华积极参加留日学生革命运动，邹容在他的《革命军》中，以“革命军中马前卒”的名义，热情讴歌革命，号召人民推翻清朝统治，建立“中华共和国”，被誉为近代中国“人权宣言”。陈天华在他的《猛回头》和《警世钟》中，用通俗流畅的语言较透彻地阐明了“要想拒洋人，只有讲革命独立，不能进勤王”的道理，并号召人民奋起革命，推翻清政府这个“洋人的朝廷”。

正是这些革命宣传家的涌现，各种革命读物和报刊的广泛流传，为资产阶级革命政党的建立，准备了有利的条件。随着资产阶级革命思想的不断传播，资产阶级革命团体也在各地相继成立。例如长沙的华兴会、上海的光复会、安徽的岳王会、江苏的强国会等，从1904年开始，先后出现了十多个革命团体。民主革命思想的传播和这些革命团体的增多，在思想上和组织上为全国性革命政党的建立做好了准备。

1905年8月20日，孙中山和黄兴、宋教仁等人以兴中会和华兴会为基础，联络其他革命团体，在日本东京举行了中国同盟会的成立大会，推举孙中山为总理，任命黄兴为执行部庶务，实际主持会内日常工作。同盟会以《民报》为机关报，并确定了革命纲领。这是近代中国第一个领导资产阶级革命的全国性政党，它的成立标志着中国资产阶级民主革命进入了一个新的阶段。

4. 三民主义和资产阶级共和国方案

1905年11月26日，孙中山在同盟会机关报《民报》发刊词中，首次把“驱逐鞑虏，恢复中华，创立民国，平均地权”的16字宗旨阐发为“民族、民权、民生”三民主义。随后，在《民报》创刊一周年的庆祝大会上，他又对三民主义的思想体系和基本内容作了进一步系统的阐述，使其成为资产阶级革命派进行革命的理论基础和指导思想。

民族主义的基本内容是“驱除鞑虏，恢复中华”。它是三民主义的首要问题。其基本精神是要求民族平等，反对国内外的民族压迫，实现中华民族的解放、独立与和睦共荣。民族主义的根本问题是政权问题，它不是单纯地以“排满”为主题，反对异族统治，而是要以新的资产阶级民主国家，代替旧的封建专制主义国家。这是民族主义的精髓。但是。由于对帝国主义的本质认识不清，害怕帝国主义干涉，甚至幻想以承认不平等条约“继续有效”的方式来赢得列强的支持，南京临时政府在《告各友邦书》中，承认清政府与帝国主义各国签订的一切不平等条约，同时，他们也没有明确地把汉族军阀、官僚、地主作为革命对象，从而给了这部分人后来从内部和外部破坏革命以可乘之机。

民权主义的基本内容是“创立民国”，通过政治革命推翻封建君主专制，建立资产阶级共和国，实现资产阶级为领导主体的人民自主的民主权利。孙中山认为，封建君主专制是资产阶级民主共和制不可调和的敌人，二者是水火不相容的。就是说，推翻帝制乃是国民革命的首要目标，是建立资产阶级民主共和制度的前提。他说：“中国数千年来都是君主专制政体，这种政体，不是平等自由的国民所堪忍受的。”要推翻君主专制，单有民族革命还不够，“要去这政体，不是专靠民族革命可以成功的”，必须把民族革命与政治革命结合起来，才能成功。所以，资产阶级革命的根本问题是政权问题，即用资产阶级专政代替封建地主阶级的君主专制政权，用资本主义代替封建主义。从这个意义上说，民权主义是三民主义政治理论纲领的核心。不过，民权主义虽然强调了要建立民主共和国，却忽略了广大劳动群众在国家中的地位，因而难以使人民的民主权利得到真正的保证。

民生主义的基本内容是“平均地权”，它是三民主义中的社会改革纲领。就是通过社会革命解决以土地问题为中心的社会经济问题，以实现民富国强的目的。孙中山认为西方国家虽然很富强，但贫富差距平均大，劳资冲突加剧，新的社会革命正在逼近。出现这种情况的原因在于“没有解决土地问题”。他根据一些西方理论，提出解决土地问题的最佳方案是核定天下地价，革命之后，现有的地价，仍归原主所有；以后社会改良进步，地价提高了，提高的部分归国家。国家通过征收土地税和按原价收购的方法，实现土地国有。总之，民生主义或平均地权，是防止资本主义贫富分化的一种社会性政策，它反映了孙中山对劳动群众的恳切同情和对世界潮流的敏锐观察。但是，由于没有正面触及封建土地所有制，不能满足广大农民的土地要求，所以在革命中难以成为发动广大工农群众的理论武器。

三民主义是孙中山为解决19世纪末20世纪初中国社会所面临的民族解放、民主革命、社会改革三大历史任务而提出的，它是近代中国第一个比较完整的资产阶级民主革命纲领，它的提出，对推动革命的发展产生了重大而积极的影响。

5. 关于革命与改良的辩论

革命派与改良派的思想交锋由来已久。事实上，在早期两派曾试探着进行合作，但由于双方之间存在着明显的思想分歧而始终无法融合导致合作未能成功。革命与改良，是中国资产阶级内部两个政治派别关于中国前途或者说中国现代化道路问题的根本抉择，因此，当两派合作彻底失败后，原来的思想分歧便自然会演化为激烈的思想论争。

1905年至1907年间，围绕中国究竟是采用革命手段还是改良方式这个问题，革命派与改良派分别以《民报》《新民丛报》为主要舆论阵地，展开了一场大论战。投入这场论战的还有其他十几种报刊。

(1)要不要进行民族革命，推翻清王朝统治

改良派极力否认在清政府的统治之下不存在民族歧视和民族压迫，认为没有必要推翻清政府的统治，他们甚至把革命描述成是杀人放火的排满"复仇主义"行为，必然导致满汉民族更大的裂痕，甚至会引起帝国主义列强的干涉而亡国。

革命派则针锋相对，列举大量事实证明清王朝推行民族压迫政策给中华民族带来的灾难，论证民族革命的正义性和必要性。所谓"排满"实质上是反对少数满族统治者，而不是所有的满族，改良派指责革命派"排满复仇"是没有依据的。革命派还论证了暴力革命的必要性，强调只有通过暴力革命，中国才能获得民族的解放和社会的进步，解除亿万人民的痛苦。他们还强调革命不仅不会招致帝国主义的干涉，反而是挽救民族危亡、避免列强瓜分的唯一途径。因为帝国主义敢于欺侮中国，清政府腐败无能是一大原因，用暴力推翻清政府则可避免被瓜分的危险。

(2)要不要进行政治革命、实行民主共和

改良派反对实行民主共和政体，认为当前中国"国民恶劣""民智未开"，不能直接一跃为民主共和，否则，非亡国不可。主张应该实行君主立宪，甚至是"开明专制"。

革命派则针锋相对，用近代西方的天赋人权理论为武器，认为民权兴起是不可抗拒的时代潮流，由君主专制变为民主共和是进化的公理，针对改良派强调民智未开的论调，指出中华民族的才智并不亚于世界各民族，不是"国民恶劣"，而是"政府恶劣"。只有推翻清王朝，颠覆专

制制度、建立民主共和才能“振兴中华”。

(3)要不要进行社会革命，实行土地改革

改良派认为中国不必实行土地改革，也不能实行社会革命。他们认为中国社会组织与欧美不同，中国自古以来就没有贵族制度、也没有悬殊的贫富差距，赋税又特别轻，只要进行社会改良就行了；而土地国有制度违背自然法则，会妨碍社会生产力的发展，阻碍社会文明进步。

革命派批判了改良派的论点，他们以欧美等国革命后社会问题严峻为例证，说明社会革命的必要与可行。他们主张社会革命当与政治革命并行，中国社会经济组织不完全，贫富悬殊问题虽不像欧美各国严重，但并不是没有贫富之分，“贫富已悬隔固不可不革命，贫富将悬隔则亦不可不革命”。在革命派看来，要解决贫富不均的社会经济问题，就必须进行社会革命实行以土地国有制为中心的民生主义。“夫救治贫富之不均，端赖提倡民生主义；而提倡民生主义，首在实行土地国有制；而实行土地国有制，则不可不向惟一之土地而赋课租税。”“民生主义也，土地国有制也，单税法也，即建设新政府惟一之行政方针也。”

这场论战持续了三年，具有重大的意义。可以说，通过双方的持续论战，进一步划清了革命与改良在政治上、思想上的界限。为当时思想界，特别是为正在形成中的新型知识分子群体深刻认识当时的中国国情、学习西方资产阶级的社会政治学说，提供了一个大好的机会。

但在论战中也暴露了革命派的一些无法克服的严重弱点。例如，他们始终没有很好地回答、驳斥改良派提出的所谓革命会引起帝国主义的干涉，革命会引起“内乱”等诘难。这就反映出资产阶级革命派不敢触动帝国主义，对帝国主义还抱有幻想；而对劳动人民的力量存有戒心，不敢发动群众。他们所强调的只是所谓的“有秩序革命”，这样就不会引起外国干涉和“内乱”。这正是民族资产阶级的软弱性和妥协性的表现。

（二）辛亥革命与建立民国

1. 封建帝制的覆灭

孙中山领导的中国同盟会坚持革命推翻清王朝的方针，在批判改良思想的同时，积极发动了一系列武装斗争，包括1906年在湘赣交界的萍乡、浏阳、醴陵发动的萍浏醴起义；1907年5月到1908年4月孙中山直接领导同盟会在华南沿海和沿江地区连续发动的六次武装起义；1907年到1908年光复会在浙江、安徽发动的两次起义；同一时期四川革命党人联络会党在江安、泸州、成都、叙府多次发动的起义；1910年革命派运动新军发动的广州起义，等等。这些起义虽然失败，但产生了广泛影响。1911年4月27日，革命党人在广州再次发动武装起义。黄兴率革命志士近200人攻占了总督衙门，两广总督张鸣岐逃跑，起义队伍与清军展开英勇巷战后失败。黄兴、朱执信等人负伤退回香港，72位烈士遗骸后合葬于广州黄花岗，这次起义因此得名"黄花岗起义"。

此后国内发生大规模保路运动。1911年5月，清政府宣布铁路"干线均归国有定为政策"，接着与英、美、法、德四国银行订立粤汉、川汉铁路借款合同，借"国有"名义，把铁路利权出卖给外国。清政府方面任命端方为督办粤汉、川汉铁路大臣，南下强行接收湖北、湖南、广东、四川四省的商办铁路公司，另一方面和四国银行正式签订借款筑路合同，引起四省保路风潮。四川的立宪派原本主张把保路反抗风潮限制在"文明争路"的范围，从事合法斗争，但署理四川总督赵尔丰派军警镇压保路运动，逮捕保路同志会和川路股东会负责人，下令向请愿群众开枪，造成流血惨案。广大民众忍无可忍，迅速掀起全川武装暴动。同盟会员联络会党组织保路同志军，积极参与武装斗争。同盟会员吴永珊（即吴玉章）和王天杰等在荣县宣布起义，成立革命政府。

四川保路风潮高涨之时，湖北响起武昌起义的枪声。1911年10月

10日晚，驻武昌的新军工程第八营的革命党人打响了起义的第一枪。起义军一夜之间就占领武昌，取得首义的胜利。革命军在三天之内就光复了武汉三镇，成立了湖北军政府。

武昌起义掀起了辛亥革命的高潮，打开了清王朝统治的缺口。大江南北、长城内外，到处燃起革命的烈火。在一个月内，就有13个省以及上海和许多州县宣布起义，脱离清政府的统治。腐朽的清王朝迅速土崩瓦解。1912年2月12日，清帝被迫退位。在中国延续了两千多年的封建帝制终于覆灭。

在武昌起义和各省政权更迭的过程中，资产阶级革命派既表现出了革命性和勇敢精神，又暴露出了软弱性和妥协态度。在一些地方，开始是由革命派发动新军或会党举行武装起义、宣布"独立"的。可是当反动势力反扑时，他们却不敢发动群众保卫已经夺得的政权，致使政权落到了立宪派或旧官僚、旧军官的手里。例如，湖北革命党人起义后，认为非找一个有地位的人物出来主持政务不可，于是把原清军协统(旅长)黎元洪硬拉出来当了都督。结果，黎元洪与立宪派结合起来把持了湖北军政府的大权。又如，湖南革命党人起义夺取政权后，最初由革命派焦达峰、陈作新任正、副都督。部分立宪派与旧军官发动政变，将焦、陈杀害，推立宪派首领谭延闿为都督。在一些省份，旧官僚和立宪派实际上改头换面地维持着旧政权。有的地方虽是革命党人掌权，但这些人很快蜕变为新军阀、新官僚。这就意味着，革命是很快地发展了，但它的基础并不牢固，在它的内部和外部都潜伏着深刻的危机。

2. 中华民国的建立

1911年底，中华民国临时政府宣告成立，孙中山从海外回到上海。"独立"各省的代表在南京选举孙中山为临时大总统。1912年1月1日，孙中山在南京就任临时大总统，宣布中华民国正式成立，定1912年为民国元年。

南京临时政府是资产阶级共和国性质的革命政权。首先，资产阶级革命派在这个政权中占有重要地位。孙中山为临时大总统，黎元洪为临时副总统。1912 年 1 月 3 日各省代表联合会通过了由孙中山和黄兴提出的包括资产阶级革命派、立宪派和旧官僚在内的 9 名国务委员名单。陆军总长黄兴、外交总长王宠惠、教育总长蔡元培是同盟会员；实业总长张謇、交通总长汤寿潜是江浙立宪派；内务总长程德全、司法总长伍廷芳是旧官僚；海军总长黄钟英是起义的舰长，财政总长陈锦涛是当时的“理财专家”，也曾在清政府中任职。但根据同盟会设计的“部长取名，次长取实”原则，孙中山直接任命的各部次长、局长和总统府秘书长等，除海军次长早已退出同盟会外，其他都是同盟会的重要骨干。1 月 28 日，临时参议院在南京成立，作为临时政府立法机关，其 40 余名临时参议员中，同盟会员有 30 余人，立宪派不足 10 人，革命派占有明显的优势，控制着南京临时政府的实权。因此，在临时政府中，资产阶级革命派显然居领导和主体地位。

特别是之后颁布的许多政策法令和《临时约法》，更体现了南京临时政府鲜明的资产阶级性质。它通令各官厅焚毁刑具，禁止刑讯和体罚；废除封建等级制度；剪除辫子、禁止缠足；禁止鸦片吸食和买卖；禁止赌博；禁止买卖华工和人口；解放“蛋户”和“惰民”，使之享有国民的权利；发展文化教育，提倡男女同校，奖励女学，废止读经；还颁布了一些奖励工商业发展的规章制度，奖励兴办实业等。这些政令和措施，有利于资本主义的发展。

1912 年 3 月 11 日，南京临时政府颁布了《中华民国临时约法》，是中国历史上第一部具有资产阶级共和国宪法性质的法典。《临时约法》共七章五十六条，依照“三权分立”的原则，对国家的权力、政权组织形式、人民的义务和权利等方面进行规定。它规定了中华民国主权属于国民全体，“以参议院、临时大总统、国务员、法院行使其统治权”。增设国务总理作为政府首脑，内阁为行政机构，行使行政权，以辅佐临时大总统；增设法院，行使司法权；参议院为立法机构，行使立法权，还有弹劾大总统和国务员的权利。《临时约法》还规定，中华民国国民一律平等，享有人身、财产、集会、结社、出版、言论等自由，享有请愿、陈述、考试、选举与被选举等民主权利。

《中华民国临时约法》以根本大法的形式，废除了两千年来的封建君主专制制度，确认了资产阶级共和国的政治制度，规定了政府组织机构以及资产阶级的民主权利。毛泽东说："民国元年的《中华民国临时约法》，在那个时期是一个比较好的东西；当然，是不完全的、有缺点的，是资产阶级性的，但它带有革命性、民主性。"

作为资产阶级的政权，南京临时政府也有不可避免的局限性。一是希望以承认清政府与列强所订的一切不平等条约和清政府所欠一切债务，来换取外国列强对新生中华民国的承认；二是没有提出任何政策和措施来满足农民对土地的需求，反而维护封建土地制度，维护官僚、地主对土地的占有。

辛亥革命是资产阶级领导的以反对君主专制，建立资产阶级共和国为目的的民主革命。它使中国发生了历史性的变化，有着伟大意义。

第一，革命推翻了封建势力的政治代表、帝国主义在中国的代理人清王朝的统治，打击了中外反动势力，为中国人民的革命斗争开辟了道路。

第二，革命结束了清王朝的封建君主专制统治，建立了资产阶级共和国，使民主的观念深入人心，成为人们普遍接受的一种政治观念。

第三，革命给人们带来了思想上的解放，皇权神圣的观念被彻底打破。辛亥革命激发了人民的爱国热情和民族觉醒，也打开了思想进步的闸门。

第四，革命促使社会经济、思想习惯和社会风俗等方面发生了新的变化。南京临时政府颁布的有利于民族资本主义发展的政策和措施，推动了工商业的发展。辛亥革命后的几年成为中国资本主义发展的黄金时代。革命政府提倡社会新风。如改用公元纪年，不再行跪拜礼，男子剪辫子，女子放足，等等。

第五，革命一定程度上打击了帝国主义的侵略势力，推动了亚洲各国民族解放运动的高涨。

(三)辛亥革命的失败，旧民主主义终结

1. 袁世凯窃国，辛亥革命流产

武昌起义的成功，引起了帝国主义的仇视和惊恐，但由于革命形势迅速发展，帝国主义不敢贸然进行武装干涉，在所谓“中立”的幌子下，它们迅速将大批军舰调到武汉江面和中国其他水域，向革命军施加压力，并积极寻求和扶植新的代理人，以维护他们在华的侵略特权和利益。而控制北洋军事集团的袁世凯则成为它们物色的对象，于是，他们大造“非袁不可收拾”的舆论，促使清政府起用袁世凯。

清政府迫于压力，随即任命袁世凯为湖广总督，节制湖北海陆各军及长江水师。接着，任命他为内阁总理大臣。在掌握了清政府的军政大权后，袁世凯便命北洋军攻占汉口、汉阳。之后，按兵不动，企图利用南北对峙的局面，逐步窃取全国政权。恰在此时，孙中山从海外归来，接着当选为大总统，这使得袁世凯甚为失望。于是，他再次以武力威胁的手段来对付革命派，指使亲信部将段棋瑞、冯国璋等通电“誓死抵抗”共和，帝国主义列强也调动军舰在长江游弋，为袁世凯助威，并攻击孙中山“缺乏管理国家的经验”。在内外夹击之下，孙中山迫不得已只好答应，“如清帝实行退位，宣布共和，则临时政府决不食言，文即可正式宣布解职，以功以能，首推袁氏”。

得到保证后，袁世凯在北京加紧逼宫。1912 年 2 月 12 日，清王朝最后一位皇帝溥仪宣布退位，标志着统治中国 260 多年的清王朝正式结束。就在清廷宣布退位的第二天，袁世凯致电南京临时政府，表示赞成共和，并保证“永远不使君主政体再行于中国”。同日，孙中山也向临时参议院辞去了临时大总统职。15 日，临时参议院选举袁世凯为临时大总统，21 日又选举黎元洪为副总统。

孙中山虽让位给袁世凯，但也持有戒心，在提出辞职咨文的同时，

附加三个条件，即奠都南京、新总统到南京就职和遵守约法，力图以此制约袁世凯。袁世凯却背后指使部下在北京、天津等地发动“兵变”，西方列强也调兵进京配合，以迫使革命派让步。革命派再次妥协。3 月 10 日，袁世凯在北京就任临时大总统。4 月 1 日，孙中山正式卸去临时大总统职务。随后，临时参议院议决将临时政府迁往北京。

2. 封建专制统治形成

袁世凯窃夺辛亥革命的果实之后，建立了代表大地主和买办资产阶级利益的北洋军阀反动政权。

(1)在政治上，北洋政府实行军阀官僚的专制统治

其一，建立军事官僚机构。当上临时大总统后，袁世凯大力扩充军队，建立特务、警察系统，全力恢复清朝遗留下来的军事官僚机构。他们制定《暂行新刑律》《戒严法》等一系列反动法令，剥夺《临时约法》赋予人民的言论、出版、集会、结社等各种政治权利，任意逮捕、杀害革命党人和无辜民众。

其二，暗杀宋教仁，镇压“二次革命”。当时的中国，从形式上看，有了约法，有了国会，有了众多的公开活动的政党，似乎有点像民主共和国的样子了。实际上，全部政权都操纵在以袁世凯为首的北洋军阀手里，他们对资产阶级民主制度是不能容忍的。1912 年 8 月，宋教仁在征得孙中山、黄兴的同意后，以同盟会为基础联合其他几个政党，组成国民党。它在随后的第一届国会选举中获得了多数席位。国民党领袖宋教仁希望由此组织以他为首的责任内阁，在中国推行资产阶级议会民主制度。1913 年 3 月，袁世凯指使心腹收买刺客暗杀了宋教仁。7 月至 9 月，又以武力镇压了南方七省国民党人的“二次革命”。

其三，逼选总统，解散国会。1913 年 10 月，在总统选举中，袁世凯指使军警、流氓包围国会，强迫议员投票选举他为正式大总统。接着，他又撕下“拥护共和”的假面具，攻击国会是“暴民专制”，妨碍国家统一，于 1913 年 11 月下令解散国民党，收缴国民党议员的国会证

书、徽章，使国会不足法定人数，无法开会。1914 年 1 月，他又停止参议院、众议院两院议员的职务，遣散议员。

其四，修改约法，走向独裁。5 月，袁世凯公然撕毁《临时约法》，炮制了一个《中华民国约法》，用总统制取代内阁制。不久，他又通过修改《总统选举法》，使大总统不仅可以无限期连任，而且可以推荐继承人。这样，袁世凯不仅可以终身独揽政权，而且还可以将其传子传孙。至此，中华民国只剩下一块空招牌了。

其五，投靠帝国主义，复辟帝制。军阀们为了实行专制统治，不惜投靠帝国主义。袁世凯统治时期，出卖路权、矿权，大肆借款，并签订众多不平等条约。他未经国会同意，与列强签订“善后大借款”合同，用盐税作抵押，使列强实现了控制和监督中国财政的愿望。1915 年 5 月，为了让日本支持复辟帝制，他竟然基本接受日本提出的严重损害中国权益的“二十一条”要求。皖系军阀段祺瑞控制北京政府时，也投靠日本，向日本借款扩充自己的势力，准备武力统一中国。这些借款以东北金矿、森林，东北、山东铁路，国家烟酒专卖利润等为担保，便利了日本进一步掠夺中国的矿产资源和其他原料。

为了达到专制独裁的目的，袁世凯公然进行帝制复辟活动。1915 年 12 月 12 日，袁世凯发表接受帝位申令。第二天，在中南海居仁堂接受百官朝贺。31 日，下令以 1916 年为“中华帝国洪宪元年”，准备在元旦举行登基大典。帝制复辟活动遭到举国反对，袁世凯从 1 月 1 日到 3 月 23 日只当了 83 天皇帝就被迫取消帝制和洪宪年号。1917 年 6 月，前清官僚张勋率“辫子军”北上，拥废帝溥仪复辟。这一次复辟的时间更短，仅 12 天就在全国人民的声讨中失败了。

(2) 在经济上，北洋政府竭力维护帝国主义、地主阶级和买办资产阶级的利益

军阀、官僚本身就是大地主，他们还以各种手段兼并土地。袁世凯在河南彰德等县占有的土地就有 4 万多亩，奉系军阀张作霖在东北占地 150 万亩。许多自耕农和半自耕农陷入破产和丧失土地的境地，变成佃

农和雇农。北洋政府还通过“清丈地亩”、征收各种苛捐杂税等手段，对农民进行敲骨吸髓的压榨。

军阀与官僚还借助于政治势力，组成官僚买办资本集团，操纵、垄断财政金融和工业、运输业。如以梁士诒为首的交通系集团，控制了铁路和交通银行。交通银行具有代理国库、发行纸币的特权，为北洋政府经理外债、内债和税收，还直接控制了一些工矿企业。

(3)在文化思想方面，尊孔复古思潮猖獗一时

1913年6月，袁世凯向全国发布《通令尊崇孔圣文》。不久，又命令全国恢复祀孔、祭孔典礼，恢复跪拜礼节，中、小学恢复尊孔读经。一些清朝遗老遗少、保守分子纷纷组织尊孔复古团体，发行尊孔刊物。他们攻击民主共和，宣传封建伦常，甚至要求将孔教定为“国教”。一些帝国主义分子也鼓吹孔教是“中国独一无二之根本”，只有尊孔才能避免“人人之心皆为革命所颠倒”。

袁世凯当权时，北洋政府统治下的中国在形式上是统一的。在1916年袁称帝败亡之后，连这种形式上的统一也维持不住了，中国陷入了军阀割据的局面。这种局面之所以形成，有其深刻的原因：一方面是由于中国主要是地方性的农业经济而没有形成统一的资本主义市场，另一方面是由于帝国主义国家在中国采取划分势力范围的分裂政策。这些割据称雄的各派系军阀之间，或者为了争夺中央政权，或者为了保持与扩大自己的地盘，进行连年不断的纷争，引发多次的战乱。军阀的专制统治和割据、纷争乃至混战，给人民带来无穷灾难，使经济遭到极大破坏。

总之，北洋政府从政治上、经济上和文化思想上对辛亥革命进行了全面的反攻倒算。中国重新落入了黑暗的深渊。孙中山本人沉痛地说过，当时中国“政治上、社会上种种黑暗腐败比前清更盛，人民困苦日甚一日”。资产阶级革命派在中国建立一个独立、民主的资产阶级共和国的梦想破灭了。

3. 旧民主主义革命终结

辛亥革命失败后，中国资产阶级革命派内部也发生了分化。

(1)孙中山组建中华革命党

孙中山也一度受到袁世凯的欺骗，表示“十年不预政治”，以修铁路、发展实业为己任。1913 年宋教仁被刺后，他开始看清袁世凯的真面目，毅然发动武装反袁的“二次革命”。由于北洋军阀在军事上占绝对优势，而国民党方面缺乏兵力和财力，内部意见又不一致，结果只坚持了两个月就失败了。二次革命失败后，孙中山逃亡日本，1914 年在日本成立中华革命党，坚持反袁武装斗争。由于中华革命党提不出能够动员群众的革命纲领，入党者又必须宣誓绝对服从孙中山个人，带有强烈的宗派性，严重脱离群众，因而参加的人数很少，社会影响不大。

(2)蔡锷发动“护国运动”

1915 年 12 月 25 日，即袁世凯准备“登极”前一周，蔡锷等在云南组织“护国军”，宣布“独立”，很快形成席卷半个中国的护国运动。1916 年 3 月，袁世凯在全国人民的反对声中被迫取消帝制，不久忧惧而死。

(3)孙中山举起“护法”旗帜

皖系军阀头目段祺瑞掌握北洋政府后，变本加厉地推行独裁卖国的反动统治，拒绝恢复《临时约法》和国会。在这种局面下，孙中山举起了“护法”的旗帜。但“护法”的口号在群众中缺少号召力。由于孙中山既没有足够的实力，也不掌握军队，遂不得不依靠与皖系军阀有矛盾的西南军阀。而西南军阀则企图利用孙中山的声望对抗北洋军阀，扩大自己的实力。1917 年 9 月，以孙中山为大元帅的护法军政府在广州成立，并出师北伐。不久，西南军阀与直系军阀勾结，擅自实行停战，并且排挤孙中山，改组军政府。1918 年 5 月 21 日，孙中山愤然离开广州去上海。护法运动的失败，使他认识到“南与北如一丘之貉”，想依靠南方军阀来反对北洋军阀，是行不通的。1921—1922 年他领导的反直第二次护法运动也随着陈炯明的叛变而再次失败。

护法运动失败不仅是孙中山个人的失败，也标志着中国民族资产阶级领导的旧民主主义革命的终结。它表明，中国的旧民主主义革命已经陷人绝境，中国民族资产阶级再也不能领导中国革命前进了。

4. 辛亥革命失败的原因和教训

这场革命的失败，软弱的民族资产阶级已经没有能力领导中国革命，也不能领导中国人民完成反帝反封的历史任务，资产阶级共和国的道路在中国行不通。

(1)客观方面，中外反动势力联合镇压革命

辛亥革命发生于帝国主义时代，帝国主义决不容许中国建立一个独立、富强的资产阶级共和国，从而使自己失去中国这个占世界人口四分之一的剥削、奴役的对象。因此，它们用政治、外交、军事、经济、财政等各种手段来破坏、干涉中国革命，扶植并支持它们的代理人袁世凯夺取政权。帝国主义与以袁世凯为代表的大地主大买办势力以及旧官僚、立宪派一起勾结起来，从外部和内部绞杀了这场革命。

(2)主观方面，在于它的领导者资产阶级革命派本身存在着许多弱点和错误

第一，没有提出彻底的反帝反封建革命纲领。他们没有明确提出反帝口号，甚至对帝国主义抱有幻想，以妥协退让来换取帝国主义的承认和支持。他们强调“反满”和“建立共和政体”，并没有深刻认识到必须反对整个封建统治阶级，以致革命营垒中混入一些旧官僚和旧军官。最终妥协退让，把政权拱手给了袁世凯。

第二，不能充分发动和依靠人民群众。中国民族资产阶级同封建势力有千丝万缕的联系，因此不敢依靠反封建的主力军农民群众。在革命的过程中，资产阶级曾与新军和会党，也就是与穿上军装的农民和学生，以及游民、破产农民为主体的秘密会社合作，推翻清政府之后，则抛弃了群众。由于没有动员起革命的主力军农民阶级，革命的根基就显

得相当单薄了。

第三，不能建立坚定的革命政党，作为团结一切革命力量的核心。同盟会内部组织比较松懈，派系纷杂，没有一个统一和稳定的核心。在一定意义上可以说，辛亥革命的失败，不在于袁世凯的力量强，而在于革命党人心涣散。

资产阶级革命派的这些弱点、错误源于中国民族资产阶级的软弱性和妥协性。辛亥革命赶跑了一个皇帝，却没有能改变封建主义和军阀官僚政治的统治基础，表明中国资产阶级民主革命派不能承担反帝反封建的根本任务，资产阶级共和国的方案不能救中国。

辛亥革命的失败表明中国旧民主主义革命的终结。中国革命的前途和命运需要先进的中国人进一步去探索，但以孙中山为代表的中国民主革命的先驱者们则永载中国近代革命历史的史册。

第四讲　工人阶级的成长与中国共产党的诞生

一、陈独秀为什么要掀起新文化运动

陈独秀所生活的的那半个多世纪(1879—1942)，正是国内外风云变动的大动荡年代。1879—1915 年，西方各主要资本主义国家先后进入帝国主义阶段，加紧了对古老中国的残酷压迫和掠夺，加深了中国社会的半殖民地半封建化。空前尖锐的民族危机和阶级矛盾，使封建统治阶级内部进一步分化；也促使先进的中国人更加急切地求索救国的方案，原来处在封建牢笼里的知识分子越来越多地冲破封建思想的禁锢，走上了资产阶级民主主义的道路。陈独秀就是其中比较有代表性的一个。在这期间，他经历了由封建士大夫到资产阶级改良派，又由资产阶级改良派到革命民主派的两个转变。

(一)第一次思想革命——从“选学妖孽”到“康梁派”

陈独秀，字仲甫，出生于安徽省怀宁县一个“习儒业十二世”，拥有田地八百多亩，并在上海、北京等城市拥有商号或股权的封建官僚家庭。家庭成员中对他思想影响较大的是他的祖父、继父(从小过继给其叔父)、母亲和哥哥。他的祖父当过镇压太平天国的清军的幕僚，后“以盐提举衔候补知县”。继父陈衍庶是举人出身，官由知县至四品道员。陈独秀在这个家庭里，从小受着封建思想的教育，读《四书》《五经》，参加科举考试，获取功名，也自然成为他人生的必由之路。这正如陈独秀在《实庵自传》中所描述到的："去到考场放个屁，也替祖宗争口气"。

六到九岁的时候，陈独秀的祖父亲自教他读书。虽然他小时天资聪慧，但却性格迥异，所以祖父对其要求很高且十分严格。陈独秀回忆说："我背书背不出，使他生气动手打，还是小事；使他最生气、气得怒目切齿几乎发狂令人可怕的，是我无论挨了如何毒打，总一声不哭。他不只一次愤怒而伤感地骂道：'这个小东西，将来长大成人必定是一个杀人不眨眼的凶恶强盗，真是家门不幸！'"

祖父死后，陈独秀跟随哥哥庆元读书。这位被称为"阿弥陀佛"的大哥，老实厚道、善良顺从，他没有弟弟那样的才气，对弟弟更是没有办法，又不得违抗母亲的重托和严命。于是，老好人的他只得顺着弟弟的性子来。陈在自传中这样写道："大哥知道我不喜欢八股文章，除温习经书外，新教我读《昭明文选》。初读时，我也有点头痛，后来渐渐读出味道来了。这件事使我阿弥陀佛的大哥夹在中间很为难，一面受了母亲的严命，教我习八股，预备应考，一面他知道我不喜欢这一套……"。

陈独秀不喜欢四书五经八股文，而喜欢《昭明文选》。此书内容活泼、文字清新，思想比较自由，不像四书五经、《左传》和束缚思想自由的八股文那样。在五四新文化运动中，《昭明文选》也在受批判之列，"选学"被斥为"妖孽"，所以陈独秀后来就自虐少年时期是"选学妖孽"。在祖父启蒙教育的基础上，在成年(考秀才)前的四五年中，即人生汲取知识最重要的年代，陈独秀在哥哥的帮助下，打下了坚实雄厚的旧学基础，尽管陈不喜欢四传五经，但其聪慧也使他比一般人学得更深刻，尤其在书法、诗词、文字学以及对诸子百家的研究等方面，后来其造诣之深，可以与同时代一流学者相比。

按照当时的规定，十七岁的陈独秀，可以参加科举考试了。由于他对八股文和考试的不积极态度，所以县试、府试都是勉强通过。到院试时考官出了一道题是："鱼鳖不可胜食也材木"。这是科举考试中的截搭题，即是截取《孟子·答梁惠王》中的两句话中的各半句接搭起来——"鱼鳖不可胜食也，材木不可胜用"。在这方面做一篇好文章，对于陈独秀来说不会是很难的。可是，他偏偏在这关系到个人命运的第一个关口，别人都认真对付也唯恐不好通过的时候，他却开玩笑似地胡来了一下："我对于这样不通的题目，也就用不通的文章来对付，把'文选'上所有鸟兽鱼虫草木的难字和《康熙字典》上荒谬的古文，不管三七二十一，牛头不对马嘴上文不接下文地填满了一篇皇皇文……"回家后，他把文章稿子给大哥看，"大哥看完文稿，皱着眉头足足有个把钟头一声不响，在我，应考本来是敷衍母亲，算不得什么正经事，这时看见大哥那种失望的情形，却有点令我难受"。不料，"谁也想不到我那篇不通的文章，竟蒙住了不通的大宗师，把我取了第一名"。就这样，陈独秀"蒙"了一个秀才。在他的一生中有许多奇迹，这可算是第一次。

1897 年 8 月，在陈独秀与高大众订婚以后，到南京参加乡试，此去若考中举人，就可以当官了。本来，陈独秀是做了准备，希望中举的，主要是想"考个举人以了母亲的心愿，以后好让我专心做点正经学问"，"只想考个举人了事，决不愿再上进"。但是，陈独秀坐在一进去就"三魂吓掉了两魂半"的考棚里，经历了九天三场大考，吃的是或半生不熟或烂熟焦煳的挂面，心情糟透了。尤其是"考头场时，看见一位徐州的大胖子。一条大辫子盘在头顶上，全身一丝不挂，脚踏一双破鞋，手里握着试卷，在如火的长巷中走来走去，走着走着，上下大小脑袋左右摇晃着，拖着怪声念他那得意的文章，念到得意处，用力把大腿一拍，跷起大拇指叫道：'好！今科必中！'"陈独秀对这位"今科必中"先生如此荒唐的"行为艺术"，竟然"看呆了一两个钟头"，思想完全开了小差，用他自己的话说，"这便是我由选学妖孽转变到康梁派之最大动机。一两个钟头的冥想，决定了我这个人往后十几年的行动"。

第一次走出家乡安庆怀宁，在南京乡试中没有像慈母期望那样获得功名的陈独秀不仅不沮丧，反而获得了一种思想的大解放。在他看来，科举落榜的结果对于他却“意外有益”——南京夫子庙考场考生的诸多怪状令他“联想到这班动物得了志，国家和人民要如何遭殃；因此又联想到所谓抡才大典，简直是隔几年把这班猴子、狗熊搬出来开一次动物展览会；因此又联想到国家一切制度，恐怕都有如此这般的毛病；因此最后感觉到梁启超那班人们在《时务报》上说的话是有些道理啊！”

实际上，1895 年之后，陈独秀已经受到甲午战败和维新思想的刺激和启蒙，在乡试前，已不再把个人与家庭前途放在第一位，转而关注国家命运了。他回忆当时自己的思想状况时说：“以前，在家里读书的时候，天天只知道吃饭睡觉。就是发奋有为，也不过是念念文章，想骗几层功名，光耀门楣罢了。那知道国家是什么东西，和我有什么关系呢？到了甲午年，才听见人说有个什么日本国，把我们中国打败了。到了庚子年，又有……八国的联合军把中国打败了，此时我才晓得，世界上的人，原来是分做一国一国的，此疆彼界，各不相下我们中国，也是世界万国中之一国，我也是中国之一人。一国的盛衰荣辱，全国的人都是一样消受，我一个人如何能逃脱出呢。想到这里，不觉一身冷汗，十分惭愧了。”

这里说的思想启蒙，如以上他自述所指，主要是受了康梁派的《时务报》的影响。这份正好在他参加科举考试的 1896 年 8 月 9 日创刊，1898 年 8 月 8 日停刊的报纸，在当时发行量达万余份，影响之大是空前的，特别在陈独秀所在的江淮地区。乡试结束后，陈独秀即与汪希颜、汪孟邹、李光炯等维新派人士交往，宣传康梁派维新主张。那个时候，他通过阅读《时务报》，康有为和梁启超成了他心中的明星。“前读康先生及其梁任公之文章，始恍然于域外之政教学术，粲然可观，茅塞顿开，觉昨非而今是。吾辈今日得稍有世界知识，其源泉乃康、梁二先生之赐。是二先生维新觉世之功，吾国近代文明史所应大书特书者矣”。

1897 年 9 月，江南乡试中名落孙山的陈独秀，自觉地完成了人生历程的第一次政治思想的大转变——由“选学妖孽转变为康梁派”，成为一个资产阶级改良主义者。1897年德国抢占山东胶州湾，紧接着，俄、美、法、日掀起瓜分中国的狂潮。面对民族危亡，陈独秀本着救亡图存的强烈爱国之心于这一年撰写了《扬子江形势论略》一文。文中，陈独秀站在民族主义的立场，从抵抗列强侵略的目的出发，向清政府陈述加强江防建设的意见。应当说，他的这一“保清反帝”思想和康有为、梁启超的改良思想本质上是一致的，都把希望寄托在清政府上，主张依靠皇帝自上而下的改革以达到富国强兵、抵御外侮的目的。

（二）第二次思想革命——向“革命民主派”的转变

1898年戊戌维新运动被镇压，1900年八国联军入侵镇压义和团，《辛丑条约》的签订，这些历史事件进一步教育了中国的知识分子。这时的陈独秀虽然没有放弃被历史证明行不通了的“维新”之路，但仍然能够坚持爱国立场，加强同革命派的联系，表现出初步的革命倾向。1898—1900年，他在东北目睹了沙俄侵略军残杀、掠夺、淫虐的种种暴行，更加激发起爱国御侮的志气。他回南方以后，更加积极地投身于爱国运动。1901年到日本留学，受到新思潮的影响，先后参加了留日学生的爱国团体“励志社”和“中国青年会”；1902年回国，在安庆与杨文蔚等组织“青年励志学社”，发表爱国演说。因清政府追缉再次逃亡日本；1903年又在东京参加留学生拒俄义勇队，并曾与邹容、张继等五人怒剪清朝“南洋学监”的辫子而被迫回国；一回到安庆又紧张地开展活动，集会演说，倡建“安徽救国会”。此时，随着全国拒俄运动的开展，革命与改良的论战也日趋激烈，上海的革命者以邹容的《革命军》为始的革命宣传已震动社会。但陈独秀在该会成立大会上发表的演说，和他主持制订的《安徽爱国会拟章》中，仍然没有逾越康梁改良派的基调，仍是强调所谓“守国家秩序”，“顾国体”，戒“诋毁”，主张“徐图建设”等。陈独秀这时的认识和实践，还没有突破改良派忠君保皇的框框。

推动陈独秀由改良派向革命民主派转变的，是由于沙皇俄国的侵略，激起了我国延续五年的群众性的拒俄运动。这是一次比戊戌政变和《辛丑条约》签订更有力地推动爱国知识分子觉醒的重大事件，陈独秀和许多爱国知识分子一样，怀着“尽忠报国”的热忱，慷慨悲歌要求奔赴抗俄最前线。可是昏庸腐朽的清政府却强加“名为抗俄，实则革命”的罪名进行残酷的镇压，因而驱使大批的改良主义者放弃对清王朝的幻想，转而走上革命道路。在“《苏报》案”发生和拒俄运动遭受镇压之后，陈独秀因组织安徽救国会被清政府再次下令追捕。但他并不屈服，又潜往上海继续活动，参加《国民日日报》的编辑工作。到此，他不再盲目崇拜康梁，感到忠君保皇救国这条路走不通了。他在 1903 年 8 月 17 日《国民日日报》上发表的七律《题西乡南洲游猎图》，反映了他的真实思想：“勤王革命皆形迹，有逆吾心罔不鸣。直尺不遗身后恨，枉寻徒屈自由身。驰驱甘入棘荆地，顾盼莫非羊豕群。男子立身唯一剑，不知事败与功成！”。这表明他要按照自己的意志做一个英勇的爱国志士，不拘泥于保皇或革命的形式格套，只要违背心愿的不平之事都要抗争呐喊。

拒俄爱国运动受到清王朝的镇压后，由轰轰烈烈转入深入集结力量的宣传和组织活动，各种报刊、各地革命团体不断涌现。1904 年春至 1905 年夏，陈独秀在芜湖主办《安徽俗话报》，共出版 23 期，不仅亲自担任编辑和发行的主要工作，还亲自撰写文章达 50 多篇；这些文章集中反映了他思想上坚持民主，反对专制；坚持科学，反对迷信的革命民主主义思想。如他在 1904 年 6 月该报第 5 期发表的《说国家》一文，开始比较系统地运用资产阶级的国家观，阐述了自己的民权主义思想，针锋相对地否定了封建地主阶级“朕即国家”的传统皇权观念，也反对了康梁顽固的“保皇”主张。他在《安徽俗话报》第 12~15 期连载(未完)小说《黑天国》中，无情地鞭挞了狞恶的“君主专制”，热情地讴歌了“反对朝廷”的革命英雄，发出了“世界之中，唯自由万岁”的呐喊。这些文章阐发的思想表明，陈独秀已经与改良主义保皇派分道扬镰，革命民主主义成了他的思想的主流。

陈独秀在芜湖主办《安徽俗话报》的同时，又在充满革命精神的安徽公学兼教员，与何靡施、李光炯、刘光汉、杨文蔚等革命者经常纵谈革命大事，这对他的思想向革命民主派迅速发展是有影响的。1905 年秋，继华兴会、光复会、同盟会先后成立，他与杨文蔚等在芜湖集结革命志士，组织秘密革命团体"岳王会"并担任总会会长。岳王会的取义，意在继承宋朝民族英雄岳飞抵抗辽金、至死不变、精忠报国的精神，尽力排满，因此寓有推翻清政府的革命意义。岳王会的出现，标志着安徽的革命活动进入了一个新的阶段，即有组织地进行革命的阶段。岳王会积极发展新军、从事武装斗争的做法，被誉为军界革命运动之先锋，它摒弃了以前革命党人侧重发展秘密会党和进行暗杀活动的陈旧做法，给孙中山等革命党人以启迪，为辛亥革命的爆发做了有益的尝试，标志着陈独秀在组织上已成为革命民主派。

（三）注重思想启蒙，建设共和国家

可能是从小就厌恶孔夫子的四书五经和八股文的原因，陈一开始革命就重视反对封建传统的文化革命，把它与政治革命相结合，或配合政治革命的进行，从而在思想境界和革命觉悟的深刻性上，高于同时代一般的革命者。

在创办《安徽俗话报》期间，陈独秀并不满足于救亡宣传和鼓动工作，他的重点是寻找导致中国衰亡的原因，企图从根本上来做救亡工作。他认为，中国衰亡的根本原因，"不是皇帝不好，也不是做官的不好，也不是兵不强，也不是财力不足，也不是外国欺负中国，也不是土匪作乱，依我看起来，凡是一国的兴亡，都是随着国民性质好歹转移而我们中国人，天生的有几种不好的性质，便是亡国的原因了"。

接着他写《亡国的原因》，举了两种不好的国民性质，并进行分析批判。第一种是："只知道有家，不知道有国。"做官的，"无非想弄几文钱，回家去阔气，至于国家怎样才能兴旺，怎样才可以比世界各国还

要强硬，怎样才可以为民除害，怎样才可以为国兴利，这些事他们做梦也想不到的”；“至于士农工商各项平民，更是各保身家，便是俗话说的‘各人自扫门前雪，不管他人瓦上霜’。若和他说起国家的事，他总说国事有皇帝官府作主，和我等小百姓何干呢！越是有钱的世家，越发只知道保守家产，越发不关心国事”。第二种是：“只知道听天命，不知道尽人力”。文章批判了“靠天吃饭”“听天由命”等一系列“糊涂的俗话”，指出：“天地间无论什么事，能尽人力振作自强的，就要兴旺，不尽人力振作自强的，就要衰败，大而一国，小而一家，都逃不过这个道理……我中国人都是听天由命，不肯尽人力振作自强，所以一国的土地、利权、主权，被洋人占夺去了，也不知设法挽回哩。我看日后洋人来灭中国，中国人做奴隶，扯顺民旗的，少不得又是这班听天由命的人了。”1904—1905 年的陈独秀，探寻中国衰亡原因，找到了国民性不好的答案，并作了初步的分析和批判，本来应当继续深入探索国民性之所以如此不好的根源是什么以及如何改造国民性，但由于当时客观形势发生了变化，特别是 1905 年孙中山在日本东京成立了统一的革命领导机关同盟会，并立即在长江流域和南方地区掀起轰轰烈烈的革命运动高潮，陈独秀被卷入到这个高潮中去，无暇再做这种理论探索工作。

武昌起义后，陈独秀先后在两任皖督孙毓筠和柏文蔚的都督府中担任秘书长。他先是辅佐孙毓筠治皖，主张改善人民的生活，合理使用旧有的官僚，大刀阔斧地革除阻碍和违背革命利益的事。接着又协助柏文蔚做了大量工作，曾被赞为“治皖有功”。“二次革命”时，柏文蔚出任皖省讨袁军总司令，陈独秀协助制定讨袁大计，并起草《安徽独立宣言》，表明他坚持革命，坚决反对倒退的政治态度。辛亥革命以后，袁世凯独揽了民国大权，他派人刺杀宋教仁，镇压“二次革命”，解散国民党，停止参、众两院议员的职务，撕毁了《临时约法》，自此，中华民国只剩下一块空招牌了。陈独秀亲眼目睹了这一过程，面对现实他虽然也有过痛苦、彷徨和苦闷，但更多的是思考。

革命者在辛亥革命以前曾宣称，中国国民自有颠覆专制制度，建立民主共和的能力。看来只说对了一半，专制制度是颠覆了，但是却无力建立民主共和。因而社会状况依然如故，“利禄毁人如故也，敌视异己如故也，耀兵残民如故也，漠视法治如故也，紊乱财政如故也，奋私无纪殆更有甚焉”。于是又有人主张“吾民德薄能鲜，共和不便，仍戴旧君，或其宁一”，陈独秀认为“此亦书生之见也”。他认为，在今世如果国民素质低下，达不到建设国家的要求，那么实行任何政体，无论专制、代议制、君主立宪制或者共和制都无济于事。“盖一国人民之智力，不能建设共和，亦未必宜于君主立宪，以其为代议之制则一也。代议政治，既有所不行，即有神武专制之君，亦不能保国于今世，其民无建设国家之智力故也。民无建国之力，而强欲摹拟共和，或恢复帝制，以为救亡之计，亦犹瞽者无见，与以膏炬，适无益而增扰耳。”这说明他的思想已经跳出了当时世人正在热议的国家政体问题，开始深入到国民的思想层面去解决问题。

他认为中国当前的问题并不仅仅在于进行革命，推翻政府，而关键在于中国国民的素质尚达不到建设二十世纪现代国家的要求。“今吾国之患，非独在政府。国民之智力，由面面观之，能否建设国家于二十世纪，夫非浮夸自大，诚不能无所怀疑。”中国人学习西方的努力在实践中一而再、再而三的碰壁，特别是辛亥革命的失败和北洋军阀统治的建立，印证了这种怀疑是有道理的。陈独秀认为，以往少数先觉者的救国斗争之所以成效甚少，是因为中国国民对之“若观对岸之火，熟视而无所容心”。中国国民的性质与行为的堕落，才是“亡国灭种之病根”。因此，“欲图根本之救亡，所需乎国民性质行为之改善”。至此，陈独秀终于找到了中国救亡图存的根本出路，即首先要进行一场启蒙运动，廓清蒙昧，启发理智，使人们从封建思想的束缚中即蒙昧状态中解放出来。这就为他稍后传播科学与民主的新思想，注重国民思想启蒙，发动新文化运动做了思想上的准备。在当时，发动这一场运动最好的方法就是办杂志了。所以，陈独秀说：“让我办十年杂志，全国思想都全改观。”1915 年，陈独秀在上海创办《青年》杂志，以思想启蒙为主要目的的新文化运动正式拉开帷幕。

二、马克思主义何以在中国广泛传播

“十月革命一声炮响，给我们送来了马克思列宁主义。十月革命帮助了全世界的也帮助了中国的先进分子，用无产阶级的宇宙观作为观察国家命运的工具，重新考虑自己的问题。走俄国人的路——这就是结论。一九一九年，中国发生了五四运动。一九二一年，中国共产党成立。”这段话说明马克思列宁主义的确是在十月革命之后在中国传播开来，并被中国先进知识分子所信仰和使用的。但是它同样给我们抛出了这样一个问题，在五四运动之后，中国共产党建立之前，中国的知识分子是如何选择和接受马克思主义的呢？在我们大部分人的头脑当中，马克思主义似乎是一经传入，就立刻被如饥似渴的中国知识分子们奉为至宝了，欣然笑纳了的，根本不存在什么选不选择和接不接受的问题，然而事实并不如此。

（一）一战与中国知识分子对资本主义道路的怀疑

如果说19世纪后半段，中国人终于“开眼看世界”而希望“师夷长技”，但无论是学习器物还是制度，无论是效仿欧美还是日本，学习西方资本主义这一基本目标始终没有改变，这反映了当时资本主义制度盛行世界，甚至是唯一可以效仿对象的现实。甲午战争之后，民族危机空前严重，以康有为、梁启超为代表的维新派掀起了救亡图存的变法运动。梁启超因而提出“中华民族”之概念，主张非要合我民族全体之能力，建设近代民族国家，方能抵挡列强的民族帝国主义。此后，孙中山怀着强烈的忧患意识喊出了“振兴中华”的口号。他领导的辛亥革命顺应并引领了时代潮流，开启了推翻封建专制走向民主共和的新历程。

在这一目标的实现过程中，当时中国知识界主要受西方理论，特别是社会进化论的影响。梁启超认为“自有天演以来即有竞争，有竞争则有优劣，有优劣则有胜败。于是强权之义虽非公理而不得不成为公理”。既然当时西方世界最强，西方文明世界最优，要自身摆落后的地位，就必须真心实意地做文明国家的学生。这种思想为中国人的民族觉醒提供了理论和现实依据，推动了中国的革新自强，但却弱化和忽视了西方列强的侵略性和既存国际秩序的不合理性。当时中国思想界的主流看法是希望与西方列强保持友好合作的关系，效仿资本主义，通过渐进自强的和平方式摆脱外来压迫，融入以西方世界为核心的国际体系和竞争之中，以实现民族独立与国家平等的目标。

1915 年，中国向西方学习的热情在新文化运动中达到了高潮。与之前的洋务运动、维新运动不同，新文化运动从更为根本的思想层面入手，由一批对西方文化更加了解、更具热情的知识分子为主力，企图用“民主”和“科学”来改造中国文化和国民性，建立一个思想文化与器物、制度有机融合的“真正”的资本主义国家，以此实现民族独立与国家富强。在新文化运动中，中国知识界以前所未有的热情去呼唤欧美民主制度。陈独秀认为“西洋文明远在中国之上”，“西方文化可以救治中国政治上、道德上、学术上、思想上一切的黑暗”。“若是决计革新，一切都采用西洋的新法子，不必拿什么国粹，什么国情的鬼话来捣鬼”。新文化运动的确在当时创造出了一种开放、活跃的文化氛围，增强了国人通过学习“先进文化”来实现民族独立的信心和希望。但同时，对于传统文化的过度批判和否定，使得一部分国人又走向另一个极端，即陷入到对欧美文化、西方的价值理念以及社会制度过度迷恋的状态，忽视了中国半殖民地半封建社会的基本国情。因此，在对资本主义与自身国情双重认知不充分的情况下，选择走资本主义道路推动民族复兴的愿望最终落空了。

1914—1918 年，欧洲发生了第一次世界大战，历时 4 年有余，伤亡人数 3000 多万，耗费达 3599 亿美元，约等于战前各交战国财富总和的一半。这场人类历史上的空前浩劫，将资本主义世界固有的内在矛盾尖锐地暴露出来。在战后的欧洲，无论是战胜国还是战败国，都面临着严重的经济危机和严峻的失业形势，阶级矛盾日益尖锐，革命运动时有发生。英国经济学家沙德卫尔便说："大战后欧洲的工业生活可以说是纠纷多极的，没有一国没有罢工和闭厂的事情。其甚者——例如西班牙——则竟至于双方互相残杀而现出恐怖的景象。"美国学者艾恺即曾描述说："就20世纪10年代、20年代及30年代的时代而言，大战是主宰他们时代的压倒性重大灾变，大战产生的对西方文化之未来的黯淡悲观与深切疑虑是极为强烈和普遍的。"在经历了惨绝人寰的第一次世界大战后，许多欧洲人对资本主义的前途和命运失去了信心，笼罩在一片悲观、彷徨和迷惘的气氛之中。

第一次世界大战对中国社会思潮的影响同样也是十分深刻的。据统计，从1914年欧战爆发到1919年巴黎和会，《大公报》《申报》《东方杂志》等著名报刊皆以大量篇幅报道和评论欧战，至少占其版面1/3。从这些舆论中我们可以看出一个明显的动向，那就是一战促使人们开始反思西方文明，尤其是资本主义文明。

西方在许多中国知识分子的心目中，曾一度被视为近代文明的故乡，自由平等博爱的乐土，但一战的熊熊烈焰却烧毁了西方资本主义文明含情脉脉的面纱。陈独秀在1915年9月就已指出："自竞争人权之说兴，机械资本之用广，其害遂演而日深。政治之不平等，一变而为社会之不平等；君主贵族之压制，一变而为资本家之压制。此近世文明之缺点，毋庸讳言者也。"1916年一战正酣之时，《东方杂志》主编杜亚泉就说："近年以来，吾国人羡慕西洋文明无所不致，自军国大事以至日用细微，无不效法西洋，而于自国固有之文明，几不复置意。然自欧战发生以来，西洋诸国日以其科学所发明之利器戕杀其同类，悲惨剧烈之状态，不但为吾国历史之所无，亦且为世界从来所未有。吾人对于向所羡慕之西洋文明，已不胜其怀疑之意见。"稍后，他又指出："此次大战，使西洋文明露显著之破绽。此非吾人偏见之言，凡研究现代文明者，殆无不有如是之感想。"因此，"信赖西洋文明，欲借之以免除悲惨与痛苦之谬想，不能不为之消灭"。由此可见，第一次世界大战所造成的严重后果使越来越多的中国人感到震惊，西方资本主义文明在他们心目中逐渐失却了原来那种耀眼的光芒。

基于中国学习西方屡遭失败的记忆、中国受到的压迫和侵略程度不断加深的事实和西方资本主义世界陷入有史以来最残酷的战争的现实，中国知识界开始对资产阶级共和国方案在中国是否可行，能否解决中国固有之问题产生了很大的怀疑和疑问，“向西方学习”趋于理性。

（二）巴黎和会中国外交失败与中国知识分子对资本主义本质的再认识

作为第一次世界大战的战胜国，中国人对“一战”胜利寄托了特别大的希望，对巴黎和会的期待也非常高，希望通过这次和会来恢复国家的自主权利，改变中国在国际上的不平等地位。李大钊讲“大战终结，军国主义、帝国主义种种名词，都随着德意志的军阀丧失了他的运命”。许多知识分子都相信“一战”的结束标志着人类进入正义、公理与和平的时代，认为战后协约国将以公理原则建立世界新秩序，在这一秩序下，中国可以获得与其他国家一样平等的国际地位和应有的民族尊严。

巴黎和会召开前夕，“威尔逊主义”的出台与宣传使中国知识分子希望借助国际正义和公理的力量摆脱外来压迫、实现民族独立的愿望达到了顶峰。美国总统威尔逊提出了著名的“十四点和平纲领”，倡言美国是民族自由和人类公权的保护者与维护者，要“以正义为前提，使国无强弱，共享均等之自由、与生命之安全”。对于一直饱受列强侵略和压迫的中国人而言，威尔逊的主张无疑具有很大吸引力，他们坚信中国完全可以依赖美国为首的协约国集团在战后和平会议上一洗半个多世纪以来的民族耻辱，实现国家独立和民族平等。“一战”后对欧洲文明深感悲观的梁启超也曾对中国借助美国“恢复自由”深信不疑，认为欧战结束是中国摆脱压迫，“在正义明星庇荫担保之下，回复其自由”的“千载一时之机”。胡适后来回忆当时的情形也认为，当时知识分子不满意于国内的政治和国际的现状，想抓住巴黎和会作为推动中国社会政治的起点，但也“不免受了威尔逊大总统的‘十四原则’的麻醉”。因此战争一结束，国人不仅要求收回德国在山东的权益，还进一步提出取消列强在华特权、废除不平等条约和撤出外国军队的主张，并自然地相信这些本来与媾和并无多大关联的目标完全可以在巴黎和会上得以实现。

然而，巴黎和会的结果完全出乎国人的预料。和会被几个大国所操纵，英法政客无视中国代表团的要求，把德国在山东的权益全部转让给了日本，而美国对日本的要求也一让再让，根本无视中国的正当要求，最终也在合约上签字，完全抛开了威尔逊标榜的民族自决原则。当时国人对列强的气愤和失望导致五四反帝爱国运动的爆发。

1919年5月4日下午，北京多所高校的3000多名学生代表冲破军警阻挠，云集天安门，北京高等师范学校最早到达天安门。他们打出“誓死力争，还我青岛”“收回山东权利”“拒绝在巴黎和约上签字”“废除二十一条”“抵制日货”“宁肯玉碎，勿为瓦全”“外争主权，内除国贼”等口号，并且要求惩办交通总长曹汝霖、币制局总裁陆宗舆、驻日公使章宗祥，学生游行队伍移至曹宅，痛打了章宗祥，北京高等师范学校(今北京师范大学前身)数理部的匡互生第一个冲进曹宅，并带头火烧曹宅，引发“火烧赵家楼”事件。随后天津、上海、广州、南京、杭州、武汉、济南的学生、工人、商人也给予支持。

五四反帝爱国运动的发展教育了中国青年学生和先进分子，使他们进一步认清了帝国主义和封建统治本质。这正如毛泽东说过的，中国人民对于帝国主义的认识，第一阶段是表面的感性的认识阶段，表现在太平天国运动和义和团运动等笼统的排外主义的斗争上。第二阶段才进到理性的认识阶段，看出了帝国主义内部和外部的各种矛盾，并看出了帝国主义联合中国买办阶级和封建阶级以压榨中国人民大众的实质，这种认识是从1919年五四运动前后才开始的。

李大钊就撰文称：“这回欧战完了，我们可曾作梦，说什么人道、平和得了胜利，以后的世界或者不是强盗世界了，或者有点人的世界的采色了。谁知道这些名辞，都只是强盗政府的假招牌。我们且看巴黎会议所议决的事，哪一件有一丝一毫人道、正义、平和、光明的影子！那一件不是拿着弱小民族的自由、权利，作几大强盗国家的牺牲!”。陈独秀更是认为这是一场“分赃”的会议，公理、永久和平、威尔逊总统十四条宣言都是骗人的空话。

“威尔逊主义”的“失约”，巴黎和会上中国外交的失败打破了当时知识分子们对资本主义的幻想，当这些原本被认为是“自由进步”的国家在国际政治中蛮横地欺辱和出卖中国时，西方国家的政治原则与价值观念的合理性就不得不令人质疑。陈独秀更是彻底地把英美列强实行强权、蔑弃公理的帝国主义行为产生的原因归结为资本主义制度，体现出一部分先进的知识分子对帝国主义本质的反思和对西方文明准则和价值规范的否定。但这种怀疑和否定也使他们一度对国家前途感到迷茫，寻求民族独立解放的道路再次陷入曲折之中。

(三)十月革命与“以俄为师”的转向

1917年俄国十月革命爆发，诞生了世界上第一个社会主义国家。苏俄政权的建立不仅打破了当时资本主义国家主宰世界的格局，还为殖民地半殖民地人民寻求民族独立解放提供了新的道路选择。

1917年11月，新生的苏维埃政府发布了由列宁起草的《和平法令》，建议交战各国和人民“立即缔结停战协定”，立即实现“不割地不赔款的和平”；反对兼并或侵占别国领土，废除秘密外交，并立刻着手公布俄国地主资本家政府从1917年2月至10月25日(俄历)所缔结和批准的全部秘密条约，“立即无条件地废除这些条约的全部规定”。《和平法令》的颁布展现出社会主义国家对外关系的新原则，它不仅反对帝国主义性质的“一战”，还主张民族平等、号召并支持被压迫民族获得独立和解放，体现出社会主义国家对外关系原则与资本主义国家在本质上的不同。在这一文件的指导下，新生的苏维埃政权决定以新的平等的态度来处理对华关系。

五四运动后，正当中国人痛斥帝国主义对弱小民族的侵略之时，1919年7月25日，苏俄外交事务全权代表加拉罕发表了第一次“苏俄对华宣言”。宣言宣称放弃旧俄与中国之间的一切不平等条约、侵占领土及权益。1920年4月间，宣言被中国报刊全文刊载。1920年9月和1923年9月，加拉罕代表苏俄政府连续发布了内容和观点相类似的第二次、第三对华宣言，坚称宣言所体现的平等和友好精神是此后苏俄对华关系的指导基础。

这三次与各帝国主义国家霸权外交截然不同的宣言，给中国人的自尊心和自信心以极大的鼓舞，立即得到中国各阶层人民的热烈欢迎和拥护。因为自1840年以来，中国都是受资本主义西方的掠夺、压迫和侵略，从来没有一个国家主动放弃不平等条约和所获得的权益。《星期评论》盛赞加拉汉宣言体现了俄国劳农政府的宪法精神，即“铲除资本主义、侵略主义的精神”，“自由、平等、互助的精神”，“人道、正义的精神”，“要谋人类全体幸福的精神”。《新青年》杂志更是号召人们进一步“研究俄国劳农政府的主义”，赞同“俄国劳农政府所根据的真理”。

俄国十月革命胜利的经验和“加拉罕宣言”给处于迷茫中的中国先进分子以新的启示和鼓舞，激发了他们研究指导苏俄革命取得成功的理论和思想——马克思主义的浓厚兴趣。当时还是北大学生的张国焘就这样回忆：“我热心研究马克思主义，设法去了解俄国革命，相信这里面包含有救国救民的良方。当时许多急进青年，大致和我相似，也走着这样的道路。”应当说，“加拉罕宣言”改变了很多中国人对以往苏俄落后粗暴形象的看法，更为苏俄经验和马克思主义的早期传播做了一次很好的铺垫和宣传。

由“以欧美为师”转为“以俄为师”是在复杂的历史条件下多种因素综合推动的结果。一方面，苏俄政权成立后表现出的崭新生命力给当时陷入黑暗和迷茫的中国人以极大的启示，这正如李大钊所言：“忽然听到十月革命喊出的‘颠覆世界的资本主义’、‘颠覆世界的帝国主义’的呼声。这种声音在我们的耳鼓里，格外沉痛，格外严重，格外有意义”。另一方面，五四之后，一部分左翼知识分子和青年学生，急于找到一条最快捷的、最彻底的方法来解决中国面临的各种问题，实现民族独立和解放。以阶级斗争为方式，以根本变革国家为目标的马克思主义包含了推翻资本主义、超越资本主义，建立一个真正的民主与和平的社会主义国家的理念，这对当时一部分爱国知识分子来说具有极大的吸引力。

(四)中国先进分子与马克思主义在中国的早期传播

1918年，李大钊先后发表了《法俄革命之比较观》《庶民的胜利》《布尔什维主义的胜利》等文章，开始宣扬苏联的十月革命，介绍马克思主义和社会主义，但是由于这些文章没有完整而清楚的阐明什么是马克思主义，所以影响力不大。1919年五四运动爆发后，李大钊发表了《我的马克思主义观》一文，比较全面、系统地介绍了马克思主义。李大钊信仰和传播马克思主义的方式我们可以称之为“渐进式”。因为他是通过自己不断介绍、研究、比较，一步步成为马克思主义者。而且由于他性格敦厚温良，人缘极好，所以能团结和组织起一批人来研究，成立马克思主义研究会、少年中国学会等团体，宣传马克思主义。其宣传的方式也较为温和，主要是学理式的阐述。

另一位传播马克思主义的猛将陈独秀就不一样了，他接受和信仰马克思主义的方式可以称之为“顿悟式”。五四之前，他是参与政治的。五四之后他认为中国的政治太坏，已经等不及思想改造，自己非要直接行动起来不可。五四运动后的一个月，陈独秀因在北京散发传单而被捕，他的传单是《北京市民宣言》，上面说：我等学生、商人、劳工、军人等，唯有直接行动以图根本改造。被捕前，陈独秀还曾在《每周评论》上发表文章说：“世界文明发源地有二：一是科学研究室，一是监狱。我们青年要立志出了研究室就入监狱，出了监狱就入研究室，这才是人生最高尚优美的生活。”其目的就是要鼓励青年们行动起来。

坐牢前后，陈独秀对马克思主义的评价截然不同，之前，他认为

“十月革命”是平民欺压贵族。之后则认为，“十月革命”代表了新世界的曙光。这是两种完全不同的风格，说明陈独秀已经开始顿悟，倾向于马克思主义了。而这一顿悟显然是受到了五四之后中国残酷现实的刺激而发生的。出狱后陈独秀不得不去了南方，与他一同到达上海的，还有他自己创办的《新青年》杂志。

1920年，陈独秀发表《谈政治》一文，把自己明确定义为一个共产主义者、信仰列宁主义，并开始阐述阶级斗争和无产阶级专政的必要性，颂扬马克思主义阶级斗争学说和俄国革命经验。从此，《新青年》的每一期都开有介绍革命后俄国状况的《俄罗斯研究》专栏，《新青年》实际上成为马克思主义宣传的重要阵地。

自陈独秀加入到宣传马克思主义的阵营中之后，应当说马克思主义在中国的影响大大增强了，这不仅是从地域范围上来讲，还基于陈独秀个人的文化威望，他的政治热情，他的创造力，还有他的《新青年》。由此看，陈独秀的迫走上海，对马克思主义的传播来来讲是一个契机，它从此形成了一南一北两大马克思主义领袖相互呼应的局面，也就是“南陈北李”的局面。正如哲学家张东荪所言：欧战结束前，几乎没有人谈社会主义，但欧战结束之后，讨论社会主义成为潮流。而也正是在这种讨论，甚至是争论当中，马克思主义获得了进一步的传播。

应当说马克思主义在中国的早期传播，是中国知识分子对其选择与接受的过程。这种选择和接受，其主体动力来源于中国知识分子对救国救民真理的不倦追求；这种选择和接受，其历史契机在于巴黎和会外交失败和五四运动使中国知识分子认清了帝国主义的侵略本质，丧失了对资本主义文明的信心；这种选择和接受，其时代背景在于俄国成功建立了社会主义国家，而一纸加拉罕宣言则使一部分知识分子把注意力转向了苏俄革命和马列主义；这种选择和接受，其加速力量来自于李大钊和陈独秀这种先知先觉者的引导和促动；这种选择和接受，其根本原因在于以唯物史观和阶级斗争为特点的马克思主义理论能够给予当时先进知识分子以革命性和科学性的指导，去寻找一条最快捷的、最彻底的方法来解决中国面临的各种问题，实现国家的独立和富强。

三、中国共产党的成立与初心不改

“事业发展永无止境，共产党人的初心永远不能改变。”党的十九大报告中，习近平总书记其言谆谆：“中国共产党人的初心和使命，就是为中国人民谋幸福，为中华民族谋复兴。”兴业路的小楼、南湖上的红船，寄托着共产党人的初心，承载着共产党人的使命，是共产党人的精神家园。习近平总书记以“开天辟地、敢为人先的首创精神，坚定理想、百折不挠的奋斗精神，立党为公、忠诚为民的奉献精神”，高度概括了“红船精神”。秀水泱泱、红船依旧，当中国特色社会主义进入新时代，我们要从这艘小小红船中汲取精神力量，让“红船精神”放射灿烂的时代光芒。

(一)中国共产党产生的历史条件与一大的召开

马克思主义在中国的广泛传播为中国共产党的成立提供了思想基础。五四运动以后，出现了一批宣传十月革命和社会主义思想的报刊；出现了研究马克思主义的团体，开始比较系统地介绍马克思主义的学说，为中国共产党的成立提供了思想基础。

其次，工人阶级的成长和工人运动的发展为中国共产党的成立奠定了阶级基础。五四运动后，中国工人运动得到进一步的发展，工人的罢工次数增加，斗争的内容也从经济斗争转向政治斗争，开始从自在阶级向自为阶级的转变，表明无产阶级建立自己的政党的条件趋于成熟。

第三，马克思主义不同工人斗争相结合，还是书本上的理论，对实际生活不会发生影响；工人运动没有马克思主义的指导，只会是自发的、零散的、限于经济的斗争，不会有政治意义。马克思主义必须与工人运动相结合。经过五四运动，一批具有初步共产主义思想的知识分子成长起来，推动了马克思主义同工人运动的结合，为正式创建中国共产党作了准备。

第四，外部条件主要是列宁领导的共产国际从各个方面给予帮助，推动了中国共产党的成立。

中国共产党第一次全国代表大会于1921年7月23日至31日在上海法租界贝勒路树德里3号(后称望志路106号，现改兴业路76号)召开。出席大会的各地代表共12人，他们是：上海小组的李达、李汉俊，武汉小组的董必武、陈潭秋，长沙小组的毛泽东、何叔衡，济南小组的王尽美、邓恩铭，北京小组的张国焘、刘仁静，广州小组的陈公博，旅日小组的周佛海。参加会议的还有武汉小组的包惠僧(他是在广州与陈独秀商谈工作期间，受陈个人委派参加会议的)。他们代表着全国50多名党员。当时，对党的创立作出了重要贡献的李大钊、陈独秀因各在北京和广州，工作脱不开身，而没有出席大会。共产国际派马林(荷兰人)和赤色职工国际代表尼克尔斯基(俄国人)出席了会议。

中共一大通过的党的纲领中明确规定：中国共产党是无产阶级政党，党的奋斗目标是实现社会主义和共产主义；党的首要政策是组织工农劳动者和士兵群众，宣传共产主义，承认社会革命。这表明，中国共产党从建党一开始就把社会主义和共产主义规定为自己的奋斗目标，并坚持用革命的手段来实现这个目标。但初生的中国共产党对中国国情还了解不多，还不懂得民主革命与社会主义革命的区别和联系。

大会确定党的名称为“中国共产党”。党的纲领是“以无产阶级革命军队推翻资产阶级”，“采用无产阶级专政，以达到阶级斗争的目的——消灭阶级”，“废除资本私有制”，以及联合第三国际。并在通过的党的纲领中明确规定，中国共产党是无产阶级政党，党的奋斗目标是实现社会主义和共产主义；党的首要政策是组织工农劳动者和士兵群众，宣传共产主义，承认社会革命。这表明，中国共产党从建党一开始就把社会主义和共产主义规定为自己的奋斗目标，并坚持用革命的手段来实现这个目标。但初生的中国共产党对中国国情还了解不多，还不懂得民主革命与社会主义革命的区别和联系。

大会讨论了实际工作计划，决定集中精力领导工人运动，组织工会和教育工人。作为工人阶级的先锋队，党一成立就注意同本阶级建立密切的联系，这是它的一个重大优点。党的一大宣告了中国共产党的正式成立。从此，中国诞生了完全新式的、以共产主义为目的、以马列主义为行动指南的、统一的工人阶级的政党。它是近代中国社会经济政治发展的必然结果，是马克思主义同中国工人运动相结合的产物。这表明中国共产党从一开始就是用马克思列宁主义武装起来的工人阶级的先锋队。

（二）不忘初心与信念坚守——从一大代表的归宿说起

出席中共一大来自全国各地的代表共有 13 人，另有共产国际及远东书记处派来的两名外籍人员。中共一大代表的曲折经历，尽现了复杂离奇的社会变迁，折射出剧烈动荡的时代特点。

13 位代表的人生归宿可以归为五类：

其一，践约信念，奋斗终生。包括毛泽东、董必武、王尽美。毛泽东参加“一大”期间虽然寡言深思，但他担任中共中央主席的时间超过了几任总书记的总和。董必武长期在党和国家重要领导岗位上工作，1975 年去世。王尽美从 1923 年至 1925 年担任中共山东省委书记，积劳成疾，于 1925 年 8 月病逝。

其二，英勇献身，视死如归。包括何叔衡、邓恩铭和陈潭秋。1935 年，何叔衡在转移途中与敌人遭遇，壮烈牺牲。邓恩铭 1928 年被捕入狱，1931 年英勇牺牲。陈潭秋 1942 年被新疆盛世才逮捕入狱，1943 年被秘密屠杀。

其三，性格倔强，身离心仪。包括李达和李汉俊。李达在上海机关工作时，多次和陈独秀、张国焘发生矛盾，于 1923 年夏愤然宣布脱党。但李达从未放弃信仰，一如既往地从事马克思主义的研究和宣传。李汉俊也因与陈、张意见不合，逐渐脱离了党的活动，被开除党籍。1927 年 12 月，李汉俊被桂系军阀杀害。

其四，误入歧途，迷途知返。包括刘仁静和包惠僧。刘仁静是“一大”最年轻的代表，1929 年赴苏学习，回国途中拜会托洛斯基，从此开始成为党内的反对派，后在国民党政府任职，1950 年回北京，1987 年死于车祸。包惠僧在 1927 年革命低潮时决定退党，后曾迫于生计在国民政府内政部任职，1949 年回到北京，1979 年病逝。

其五，投敌叛党，下场可耻。包括陈公博、周佛海和张国焘。陈公博是“一大”代表中最先脱党的人物，抗战时期追随汪精卫卖国求荣，成为第二号汉奸，周佛海 1924 年脱党，抗战期间投靠汪精卫成为大汉奸，1948 年病死于南京监狱。张国焘因为在参加“一大”时带来了李大钊的意见，会议推举他为主席，之后长期在党内担任要职；在长征途中和到达延安后，张国焘分裂中央的严重错误受到批判；1938 年初，张叛党投靠蒋介石并当了军统特务；1949 年后寓居香港，1979 年客死加拿大。

从上可以看出，中国共产党成立以后，党的队伍也在不断分化，有人退党，有人叛变，但这并不妨碍党的主流是好的。那些践约信仰、奋斗终生的人是中华民族伟大复兴事业的脊梁。

(三) 中国共产党成立的历史特点和历史意义

中国共产党的成立，具有鲜明的历史特点：

第一，它成立于俄国十月革命取得胜利，第二国际社会民主主义、修正主义在第一次世界大战期间遭到破产之后。它所接受的，是没有被修正主义阉割的马克思主义的完整的科学世界观和社会革命论，是在帝国主义和无产阶级革命时代发展了的马克思列宁主义是科学社会主义。

第二，它是在半封建半殖民地的中国工人运动的基础上产生的。中国工人阶级身受帝国主义者、封建势力和本国资产阶级和三重压迫，具有坚强的革命性。与欧洲那种工人贵族阶层不同，半殖民地半封建的中国国情决定了中国工人阶级没有合法斗争的条件，不可能进行和平的议会斗争。

第三，中国共产党不仅是工人阶级的先锋队，也是中国人民和中华民族的先锋队。中国共产党成立后，立即投入了紧张的轰轰烈烈的革命斗争。

中国共产党的成立，是一个“开天辟地的大事变”，具有重要的历史意义。

第一，它使中国革命有了坚强的领导核心，给灾难深重的中国人民带来了光明和希望。中国革命的长期性、艰巨性和复杂性也决定了中国需要强有力的领导核心。中国人民从来就勤劳勇敢，富于斗争传统。他们的斗争之所以失败，重要原因之一，是由于没有一个先进的坚强的政党作为凝聚自己力量的领导核心。而自从有了中国共产党，这种局面就根本改变了。

第二，它使中国革命有了新的指导思想——马克思列宁主义。马克思列宁主义是科学的世界观和方法论。当时人们对这个理论虽然还不明究竟，但接受了它，就明确了在中国要反对帝国主义，打倒军阀。而且使人有了一个远大的理想，要实现社会主义、共产主义。自辛亥革命以来，政治家们都是为小集团、为个人利益而奋斗，社会主义者则有一个超乎这些狭隘目的的伟大目标。这个目标使社会主义者有了高尚的追求和无私奉献的精神，使他们生气勃勃。

第三，中国共产党的成立，使中国革命有了新的革命方法，并沟通了中国革命同世界无产阶级革命之间的联系，为中国革命获得广泛的国际援助和避免资本主义的前途提供了可能性。

“其作始也简，其将毕也必巨。”1921 年，小小红船承载千钧，播下了中国革命的火种，开启了中国共产党的跨世纪航程。我们即将迎来建党 100 周年，千秋伟业，百年恰是风华正茂，继续奋斗正当其时。“红船精神”将永远映照我们前进的道路，“红船精神”永放光芒。

第五讲　中国革命新道路的探索

一、从两党合作走上两党分裂

(一)国民党革命性的丧失

孙中山领导的国民党大体是代表民族资产阶级和城市小资产阶级的政党。尽管这个党在几经挫折后，并没有多少实力，并且成分复杂，严重脱离群众，但是，中国共产党认为，“中国现存的各政党，只有国民党，比较是革命的民主派”，因此，首先应当争取同国民党进行合作。1923年6月召开的中国共产党第三次全国代表大会，就国共合作的方针和办法作出了正式的决定。孙中山在俄国十月革命和五四运动的影响下，在苏俄、共产国际和中国共产党帮助下，在晚年实现了伟大的思想转变。他把中国共产党人当成亲密朋友，欢迎共产党人同他合作，欢迎苏联援助中国革命，毅然改组国民党。

1924年1月，中国国民党第一次全国代表大会在孙中山主持下在广州举行。大会通过的宣言对三民主义作出了新的解释：在民族主义中突出了反帝的内容，强调对外实行中华民族的独立，同时主张国内各民族一律平等；在民权主义中强调了民主权利应“为一般平民所共有”，不应为“少数人所得而私”；把民生主义概括为“平均地权”和“节制资本”两大原则(后来又提出了“耕者有其田”的主张)，并提出要改善工农的生活状况。这个新三民主义的政纲同中国共产党在民主革命阶段的纲领基本一致，因而成为国共合作的政治基础，大会实际上确定了联俄、联共、扶助农工的革命政策。国民党一大的成功召开，标志着第一次国共合作正式形成。

国共合作的形成，加快了中国革命前进的步伐。1924 年，工人运动开始复兴，农民运动也有了初步开展。国共合作创办了黄埔陆军军官学校，为未来的革命战争准备了军事骨干。1925 年 5 月，以五卅运动为起点，掀起了全国范围的大革命高潮。在此基础上，进行广东战争，征讨地方军阀陈炯明、邓本殷，统一并巩固了广东革命根据地。同年 7 月 1 日，国民政府在广州建立。随后，将黄埔军校校军和驻广东的粤军、湘军、滇军先后改编为国民革命军 6 个军，共 8.5 万人。

1926 年 7 月，以推翻北洋军阀统治为目标的北伐战争开始。国民革命军在工农群众的支援下，采取各个击破的战略，在不到半年的时间里，基本上摧毁了北洋军阀吴佩孚、孙传芳的主力，革命势力发展到了长江流域和黄河流域的大部分地区。“打倒列强，除军阀”的歌声响彻了大江南北。随着北伐的胜利进军，中国形成了历史上空前广大的人民解放运动。以湖南为中心，广大农村掀起了大革命的风暴；工人运动迅速走向高涨；国民政府进行了收回汉口、九江的英租界的斗争；上海工人举行了三次武装起义。帝国主义、封建主义的统治受到严重打击。

1925 年至 1927 年中国反帝反封建的革命，比之以往任何一次革命，包括辛亥革命和五四运动，群众的动员程度更为广泛，斗争的规模更加宏伟，革命的社会内涵更其深刻，因此被称作大革命。大革命是在国共合作的条件下进行的，没有国共合作，不会在短时间内掀起这样一场革命。在这场革命中，中国共产党起着独特的、不可代替的作用。没有中国共产党，就不会有这场大革命。

北洋军阀势力的迅速崩溃，使帝国主义列强感到震惊。它们在中国集结兵力、制造事端，企图以武力相威胁，阻挡中国革命前进的步伐；同时开始把时任国民革命军总司令的蒋介石看作国民党内的“稳健派”，进行拉拢。周恩来说过，蒋介石“虽曾组织黄埔军校，指挥北伐，但他的军阀思想和投机思想却与他‘参加’革命相随而来”。在大革命初期，他“起了一般资产阶级代表人物的作用”。1926 年 3 月，他制造了中山舰事件，打击共产党和工农的力量。他的立场就转到了“大地主大资产阶级方面，变为新右派”。1927 年 3 月，国民革命军占领南京后，游弋在长江江面的英、美军舰借口保护侨民，猛烈炮轰南京，中国军民遭到重大伤亡。南京事件加速了蒋介石同帝国主义势力勾结的步伐，4 月 12 日，蒋介石在上海发动反共政变，以“清党”为名，在东南各省大规模捕杀共产党员和革命群众。同年 7 月 15 日，时任武汉国民政府主席的汪精卫在武汉召开“分共”会议，并在其辖区内对共产党员和革命群众实行搜捕和屠杀。国共合作全面破裂，大革命最终失败。

1928 年 2 月，南京国民政府改组，武汉国民政府不复存在。其后，国民党政府的军队继续北伐，于 6 月进驻北京、天津一带。10 月，国民党中央常务委员会通过《训政纲领》，规定“由中国国民党全国代表大会代表国民大会，领导国民行使政权”；其全国代表大会闭会时，“以政权付托中国国民党中央执行委员会执行之”；指导监督国民政府重大国务之施行，由中国国民党中央以“政治会议行之”。这样，北洋政府时期在形式上存在的议会制度也被彻底废除。奉系首领张作霖在退回关外途中被日本人炸死后，其子张学良于 12 月 29 日在东北发出通告，宣布“服从国民政府，改易旗帜”。北洋军阀不再作为独立的政治力量继续存在，国民党在全国范围内建立了自己的统治。

大革命失败以后，国民党不再是工人、农民、城市小资产阶级和民族资产阶级的革命联盟，而是变成了一个由代表地主阶级、买办性的大资产阶级利益的反动集团所控制的政党，实行一党专政和军事独裁统治。国民党政府同北洋军阀的统治没有本质的区别，中国社会的半殖民地半封建性质都没有改变，不仅封建压迫继续存在，而且半殖民地化程度还进一步加深。所以，中国人民要争得民族独立和自身解放，就必须同这个反动统治作坚决的斗争。不过，国民党虽然被反动集团所控制、所领导，但有一部分领导人物不属于这个集团，而且受到这个集团的打击、排挤和歧视；它的不少党员、干部并不满意甚至反对这个集团的领导；在国民党及其统治的军政机关里，都有不少民主分子。就是这个反动集团本身，也不是严密的统一体，而是派系林立，明争暗斗，直到兵戎相见。它的“统一”是表面的、不稳定的。即使在蒋介石集团确立了在国民党内的主导地位之后，这个集团内部以及这个集团与其他集团尤其是与地方实力派之间，也仍然矛盾重重，冲突不断。

（二）国民党丢掉大陆

抗日战争胜利后，国民党统治集团作为大地主、大资产阶级的政治代表，其根本目标是使战后的中国回复到战前的状态，即坚持蒋介石的独裁统治，继续走半殖民地半封建社会的老路。中国共产党及其领导的人民革命力量的存在和发展，自然是它实现上述目标的主要障碍，还在抗战的中期、后期，蒋介石就开始采取避战观战以便保存实力、准备发动反共内战的方针。抗战刚胜利，中国就面临着内战的危险。以武力消灭共产党及其领导的人民军队和解放区政权，是蒋介石集团的既定方针。

由于全国人民强烈要求和平、反对内战，由于国民党的军队大部分远在西南、西北后方，要把它们运往内战前线、完成内战部署需要相当的时间，由于国际上苏联、美国等都表示希望中国能够实行和平建国，因此，蒋介石在积极准备内战的同时，又表示愿意与中国共产党进行和平谈判。一是以此敷衍国内外舆论，掩盖其正在进行的内战准备；二是诱使中国共产党交出人民军队和解放区政权，以期不战而控制全中国；三是如果谈判不成，即放手发动内战，并把战争责任转嫁给中国共产党。国民党的反共方针得到了美国政府的支持。美国在中国追求的长期的基本目标，在于推动建立一个统一的亲美政府；其短期目标是“避免共产党完全控制中国”。之所以这样做，一是为了让蒋介石政府成为它在亚洲的主要支持者，以此稳定它的亚洲战线；二是从“遏制苏联”总的战略考虑和反对人民革命的一贯立场出发，担心“一个共产党统治的中国将在政治、经济和军事上和苏联结成紧密的联盟”，担心中国革命的胜利会对整个亚洲发生深刻的影响；三是为了维护美国在中国的殖民主义利益，即为了便于使战后的中国成为它倾销商品、获取廉价原料和进行自由投资的场所。

国民党政权统治的社会基础极其狭隘，这决定了它既不能容忍、也经受不住任何的民主改革。在1946年3月召开的国民党六届二中全会上，蒋介石命令他的追随者对政协协议“就其荦荦大端，妥筹补救”。他以扩大内战的行动，使政协协议成为一纸空文。国民党统治集团既然扼杀了全国人民对于和平建国的热切愿望，它也就把自己放在了全国人民的对立面。

1946年6月底，国民党军以进攻中原解放区为起点，挑起了全国性的内战。当时，国民党军的总兵力为430万人，占有3.39亿以上人口、730万平方公里面积的地区，控制着几乎所有的大城市和绝大部分铁路交通线；不仅接收了100余万日军和数十万伪军的装备，而且美国还为它训练和装备了50万军队。正是凭着军力和经济力的优势，蒋介石声称，这场战争“一定能速战速决”。但是，到1947年7月，国民党军的总兵力由430万人下降为373万人，其中正规军由200万人下降为150万人。由于战线延长，大部分兵力用于守备，战略性机动兵力大为减少，而且士气低落，官兵中充满失败情绪。

国民党之所以迅速失去民心，主要是由于它违背全国人民迫切要求休养生息、和平建国的意愿，执行反人民的内战政策。1948年8月，法币发行额已比1937年全民族抗战前增发47万多倍，而物价暴涨了725万多倍。恶性通货膨胀引起的物价飞涨，使人民一次又一次地遭到洗劫，使民族工商业走向破产。国民党统治区的工农业生产严重萎缩，国民经济遭遇深刻的危机。1947年，工业产量较1936年减少了30%。失业人数陡增，工人和城市居民濒临无法生存的境地。同时，农村经济急剧衰退。1947年，农作物总产量比1936年减少了33%—44%。广大农村饥民遍地，饿殍载道。1947年，各地饥民达1亿人以上。公教人员和学生群众的生活也陷入极度的困境。国民党当局就将全国各阶层人民置于饥饿和死亡的界线上，因而迫使全国各阶层人民团结起来，同蒋介石反动政府作你死我活的斗争，除此以外，再无出路。这样，蒋介石政府就陷入“全民的包围中”，其前途必然是“众叛亲离，全军覆灭”。国民党是自己打败了自己，他反对人民，终被人民所抛弃。蒋介石败退到台湾后，曾对这一问题做了深刻反省。1967 年 10 月，他在国民党中央的一次高级干部会议上做了长篇反思报告，回顾了几十年所走过的历程，着重检讨了在大陆统治时期的失败，以告诫和警示国民党。直到这时，蒋介石才真正懂得政治昌明的重要性。

国民党内纷争不断，钩心斗角，这是不争的事实。尽管蒋介石一统天下，但国民党的步调少有一致，蒋氏三次下野就是明证。“为党国效劳”“为总裁效力”，常常成了一句套话。正如殷海光在 1946 年撰写的《中国国民党的危机》中所述：“中国国民党犹如一个旧式大家庭。其中的派系犹如大家庭中的各房。各房的中心人物是姑嫂妯娌。姑嫂妯娌妇人之流，往往喜欢将大家庭底财物拿去扎私房。日复一日，为时既久，结果私房固然殷实，而大家庭却空无一物。”1948 年秋，国民党军队由 430 万人下降为 365 万人，其中可用于第一线的兵力仅 174 万人，而且士气低落，战斗力不强；由于遭到各阶层人民的强烈反对，处境十分孤立。它在军事上不得不放弃“全面防御”而实行“重点防御”，国民党政权濒临崩溃。

辽沈、淮海、平津三大战役后，国民党赖以维持其反动统治的主要军事力量基本上被摧毁。1949 年元旦，蒋介石发表“求和”声明，企图借“和平谈判”之机争取喘息时间，布置长江防线，以便卷土重来。4 月 21 日，渡江战役打响后，国民党军队溃不成军。12 月 8 日，阎锡山“内阁”召开紧急会议，决定“政府”撤离大陆，逃迁台北。9 日，云南省政府主席兼云南绥署主任卢汉宣布起义。西康省政府主席刘文辉、西南军政长官公署副长官邓锡侯、潘文安等亦宣布起义。云南、西康和平解放。10 日，卢汉密电刘文辉，要他设法扣留蒋介石，为人民立“首功”。

蒋介石得讯，慌忙于当日下午与蒋经国等逃往台湾。27日，成都解放。蒋介石在大陆上最后一支主力胡宗南部全军覆没，其“确保西南、准备反攻”的计划彻底破灭。至此，国民党蒋介石在大陆的最后挣扎宣告彻底失败。蒋介石于1949年12月25日圣诞节这天哀叹说：“过去一年间，党务、政治、外交、军事、经济、教育，已彻底失败而绝望矣。”

二、土地革命、解放战争与中国共产党的成长

(一)遵义会议与共产党的成熟

中国革命新道路的开辟。大革命失败后，中国革命转入低潮，中国共产党遇到了前所未有的困难。共产党被宣布为“非法”，共产党的组织不断遭到破坏，党的活动被迫转入地下，许多共产党员和党的领导干部被捕、被杀。据中共六大的不完全统计：从1927年3月到1928年上半年，被杀害的共产党员和革命群众达31万多人，其中共产党员26000多人，汪寿华、萧楚女、熊雄、陈延年、赵世炎、夏明翰、郭亮、罗亦农、向警予、陈乔年、周文雍等党的重要活动家先后牺牲。据1927年11月统计，全党党员人数由1927年5月中共五大时的57900多人锐减到10000多人。革命的工会、农民协会等也到处被查禁或解散，工农运动走向低落。反革命力量大大超过了有组织的革命力量。

敢不敢坚持革命？怎样坚持革命？这是中国共产党人和革命群众必须回答的两个根本性问题。在严峻的考验面前，中国共产党人表现了坚定的革命立场和大无畏的英雄气概，独立高举起反帝反封建的革命旗帜。但是，坚持革命应当走什么道路？中国共产党人开始了长时间的艰苦探索。1927年7月中旬，中共中央临时政治局常委会决定：将党所掌握和影响的部队向南昌集中，准备起义；组织湘、鄂、赣、粤四省的农民，在秋收季节举行暴动；召集中央会议，讨论和决定新时期的方针和政策。8月7日，中共中央在汉口秘密召开紧急会议(即八七会议)，

彻底清算了大革命后期的陈独秀右倾机会主义错误，确定了土地革命和武装反抗国民党反动统治的总方针，并选出了以瞿秋白为首的中央临时政治局。毛泽东在会上强调党“以后要非常注意军事，须知政权是由枪杆子中取得的”。会议还提出了“整顿改编自己的队伍，纠正过去严重的错误，而找着新的道路”的任务。八七会议使中国共产党在政治上前进了一大步，开始了从大革命失败到土地革命战争兴起的转折。1927年8月到12月爆发的南昌起义、秋收起义和广州起义，标志着进入创造红军的新时期，中国革命由此发展到了一个新的阶段，即土地革命战争时期，或称十年内战时期。中国共产党为了坚持反帝反封建的事业而领导人民进行土地革命战争，是必要的、正义的、进步的。

为了坚持中国革命，在当时的条件下，必须进行武装斗争。但是，中国共产党领导的武装斗争的主攻方向究竟是应当指向城市，还是指向农村？从国际共产主义运动的历史看，无论中外，都找不到农村包围城市的经验。革命工作应当以城市为中心，这是一个时期内全党的共识。中共中央继续留在上海，党的工作重心仍然放在中心城市。但是，所有以占领中心城市为目标的起义很快就失败了，保留下来的部队逐步转移到了远离国民党统治中心的农村区域，发动农民群众，开展游击战争，进行土地革命和创建工农政权。1928年6月召开的中国共产党第六次全国代表大会，在继续把城市工作的复兴视为革命高潮到来的决定条件的同时，肯定了农村根据地和红军是决定革命新高潮的更大的发展基础和重要力量。1929年9月，中共中央给红四军前委的指示信更是指出：先有农村红军，后有城市政权，这是中国革命的特征，这是中国经济基础的产物。1930年5月，中共中央机关刊物《红旗》发表署名信件，明确提出共产党应当以大部分力量甚至全副力量去发展乡村工作；认为革命势力占据了广大农村之后，即可以联合起来包围城市、封锁城市，用广大的农村革命势力向城市进攻，这样，革命必然可以得着胜利。这些事实说明：以农村为工作重点，到农村去发动农民，进行土地革命，开展武装斗争，建设根据地，这是大革命失败后中国革命发展客观规律所要求的。农村包围城市、武装夺取政权这条革命新道路的开辟，依靠了党和人民的集体奋斗，凝聚了党和人民的集体智慧，毛泽东则是其中的杰出代表。

作为党的一大代表，毛泽东出席了在上海召开的党的第一次代表大会。在党的三大当选为中央执行委员，在八七会议上当选为中央政治局候补委员。领导湘赣边秋收起义，任前敌委员会书记。后先后任红四军党代表、红一方面军总政委，中共苏区中央局(1931 年 1 月 15 日成立)代理书记，中央革命军事委员会副主席兼总政治部主任。他不仅在实践中首先把革命的进攻方向指向了农村，而且从理论上阐明了武装斗争的极端重要性和农村应当成为党的工作中心的思想。早在 1928 年 10 月和 11 月，毛泽东就写了《中国的红色政权为什么能够存在?》和《井冈山的斗争》两篇文章，明确地指出以农业为主要经济的中国革命，以军事发展暴动，是一种特征；同时还科学地阐述了共产党领导的土地革命、武装斗争与根据地建设这三者之间的辩证统一关系，强调工农武装割据的思想，是共产党和割据地方的工农群众必须具备的一个重要思想。1930 年 1 月，他在《星星之火，可以燎原》一文中进一步指出：红军、游击队和红色区域的建立和发展，是半殖民地中国在无产阶级领导之下的农民斗争的最高形式，和半殖民地农民斗争发展的必然结果，并且无疑义地是促进全国革命高潮的最重要因素。以毛泽东为书记的红四军前敌委员会还明确地提出了“农村工作是第一步，城市工作是第二步”的思想。农村包围城市、武装夺取政权的理论，是在以毛泽东为主要代表的中国共产党人同当时党内盛行的把马克思主义教条化、把共产国际决议和苏联经验神圣化的错误倾向作坚决斗争的基础上逐步形成的。1930 年 5 月，毛泽东在《反对本本主义》一文中，阐明了坚持辩证唯物主义的思想路线即坚持理论与实际相结合的原则的极端重要性，提出“没有调查，没有发言权”和“中国革命斗争的胜利要靠中国同志了解中国情况”的重要思想，表现了毛泽东开辟新道路、创造新理论的革命首创精神。农村包围城市、武装夺取政权理论的提出，标志着中国化的马克思主义即毛泽东思想的初步形成。这是马克思主义在中国的创造性的运用和发展。

1929年12月下旬，红四军党的第九次代表大会在福建上杭县古田村召开，史称古田会议。会议通过的毛泽东起草的决议案，确立了思想建党、政治建军原则，规定红军是一个执行革命的政治任务的武装集团，必须绝对服从共产党的领导，必须担负打仗、筹款和做群众工作的任务，必须加强政治工作。决议案强调，必须加强思想和政治路线的教育，纠正党内的错误思想。古田会议决议创造性地解决了在农村环境中、在党组织和军队以农民为主要成分的环境下，如何从加强思想建设入手，保持党的无产阶级先锋队性质和建设党领导的新型人民军队的问题，这是人民军队完全区别于一切旧军队的政治特质和根本优势，对于中国革命新道路的开辟和坚持具有重要的意义。

随着革命新道路的开辟，中国共产党领导的红军和根据地逐步发展起来。到1930年初，共产党领导人民群众建立了大小十几块农村根据地，红军发展到7万人，连同地方武装共约10万人。红军游击战争实际上已经成为中国革命的主要形式，农村根据地成为积蓄和锻炼革命力量的主要战略阵地。在土地革命战争中，毛泽东、朱德领导的红军第一方面军和中央革命根据地起了最重要的作用。

在大革命失败、白色恐怖极其严重的条件下，中国革命之所以能够得到坚持和发展，根本的原因就在于中国共产党紧紧地依靠了农民，领导农民进行了土地制度的革命。开展土地革命，就是要消灭封建地主的土地私有制，实行农民的土地私有制，使广大农民在政治上得到翻身，农村生产力得到解放和发展。1931年2月，毛泽东进一步总结根据地土地革命的经验，要求各地各级工农民主政府发布公告，明确规定农民已经分得的田归农民个人私有，可以自主租借买卖，别人不得侵犯；生产的产品，除向政府缴纳土地税外，均归农民个人私有，任凭自由买卖。毛泽东还和邓子恢等一起制定了土地革命中的阶级路线和土地分配方法：坚定地依靠贫农、雇农，联合中农，限制富农，保护中小工商业者，消灭地主阶级；以乡为单位，按人口平分土地，在原耕地的基础上，实行抽多补少、抽肥补瘦。中国共产党在中国历史上第一个制定了可以付诸实施的比较完整的土地革命纲领和路线。在中国共产党的土地革命纲领和路线的指引下，根据地开展了热火朝天的“打土豪，分田地”的斗争，充分调动了广大农民发展生产和参军参战的积极性。从1930年10月到1931年7月，红一方面军在毛泽东、朱德等指挥下，贯彻积极防御的方针，实行“诱敌深入”“避敌主力、打其虚弱”等一整套行之有效的战术，连续粉碎了国民党军队的三次“围剿”。1932年底，又取得了第四次反“围剿”战争的胜利。

1931年11月，中华苏维埃第一次全国代表大会在江西省瑞金县叶坪村举行。大会通过《中华苏维埃共和国宪法大纲》以及土地法令、劳动法等法律文件；选举产生了中华苏维埃共和国中央执行委员会；成立了中华苏维埃共和国临时中央政府，毛泽东当选为主席。中国共产党领导的农村革命根据地所呈现出来的生机勃勃的景象，同国民党统治区民不聊生的悲惨景象形成鲜明的对照。根据地成为新民主主义共和国的雏形，使身陷苦难深渊的中国人民看到了一线光明和希望。

毛泽东在全党全军的领导地位开始确立。大革命失败后，在纠正陈独秀右倾机会主义错误的同时，由于对中国情况的复杂性和中国革命的长期性缺乏认识，中国共产党党内开始滋长一种“左”的急躁情绪。从1927年7月大革命失败到1935年1月遵义会议召开之前，“左”倾错误先后三次在党中央的领导机关取得了统治地位，尤其是第三次(1931年1月至1935年1月)以陈绍禹(王明)为代表的“左”倾教条主义，使中国革命受到严重挫折。其主要错误是：在革命性质和统一战线问题上，混淆民主革命与社会主义革命的界限，将反帝反封建与反资产阶级并列，将民族资产阶级视为中国革命最危险的敌人，一味排斥和打击中间势力。在革命道路问题上，继续坚持以城市为中心，将准备城市工人的总同盟罢工和武装起义作为中国共产党最主要的任务；指令根据地红军采取“积极进攻的策略”，配合攻打中心城市。在土地革命问题上，提出坚决打击富农和“地主不分田，富农分坏田”的主张。在军事斗争问题上，实行进攻中的冒险主义、防御中的保守主义、退却中的逃跑主义。在党内斗争和组织问题上，推行宗派主义和“残酷斗争，无情打击”的方针。

对于王明等人的“左”倾错误，毛泽东、刘少奇等进行了坚决的抵制和斗争。但是，王明等人破坏党的民主集中制、压制党内民主，大搞宗派主义。在1931年11月召开的中央苏区党组织第一次代表大会(即赣南会议)上，根据中共临时中央政治局的指示，设立中央革命军事委员会，以取消红一方面军总司令和总政治委员、总前敌委员会书记的名义，剥夺了毛泽东对中央根据地红军的领导权。1932年10月上旬，中共苏区中央局在江西宁都召开全体会议(即宁都会议)，对毛泽东在红军中实行的战略方针和战术原则进行了错误批评和指责，通过了“左”的军事行动方针，要求红军在敌军合围未成之前，主动出击，以夺取中心城市，争取江西首先胜利。会议以所谓“批准毛同志暂时请病假，必要时到前方”为由，排挤毛泽东对红军的领导。12日，中央革命军事委员会根据中共苏区中央局决定发布命令：“工农红军第一方面军兼政治委员毛泽东同志，为了苏维埃工作的需要，暂回中央政府主持一切工作。”10月26日，又撤销了毛泽东红一方面军总政委的职务，而由周恩来兼任。临时中央11月发出《关于军事路线给苏区中央局的指示》，把毛泽东在三次反“围剿”战争中形成的积极防御战略，歪曲为“纯粹防御路线”，并加以批判；对执行这一路线的干部加以打击和排挤；而且又否定中革军委通令中调毛泽东回后方“中央政府主持一切工作”的决定，剥夺了他的工作权利。

1933年初，由于白区党的工作遭到严重破坏，临时中央政治局无法在上海立足，被迫迁到中央根据地。为了全面推行“左”倾教条主义的方针、政策，他们在福建开展了反对“罗明路线”的斗争，接着又在江西开展反对邓(小平)、毛(泽覃)、谢(唯俊)、古(柏)的斗争，矛头实际上都是对着毛泽东的正确主张的。王明等人的“左”倾教条主义错误，致使红军第五次反“围剿”遭到失败，红军和根据地损失了90%，国民党统治区党的力量几乎损失了100%。1934年10月中旬，中共中央机关和中央红军8.6万人(红一方面军)撤离根据地，开始长征。此时的毛泽东已被剥夺了对军事工作的领导权，只保留了中华苏维埃共和国中央政府主席的职务。因为周恩来力争，毛泽东才得以随军长征，被编在由中革军委、红军总司令部和总政治部及其直属队编成的第一野战纵队的中央队。1935年3月、4月，红四方面军从川陕根据地出发长征。同年11月，红二、六军团(后组成红二方面军)从湘鄂川黔根据地出发长征。

湘江战役使中央红军遭受惨重损失，由8.6万人锐减到3万人。红军广大指战员希望改变军事指挥，摆脱疲于奔命、被动挨打的不利局面。1934年12月12日，中革军委在湖南通道县城紧急召开临时会议，毛泽东被吸收参加会议，讨论进军方向问题。会上，毛泽东鉴于国民党已在红军前往湘西的路上布下重兵，力主避实就虚，放弃原定向湘西与红二、六军团会师的计划，向敌人兵力薄弱的贵州进军。这是1932年宁都会议以来，毛泽东第一次参加高层决策会议，他的转兵主张为大多数与会者所接受。12月5日，红军攻占贵州黎平县城，于18日政治局在此召开会议。经过激烈争论，决定采纳毛泽东的意见，西渡乌江北上。1935年1月1日，中央政治局在瓮安县猴场召开会议，重申了毛泽东提出并经中央政治局黎平会议同意的在川黔边地区建立新根据地的主张。会议决定立即北进，强渡乌江天险，占领遵义城。通道会议、黎平会议、猴场会议，为遵义会议的成功召开为确立毛泽东在全党和全军的领导地位起到了酝酿和准备作用。

1935年1月7日，红一方面军第一次占领遵义。1月15日至17日，中共中央政治局在遵义召开扩大会议(即遵义会议)，会议总结了第五次反“围剿”失败的教训，着重纠正了中共中央主要领导人博古及共产国际军事顾问李德在军事上的错误，重新肯定了毛泽东根据战争实践经验总结出来的一系列正确的战略战术的基本原则。会议决定：毛泽东增选为政治局常委；指定洛甫（张闻天）起草会议决议。委托常委审查后发到支部中去讨论；常委中适当进行分工；取消三人团，取消博古、李德的最高军事指挥权，决定仍由最高军事首长朱德、周恩来为军事指挥者，而周恩来为党内委托的在军事指挥方面下最后决心的负责者。遵义会议，毛泽东成为中央政治局常委之一，进入了党中央最高决策核心，毛泽东在全党和全军的领导地位开始确立。遵义会议结束了“左”倾教条主义在党中央的统治，是党和红军生死攸关的转折点，是在中国共产党与共产国际失去联系的情况下独立自主召开的，标志着中国共产党在政治上走向成熟。“遵义会议，是我们党历史上一个生死攸关的转折点。这次会议确立了毛泽东同志在红军和党中央的领导地位，开始确立了以毛泽东同志为主要代表的马克思主义正确路线在党中央的领导地位，开始形成以毛泽东同志为核心的党的第一代中央领导集体，这是我们党和革命事业转危为安、不断打开新局面最重要的保证。”

毛泽东在全党全军的领导地位逐步确立。1935 年 2 月 5 日，在云南威信水田寨花房子村（周恩来等回忆“在一个鸡鸣三省”的地方），中央政治局常委进行分工，根据毛泽东的提议，张闻天代替博古负中央总的责任（习惯上也称总书记），博古还留任中央政治局常委，任红军总政治部代主任。毛泽东被委任为“恩来同志的军事指挥上的帮助者”，成为党内最高军事指挥的帮助者，参与中央军事指挥。3 月 4 日，由张闻天提出，中央革命军事委员会发布命令，组成遵义战役前敌司令部，朱德为前敌司令员，毛泽东为前敌政治委员。接着，中央革命军事委员会致电各军团，要求“各兵团一到集中地即受前敌司令部指挥”。这是 1932 年 10 月宁都会议后，毛泽东首次获得公开直接指挥红军的权力。3 月 12 日，张闻天在贵州苟坝主持召开中共中央政治局会议，考虑到指挥作战权力必须高度集中，不能靠许多人开会集体研究决策，中共中央决定由毛泽东、周恩来、王稼祥组成三人军事指挥小组，亦称“新三人团”，全权负责指挥军事。在当时战争的环境下，三人军事指挥小组是中共中央最重要的军事领导和决策机构，代表中央行使军事指挥决策权，毛泽东进入党中央军事指挥决策核心。5 月 12 日，中央政治局在四川会理县城郊召开扩大会议，统一了认识，维护了党和红军的团结，巩固了毛泽东在党和红军的领导地位。

遵义会议后，在毛泽东等人的领导下，中央红军采取灵活机动的战略战术，四渡赤水河，巧渡金沙江，抢渡大渡河，翻越夹金山，赢得了战争的主动权。1935 年 6 月，中央红军抵达四川懋功(今小金)地区，同红四方面军会师。之后，中共中央又同红四方面军领导人张国焘分裂中央、分裂红军的严重错误进行了坚决斗争。为了贯彻北上方针，中共中央决定将北上红军改称陕甘支队，先行北上，于 10 月 19 日到达陕北吴起镇；11 月初，在甘泉地区同在陕甘根据地的红十五军团会合，中国共产党所领导的革命力量有了新的落脚点和战略基地。至此，中央红军的二万五千里长征胜利结束。1936 年 10 月，红二、四方面军先后同红一方面军在甘肃会宁、静宁将台堡(今属宁夏回族自治区)会师。至此，三大主力红军的长征胜利结束。正如习近平总书记在纪念红军长征胜利 80 周年大会上的讲话中指出的："我们党领导红军，以非凡的智慧和大无畏的英雄气概，战胜千难万险，付出巨大牺牲，胜利完成震撼世界、彪炳史册的长征，宣告了国民党反动派消灭中国共产党和红军的图谋彻底失败，宣告了中国共产党和红军肩负着民族希望胜利实现了北上抗日的战略转移，实现了中国共产党和中国革命事业从挫折走向胜利的伟大转折，开启了中国共产党为实现民族独立、人民解放而斗争的新的伟大进军。""伟大长征精神，就是把全国人民和中华民族的根本利益看得高于一切，坚定革命的理想和信念，坚信正义事业必然胜利的精神；就是为了救国救民，不怕任何艰难险阻，不惜付出一切牺牲的精神；就是坚持独立自主、实事求是，一切从实际出发的精神；就是顾全大局、严守纪律、紧密团结的精神；就是紧紧依靠人民群众，同人民群众生死相依、患难与共、艰苦奋斗的精神。"伟大的长征精神，是中国共产党人及其领导的人民军队革命风范的生动反映，是中华民族自强不息的民族品格的集中展示，是以爱国主义为核心的民族精神的最高体现，为中国革命不断走向胜利提供了强大精神动力。

1936年12月7日，中央革命军事委员会主席团转发中华苏维埃中央政府关于扩大中央革命军事委员会组织的命令：以毛泽东、朱德、周恩来、张国焘、彭德怀、任弼时、贺龙等七人组成中央革命军事委员会主席团，毛泽东为主席。毛泽东成为中华苏维埃共和国中央政府中央革命军事委员会主席。遵义会议后，毛泽东从周恩来军事指挥上的帮助者到前敌司令部政治委员，从三人军事指挥小组成员到中央革命军事委员会主席，不仅在实际上，而且在名义上，逐步确立了在全党全军的领导地位。

1937年8月，中共中央政治局在陕西洛川召开会议，确定了八路军实行独立自主山地游击战的战略方针，制定了《中国共产党抗日救国十大纲领》。为在新形势下加强党对军队的绝对领导，中共中央决定成立中共中央革命军事委员会，毛泽东担任主席，成为党的最高军事领导人。1937年11月，王明从苏联回国，处处以共产国际派来的“钦差大臣”自居，凌驾于党中央之上。1938年3月政治局会议后，党中央派任弼时去莫斯科向共产国际汇报中国党和抗日战争情况，并向共产国际递交了《中国抗日战争形势与中国共产党的工作和任务》书面报告，还向共产国际书记处书记季米特洛夫单独作了汇报，使共产国际对中国的实际情况有了较多了解，对中国共产党有了新的认识。共产国际专门开会研究了中国革命的情况，认为：中共一年来建立了抗日民族统一战线，中共中央的政治路线是正确的，中共在复杂环境和困难条件下真正运用了马列主义。中共中央决定任弼时接替王稼祥担任中共驻共产国际代表。8月，王稼祥回国前，共产国际书记处书记季米特洛夫接见了他和任弼时。王稼祥回忆：季米特洛夫说了一番语重心长的话：“应该告诉全党，应该支持毛泽东同志为中国共产党的领导人，他是在实际斗争中锻炼出来的领袖，其他人如王明，不要再争当领导人了。”王稼祥当时很高兴，感到毛泽东的威信已使共产国际的最高领导人信服了。1938年9月，王稼祥先后在中央政治局会议和党的扩大的六届六中全会上传达了共产国际的指示和季米特洛夫的意见。毛泽东在六届六中全会上作了政治报告和会议总结，会议通过了《中共扩大的六中全会政治决议案》，批准了以毛泽东为代表的中央政治局的政治路线，克服了王明右倾错误对党的工作的干扰。毛泽东从抗战以来一直坚持的正确主张，在这次会上得到绝大多数人的理解和支持。六届六中全会进一步确立了毛泽东在全党全军的领导地位。党的六届六中全会后，毛泽东实际上主持中共中央的工作，党的一切重大问题已由毛泽东作出决断。

毛泽东在全党全军的领导地位在组织和思想上完全确立。在中国革命最艰苦的年代，中国共产党及其领导的队伍都是要革命的，在反对蒋介石、主张土地革命和红军斗争这些基本问题上，认识是一致的。在一定时期内一部分领导人之所以犯了全局性的、严重的错误，主要是因为他们没有把马克思列宁主义的理论和中国革命的实践有机结合起来。正因为如此，毛泽东强调，为了纠正错误，必须端正思想路线，实行马克思列宁主义与中国实际相结合的原则。红军长征到达陕北以后，毛泽东、中共中央用很大的精力，去总结历史经验，加强共产党自身的思想理论建设。1935 年 12 月，毛泽东作了《论反对日本帝国主义的策略》的报告，阐明党的抗日民族统一战线的新政策，批判党内的关门主义和对于革命的急性病，系统地解决了党的政治路线上的问题。1936 年 12 月，他写了《中国革命战争的战略问题》著作，总结土地革命战争中党内在军事问题上的大争论，系统地说明了有关中国革命战争战略方面的诸多问题。1937 年夏，他在延安抗日军政大学讲授《实践论》《矛盾论》，从马克思主义认识论的高度，总结中国共产党的历史经验，揭露和批评党内的主观主义尤其是教条主义错误，深入论证马克思列宁主义基本原理同中国具体实际相结合的原则，科学地阐明了党的马克思主义的思想路线。以毛泽东为主要代表的中共中央所进行的理论工作，对党的政治路线、军事路线和思想路线进行了拨乱反正，从思想上、理论上武装了中国共产党人。

1942 年，全党开展了整风运动，批判主观主义、宗派主义和党八股，使全党受到了一次马克思列宁主义、毛泽东思想教育。同时，凯丰制定宣传毛泽东计划，王稼祥在1943年7月首先提出“毛泽东思想”这一概念，邓拓编选第一部《毛泽东选集》，李有源创作歌曲“东方红”等，这些宣传使毛泽东的权威进一步提高。1943年3月20日，中共中央政治局会议通过《中共中央关于中央机构调整及精简的决定》，指出：“在两次中央全会之间，中央政治局担负领导整个党的工作，有权决定一切重大问题。政治局推定毛泽东同志为主席。”“凡重大的思想、政治、军事、政策和组织问题，必须在政治局会议上讨论通过。”“书记处是根据政治局所决定的方针处理日常工作的办事机关”，“书记处重新决定由毛泽东、刘少奇、任弼时三同志组成之，泽东同志为主席”。书记处“会议中所讨论问题，主席有最后决定权”。毛泽东在组织上正式成为中共中央政治局主席、中共中央书记处主席。

1945年4月23日，中国共产党第七次代表大会在延安召开，毛泽东思想被确定为全党一切工作的基本指针。七大党章规定：“中国共产党，以马克思列宁主义的理论与中国革命实践之统一的思想——毛泽东思想，作为自己一切工作的指针，反对任何教条主义的或经验主义的偏向。”毛泽东思想被正式确立为中国共产党的指导思想。在6月19日召开的七届一中全会上，选举毛泽东、朱德、刘少奇、周恩来、任弼时为中共中央书记处书记；选举毛泽东为中央委员会主席兼中央政治局主席、中央书记处主席。至此，从遵义会议开始到党的全国代表大会，最终在组织上和思想上都正式确认了毛泽东在全党全军的领袖地位。

争取和平民主的斗争。抗日战争胜利后，中国广大人民热切希望实现和平、民主，为建设新中国而奋斗。但是，通向新中国的道路仍然是崎岖、曲折的。还在中共召开七大时，毛泽东就提出，对蒋介石拟采取“洗脸”政策而不是“砍头”政策。1945年8月24日，毛泽东根据时局变化进一步指出，抗战结束，和平建设阶段开始。中央正考虑同国民党进行谈判，避免内战，实现和平建国。8月25日，中共中央在对时局的宣言中明确提出“和平、民主、团结”的口号。毛泽东不顾个人安危，于8月28日偕周恩来、王若飞赴重庆与国民党当局进行谈判。10月10日，双方签署《政府与中共代表会谈纪要》，即“双十协定”，确认和平建国的基本方针，同意“长期合作，坚决避免内战”。1946年1月10日，国共双方下达停战令。同一天，政治协商会议在重庆开幕，出席会议的有国民党、共产党、民主同盟、青年党和无党派人士的代表38人。以周恩来为首的中共代表团与民主同盟等民主党派和无党派人士的代表密切合作，同国民党当局认真协商，推动会议达成五项协议。

中国共产党争取和平民主的努力，尽管最终未能阻止全面内战的爆发，但是，它使得各界群众增进了对中国共产党的了解，懂得了什么人应当对这场战争承担责任，在政治上是一个重大的胜利。

(二)中国共产党取得执政地位

全国解放战争的胜利发展。全面内战爆发时，中国共产党面临的形势极为严峻。人民解放军总兵力为127万人，装备基本上是缴自日军的步兵武器；解放区的人口为1.36亿，面积约230万平方公里，而且是被分割、包围的，在物质上得不到任何外援。

中国共产党清醒地估计了国内外形势，坚决认定，我们必须打败蒋介石，而且能够打败他。为了打退国民党对解放区的军事进攻，中共中央指出，在政治上，必须和人民群众亲密合作，必须争取一切可以争取的人，在党的领导下建立最广泛的人民民主统一战线；在军事上，必须采取集中优势兵力、各个歼灭敌人的作战原则。在1946年6月至1947年6月一年里，人民军队处于战略防御阶段，战争主要在解放区进行。战局的发展，从根本上粉碎了国民党统治集团的速战速决计划，并使他们陷入了人民战争的汪洋大海之中，难以逃脱遭遇灭顶之灾的命运。经过一年的作战，人民解放军的总兵力由127万人增加为195万人，其中正规军近100万人；部队的武器装备也因大量缴获而得到很大改善。由于不需分兵守卫后方供给线和城市，机动兵力大大增强。

为了彻底粉碎国民党将战争继续引向解放区的方针，中共中央作出决定：不待完全粉碎敌人的战略进攻，不等解放军在数量上占有优势，立刻将主力打到外线去，举行全国性的反攻，将战争引向国民党区域。1947年6月底，根据中共中央决策和部署，刘伯承、邓小平率领晋冀鲁豫野战军主力，实施中央突破，千里跃进大别山；陈毅、粟裕指挥华东野战军主力为东路，挺进苏鲁豫皖地区；陈赓、谢富治指挥晋冀鲁豫野战军一部为西路，挺进豫西。三路大军相互策应，机动歼敌。迫使国民党军处于被动地位，人民解放战争战略进攻的序幕由此揭开。仍在内线作战的人民解放军，包括彭德怀率领的西北野战军，谭震林、许世友率领的华东野战军山东兵团，聂荣臻率领的晋察冀野战军，徐向前率领的晋冀鲁豫野战军太岳兵团等，也同时加紧发起攻击，渐次转入反攻。同年夏季，林彪、罗荣桓率领的东北民主联军发动反攻，从根本上改变了东北战局。各个战场上的攻势作战，构成了人民解放军全国规模的战略进攻的总形势。

1947年10月10日，中国人民解放军总部发表宣言，提出“打倒蒋介石，解放全中国”的口号，极大地鼓舞了解放军全体指战员和全国人民的斗志。12月，中共中央在陕北米脂县杨家沟召开会议，制定了夺取全国胜利的行动纲领。毛泽东指出，中国革命已经发展到了一个历史的转折点。这是蒋介石二十年反革命统治由发展到消灭的转折点，这是一百多年来帝国主义在中国的统治由发展到消灭的转折点。随后，他进一步要求全党同志，必须牢牢掌握党的总路线，即无产阶级领导的，人民大众的，反对帝国主义、封建主义和官僚资本主义的新民主主义革命的总路线；必须十分注意政策和策略，注意按照实际情况决定工作方针，善于把党的政策变成群众的行动；必须维护党的集中统一的领导，加强组织性纪律性，以便把人民解放战争胜利地向前推进。

土地改革与农民的广泛发动。早在1946年5月4日，中共中央发出《关于清算、减租及土地问题的指示》(史称“五四指示”)，决定将党在抗日战争时期实行的减租减息政策改变为实行“耕者有其田”的政策。在此之后，通过开展清算斗争等，到1947年下半年，解放区即有2/3

的地区基本上解决了农民的土地问题。在人民解放军转入战略进攻之后，为了维护广大农民的利益，进一步激发他们支援解放战争的积极性，1947 年 7 月至 9 月，中国共产党在河北省平山县召开全国土地会议，制定和通过了《中国土地法大纲》，明确规定“废除封建性及半封建性剥削的土地制度，实现耕者有其田的土地制度”，“乡村中一切地主的土地及公地，由乡村农会接收”，分配给无地或少地的农民。经过土地改革运动，到 1948 年秋，1 亿人口的解放区消灭了封建生产关系。广大农民分得土地并在政治上获得翻身以后，其政治觉悟和组织程度空前提高，农村生产力得到解放。经过这个运动，中国最主要的人民群众农民进一步认识到，中国共产党是自身利益的坚决维护者，因而自觉地在党的周围团结起来，这就为打败蒋介石、建立新中国奠定了深厚的群众基础。

第二条战线的形成和发展。在国民党统治区，以学生运动为先导的人民民主运动也迅速地发展起来，成为配合人民解放战争的第二条战线。

针对国民党当局积极从事内战的准备，1945 年底，昆明学生发动了以“反对内战，争取自由”为主要口号的一二一运动。在全面内战爆发半年后，1946 年 12 月 30 日，为抗议驻华美军强暴北京大学先修班一女学生，北平学生高喊“抗议美军暴行!”“美军退出中国!”的口号，举行示威游行。抗议驻华美军暴行的运动(史称“抗暴运动”或“一二三〇运动”)由此掀起，12 天内，抗暴斗争扩展到 14 个省 26 个城市，参加罢课、游行等的学生总数达 50 万人。1947 年 5 月 20 日，南京、北平等地爆发反饥饿、反内战运动(史称“五二〇运动”)。随后，这个运动迅速扩大到上海、杭州、武汉、广州等 60 多个大、中城市。学生罢课、游行同工人罢工、教员罢教等各阶层人民的斗争会合到了一起。在解放军转入战略进攻之后，国民党当局加紧对爱国民主运动的镇压，1947 年 10 月以后，爱国学生一次又一次地掀起反抗斗争的浪潮。由于他们愈来愈把自己的希望寄托在人民解放战争的胜利上面，学生运动的主要口号便由“反饥饿、反内战”改为“反迫害”了。1948 年，美国对日政策发生逆转，转向扶持日本，重新武装日本，以期使日本成为美国在亚洲的依靠重点。6 月 5 日，上海学生举行反美扶日大游行，并很快扩展到全国。

学生运动的高涨，不可避免地要促进整个人民运动的高涨。1946 年 6 月 23 日，上海人民团体联合会派出请愿团去南京向国民党当局呼吁和平。1947 年间，全国 20 多个大、中城市中，先后有 120 万工人举行罢工。5 月到 6 月，饥饿的城市居民的“抢米”风潮席卷包括江苏、浙江、安徽、四川等省的 40 多个大小城镇。在农村，农民不断掀起反抗国民党当局抓丁、征粮、征税的浪潮。1947 年 1 月，民变地区扩展到 300 多个县。中共地方组织还在广东(含海南岛)、湖北、安徽、福建、江西等地的农村中，恢复和发展人民武装，建立游击根据地。1947 年 2 月 28 日，台湾省台北市人民为反抗国民党当局的暴政、抗议反动军警屠杀市民，举行大规模示威游行。2 月底 3 月初，台湾各地汉族、高山族人民纷起响应，举行起义，并攻占台中、嘉义等城市。国民党当局从大陆调来大批军警、特务，对起义群众进行镇压。3 月 14 日起义失败。“二二八”起义虽然失败，但作为全国人民民主运动的组成部分，有力地显示了台湾人民的革命精神，鼓舞了全国人民。新疆伊犁、塔城、阿勒泰三区革命运动也得到进一步发展，并于 1945 年建立革命政府。1947 年初，内蒙古东部大部和中部部分地区获得解放。4 月，在乌兰浩特举行内蒙古人民代表会议，通过《内蒙古自治政府施政纲领》等。5 月 1 日，内蒙古自治政府宣告成立，乌兰夫为主席。内蒙古人民的斗争发展到了一个新阶段。

中国共产党与民主党派的合作。在中国政治生活中，各民主党派和无党派民主人士是一支重要的力量。中国各民主党派的政纲不尽相同，但都主张爱国、反对卖国，主张民主、反对独裁。在这些方面，同中国共产党的新民主主义革命政纲基本上是一致的。因此，它们从成立的时候起，大多同中国共产党建立了不同程度的合作关系，并在斗争实践中逐步地发展了这种关系。在抗日战争胜利后进行国共谈判和召开政协会议时，民主党派作为“第三方面”，主要同共产党一起，反对国民党的内战、独裁政策，为和平民主而奔走呼号。它们为政协会议的成功作出了自己的贡献，还为维护政协协议进行了不懈的努力。在国民党当局撕毁政协协议、发动全面内战时，尽管参加民盟的青年党、民主社会党跟随国民党跑了，但民盟和其他民主党派的大多数人，在拒绝参加国民党一手包办的伪“国民大会”和虚假的“多党政府”以及反对国民党炮制的伪“宪法”等一系列重大问题上，是同共产党站在一起的。它们还积极参加和支持国民党统治区的爱国民主运动，在第二条战线的斗争中尽了自己的一份力量。

无论是在举行国共谈判、召开政协会议期间，还是在解放战争的进行过程中，中国共产党都及时向各民主党派通报情况，认真听取他们的意见，并就一些重大问题同他们进行协商，以便采取一致行动。中国共产党一贯鼓励和支持各民主党派反对国民党独裁统治的斗争，同时又十分注意尊重和维护其应有的政治地位和合理的利益。对于他们的某些不妥当的意见，则善意地提出批评，诚恳地帮助他们进步。人毛泽东、周恩来等还同民主党派的领导人和无党派民主人士的代表建立了良好的个人关系，直接对他们进行工作。所有这些，都收到了积极的效果。同中国共产党合作奋斗，并在实践中不断进步，是各民主党派在这个时期表现的主要方面。中国共产党与民主党派的合作，对于中国人民解放事业的发展起到了积极的作用。

当然，中国的民主党派并不是单一阶级的政党，由于内部存在着不同的政治倾向，他们自身就不能不在克服某些错误倾向的斗争中，逐步地求得进步和发展。抗日战争胜利后，某些民主党派的领导人物曾经鼓吹“中间路线”。他们认为，当时的形势是，国民党不能用武力消灭共产党，共产党也不能用武力推翻国民党，这似乎为实行中间路线提供了千载一时的机会。周恩来在当时说过：“民盟由于抗战特别由于是政协的机缘，客观上一时造成了他在全国的第三党地位，使他中间许多领导人物代表着中产阶级的想法，企图在国共对立的纲领之外，寻找出第三条道路。”中间路线的鼓吹者主张：在政治上，“必须实现英美式的民主政治”，但不准地主官僚资本家操纵；在经济上，“应当实行改良的资本主义”，但不容官僚买办资本横行。而实行的方法，则是走和平的改良的道路。他们所提倡的，是资产阶级共和国的方案；他们所主张的，实质上是旧民主主义的道路。但是，中国在抗日战争胜利后面临的是两种命运、两个前途的尖锐斗争，客观形势决定了人们没有走中间路线的余地。持有中间路线想法的人们一接触到实际斗争，尤其是内战重起，就使他们只能在靠近共产党或靠近国民党中选择道路，而不能有其他道路。如前所述，青年党、民主社会党跟随国民党走了，民盟的大多数则是靠近共产党以至接受共产党的领导。1948 年 1 月，民盟领导人沈钧儒等在香港召开民盟一届三中全会，宣布不接受解散民盟的任何决定，并恢复民盟总部。会议确认中国共产党“值得每个爱国的中国人赞佩”，表示“今后要与他们携手合作”。标志着民盟站到了新民主主义革命的立场上来。同月，中国国民党革命委员会成立大会宣布：“本会当前之革命任务为推翻蒋介石卖国独裁政权，实现中国之独立、自由、民主与和平。”随着形势的发展和通过实际的教育，它公开表示承认中国共产党的领导地位。这些情况表明，国民党的反动政权陷入众叛亲离、彻底孤立的境地。

1948 年 4 月 30 日，中共中央在纪念五一国际劳动节的口号中提出：“各民主党派、各人民团体、各社会贤达迅速召开政治协商会议，讨论并实现召集人民代表大会，成立民主联合政府。”这个号召得到各民主党派和社会各界的热烈响应。从当年 8 月起，各民主党派负责人、无党派民主人士接受中共中央邀请，陆续进入东北、华北解放区。1949 年 1 月 22 日，李济深、沈钧儒等民主党派的领导人和著名的无党派民主人士 55 人联合发表《对时局的意见》，一致认定中国共产党提出的关于召开政治协商会议、成立联合政府的主张“符合于全国人民大众的要求”，恳切表示“愿在中共领导下，献其绵薄，共策进行，以期中国人民民主革命之迅速成功，独立、自由、和平、幸福的新中国之早日实现”。这个政治声明表明，中国各民主党派和无党派民主人士自愿地接受了中国共产党的领导，决心走人民革命的道路，拥护建立人民民主的新中国。同年春，毛泽东在同有关人士谈话时提出，民主党派应“积极参政，共同建设新中国”。民主党派参加新政协会议并将在新中国参政，标志着民主党派地位的根本变化。它们不再是旧中国反动政权下的在野党，而成为中国人民民主专政的参加者，在中国共产党领导下，和共产党一道担负起管理国家和建设国家的历史重任。从此，各民主党派走上了新的历史道路。

创建人民民主专政的新中国。1948 年秋，人民解放军已由战争开始时的 127 万人发展到 280 万人，解放区面积达到 235.5 万平方公里、拥有 1.68 亿人口，并基本完成了土地制度改革，广大农民的革命和生产积极性空前高涨，解放军的后方进一步巩固，同国民党军队进行战略决战的时机已经成熟。在毛泽东和中共中央军委的领导和指挥下，在人民群众的热烈支援下，中国人民解放军先后发动了辽沈、淮海、平津三大战役。三大战役前后历时 4 个月零 19 天，共歼灭国民党军队的有生力量 154 万余人，加上 1948 年 7 月至 1949 年 1 月期间在济南战役和其他战役中的损失，国民党军队共丧失兵力 230 余万人。三大战役，无论是战争的规模还是取得的成果，在中国战争史上是空前的，在世界战争史上也是罕见的。这是人民战争的胜利，是毛泽东军事思想的胜利。

针对蒋介石发表的“求和”声明，1949 年 1 月 14 日，毛泽东以中共中央主席的名义发表关于时局的声明，严正指出：虽然中国人民解放军具有充足的力量和充分的理由，确有把握，在不要很久的时间内，全部地消灭国民党反动政府的残余军事力量；但是，为了迅速结束战争，实现真正的和平，减少人民的痛苦，中国共产党愿意在惩办战争罪犯、废除伪宪法和伪法统、改编一切反动军队等八项条件的基础上，同南京国民党政府及国民党地方政府和军事集团进行和平谈判。谈判从 4 月 1 日开始。由于国民党政府拒绝在《国内和平协定》上签字，4 月 21 日，毛泽东、朱德发布《向全国进军的命令》。人民解放军第二、第三野战军在东起江苏江阴，西至江西湖口，长达1000多里的战线上强渡长江天险，一举摧毁国民党苦心经营了3个半月的长江防线。4月23日，人民解放军占领南京，宣告延续了22年之久的国民党反动统治的覆灭。随后，解放军第一、第二、第三、第四野战军所部各路大军继续向中南、西北、西南各省举行胜利的大进军，分别以战斗方式或和平方式，迅速解决残余敌人，解放广大国土。

随着解放战争的胜利发展，建立新中国的任务被提上了历史日程。早在1948年9月召开的中共中央政治局会议上，毛泽东论述了即将成立的新中国的国体，即国家政权的阶级性。他说："我们政权的阶级性是这样：无产阶级领导的，以工农联盟为基础，但是不仅仅工农，还有资产阶级民主分子参加的人民民主专政。"关于新中国的政体，即国家政权的组织形式，他说，我们"不必搞资产阶级的议会制和三权鼎立等"，这套东西"袁世凯、曹锟都搞过，已经臭了"，我们应当"建立民主集中制的各级人民代表会议制度"。

1949年3月召开的中共七届二中全会，规定了党在全国胜利后在政治、经济、外交方面应当采取的基本政策，指出了中国由农业国转变为工业国、由新民主主义社会转变为社会主义社会的发展方向。会上，毛泽东告诫全党，夺取全国胜利，这只是万里长征走完了第一步，中国的革命是伟大的，但革命以后的路更长，工作更伟大，更艰苦。据此，他提出了"两个务必"的思想，即"务必使同志们继续地保持谦虚、谨慎、不骄、不躁的作风，务必使同志们继续地保持艰苦奋斗的作风"。在胜利面前，毛泽东保持着清醒的头脑。他告诫全党，必须警惕糖衣炮弹的攻击，不要在这种攻击面前打败仗。全会还根据毛泽东的提议，做出不给党的领导者祝寿，不送礼，少敬酒，少拍掌，不用党的领导者的名字作地名、街名和企业的名字，不要把中国同志和马克思、恩格斯、列宁、斯大林并列等有关规定。在中共中央离开西柏坡时，毛泽东说，我们共产党人进北平，是要继续革命，建设社会主义，直到实现共产主义。他把进北平比作“进京赶考”，说“我们决不当李自成，我们都希望考个好成绩”。1949年6月30日，毛泽东发表《论人民民主专政》一文，明确指出，人民民主专政需要工人阶级的领导。人民民主专政的基础是工人阶级、农民阶级和城市小资产阶级的联盟，而主要是工人和农民的联盟。推翻帝国主义和国民党反动派，主要是这两个阶级的力量。由新民主主义到社会主义，主要依靠这两个阶级的联盟。他指出，我们还必须利用一切于国计民生有利而不是有害的城乡资本主义因素，团结民族资产阶级。但是民族资产阶级不能充当革命的领导者，也不应当在国家政权中占主要的地位。中共七届二中全会的决议和毛泽东的《论人民民主专政》，构成了《中国人民政治协商会议共同纲领》的基础。

在筹建新中国的过程中，毛泽东、中共中央还进一步确认，中国同苏联国情不同，不宜实行联邦制。单一制的国家结构形式符合中国的实际情况，在统一的国家内实行民族区域自治有利于民族平等原则的实现。1949年9月7日，周恩来向政协代表报告时指出：“今天帝国主义想分裂我们的西藏、台湾甚至新疆。”“在这种情况下，我们国家的名称叫中华人民共和国，而不叫联邦。”“我们虽然不是联邦，但却主张民族区域自治，行使民族自治的权力。”

1949年9月21日，中国人民政治协商会议第一届全体会议在北平中南海怀仁堂隆重开幕，参加会议的代表共662人。新政协筹备会主任、中共中央主席毛泽东在开幕词中向全世界豪迈地宣告：“我们的工作将写在人类的历史上，它将表明：占人类总数四分之一的中国人从此站立起来了。”“我们的民族将从此列入爱好和平自由的世界大家庭，以勇敢而勤劳的姿态工作着，创造自己的文明和幸福，同时也促进世界的和平和自由。我们的民族将再也不是一个被人侮辱的民族了，我们已经站起来了。”会议通过了《中国人民政治协商会议共同纲领》，它在当时是全国人民的大宪章，起着临时宪法的作用。会议通过了《中央人民政府组织法》，一致选举毛泽东为中央人民政府主席。随后，中央人民政府委员会任命周恩来为政务院总理兼外交部长。9月30日，中国人民政治协商会议第一届全体会议闭幕，创建中华人民共和国的筹备工作胜利完成。10月9日，中国人民政治协商会议第一届全国委员会在北京举行第一次会议，选举毛泽东为政协第一届全国委员会主席。人民政协的召开，标志着中国的新型政党制度——中国共产党领导的多党合作和政治协商制度的确立。

三、共产党为什么能够成功

（一）科学理论武装

中国共产党是用马克思主义的科学理论武装起来的，它以中国化的马克思主义即马克思列宁主义基本原理与中国实际相结合的毛泽东思想作为一切工作的指针。因此，中国共产党能够制定出适合中国情况的、符合中国人民利益的纲领、路线、方针和政策，为中国人民的斗争指明正确的方向。

马克思主义认为，人们的认识来之于客观实际，实践是认识的基础和源泉。中国共产党人对中国革命规律的认识，是在党经过了长期曲折的革命斗争，取得了两次胜利、两次失败的丰富经验的基础上逐渐形成的。正如毛泽东所指出的那样，在大革命时期，党还处于幼年时期，在统一战线、武装斗争和党的建设三个基本问题上都没有经验，对于中国革命规律还懂得不多，对于马克思列宁主义的理论和中国革命的实践还没有完整、统一的了解，因此，大革命失败了。之后，由于接受了大革命的经验教训，到了土地革命时期，党对中国革命规律的了解进了一步，更多地学会了将马克思列宁主义理论和中国革命实践相结合。但是党的主要领导人不去虚心领会过去的经验，对于中国的历史和社会、中国革命的规律缺乏真正的了解，对马克思主义和中国革命实践缺乏统一的理解，所以犯了错误，使革命遭受严重挫折。只是到了遵义会议，党才彻底走上正确的道路。由于党有了过去的丰富经验，尔后，又有了抗日战争的新鲜经验，因而对中国革命规律的认识大大深化了。同时，党中央移驻陕北后，环境相对安定，为全党系统学习马克思列宁主义和总结中国革命经验，提供了有利条件。抗日战争时期，以毛泽东为首的党的领导集体在理论创造上付出了艰辛的劳动，特别是毛泽东以极大的努力认真钻研马克思列宁主义经典著作和苏共理论著作，提高自己的理论修养，并以马克思主义原理，系统总结了党领导中国革命以来两次成功、两次失败的深刻经验教训，批判了教条主义(这是主要的)和经验主义，把中国革命经验上升到理论的高度，写下了一系列著作，从而指出了中国革命的特殊规律，建立了毛泽东思想完整的科学体系。

(二)紧紧依靠最广大人民群众

由于中国人民受到帝国主义、封建主义和官僚资本主义的严重压迫，在中国建立革命统一战线的群众基础是十分广泛的。建立广泛的统一战线，是坚持和发展革命的政治基础。

统一战线中存在着两个联盟：一个是工人阶级同农民和其他劳动人民的联盟，主要是工农联盟；一个是工人阶级同民族资产阶级和其他可以合作的非劳动人民的联盟，主要是同民族资产阶级的联盟，有时还包括与一部分大资产阶级的暂时的联盟。前者是基本的、主要的；后者是辅助的，同时又是重要的。必须坚决依靠第一个联盟，争取建立和扩大第二个联盟。

巩固和扩大统一战线的关键，是坚持工人阶级及其政党的领导权。为此，必须率领同盟者向共同的敌人作坚决的斗争并取得胜利；必须对被领导者给以物质福利，至少不损害其利益，同时对被领导者给以政治教育；必须对同工人阶级争夺领导权的资产阶级采取又联合、又斗争的政策。

工人、农民、城市小资产阶级群众是民主革命的主要力量。在他们中间，涌现出了无数无畏的英雄和不屈的战士。随着革命斗争的发展，民族资产阶级也逐步向共产党靠拢，这种现象曾经被人称作“开万国未有之奇”。各民主党派和无党派民主人士、各少数民族、爱国的知识分子和华侨等，都在这场斗争中发挥了积极的作用。伟大的爱国者宋庆龄、文化革命的主将鲁迅、国民党左派何香凝等，即使在最艰苦的年代，也始终坚持革命的立场，与共产党站在一起。邓演达、李公朴、闻一多等，还在反独裁、争民主的斗争中献出了自己的宝贵生命。民主党派的领导人李济深、张澜、沈钧儒、黄炎培等，爱国侨领陈嘉庚、司徒美堂等，也都先后成了共产党的亲密朋友。

总之，没有广大人民和各界人士的广泛参加和大力支持，中国革命的胜利是不可能的。

（三）一代又一代中国共产党人的奋斗拼搏

“没有共产党，就没有新中国。”这是中国人民基于自己的切身体验所确认的客观真理。这一点，甚至也得到了来自国民党营垒的一些人士的肯定。1949 年 6 月 26 日，留在北平的原国民党政府代表团团长张治中在他所发表的《对时局的声明》中说：“我居留北平已八十多天了，以我所见所闻的，觉得处处显露出一种新的转变、新的趋向，象征着我们国家民族的前途已显露出新的希望。”他说：“我以国民党党员一分子的立场只有感到无限的惭疚，但是站在国民一分子的立场说，又觉得极大的欣慰。我们中国人毕竟还有能力把国家危机挽转过来，还可希望把国家搞好，断不是一个没出息的民族，已可得到证明。”

由于中国没有资产阶级民主，反动统治阶级凭借武装力量对人民实行独裁恐怖统治，革命只能以长期的武装斗争作为主要形式。离开了武装斗争，就没有共产党的地位，就不能完成任何革命任务。因此，中国的武装斗争实质上是工人阶级领导的农民战争。中国共产党必须深入农村，发动和武装农民，在农村建立革命的根据地，以农村包围城市，才能逐步地争取革命的胜利。为了坚持和发展中国革命，必须建立一支在工人阶级政党绝对领导下的、具有严格纪律的、同人民群众保持亲密联系的新型人民军队。没有一支人民的军队，便没有人民的一切。这支军队必须实行一系列具有中国特点的人民战争的战略战术。

在这一场中华民族解放战争中，中国共产党人始终英勇地站在斗争的最前线。自1921年中国共产党创建至1949年中华人民共和国成立这28年间，它为中国人民的解放事业贡献出了无数的优秀战士。它的许多卓越领导人，如李大钊、瞿秋白、蔡和森、向警予、邓中夏、苏兆征、彭湃、陈延年、恽代英、赵世炎、张太雷等，许多杰出的将领，如方志敏、刘志丹、黄公略、许继慎、韦拔群、赵博生、董振堂、段德昌、杨靖宇、左权、叶挺等，也都在这个斗争中英勇地献出了自己的生命。中国共产党人以行动表明了自己是最有远见，最富于牺牲精神，最坚定，而又最能虚心体察民情并依靠群众的坚强的革命者，从而赢得了广大中国人民的衷心拥护。

（四）不断加强党的自身建设，始终保持党的先进性

中国革命之所以能够走上胜利发展的道路，是由于有了中国工人阶级的先锋队——中国共产党的领导。中国共产党作为工人阶级的政党，不仅代表着中国工人阶级的利益，而且代表着整个中华民族和全中国人民的利益。

在工人阶级人数很少而战斗力很强、农民和其他小资产阶级占人口大多数的中国，建设一个工人阶级先锋队的党，是极其艰巨的任务，而毛泽东建党学说成功地解决了这个难题。中国共产党的建设，是密切地联系着党的政治路线进行的，注重在端正思想路线的基础上，制定和贯彻执行党的正确的政治路线。

中国共产党首先着重党的思想建设，要求党员用工人阶级思想克服资产阶级、小资产阶级思想，解决思想上入党的问题；培育和发扬理论与实际相结合、密切联系群众和自我批评的作风；在党内斗争中实行“惩前毖后，治病救人”的方针；创造了在全党通过批评与自我批评进行马克思主义思想教育的整风形式等。

中国共产党正是在遵循毛泽东建党学说，长期的斗争实践中，把自

已锻炼成了一个有纪律的、有马克思列宁主义的理论武装的、采取自我批评方法的、联系人民群众的党，成为了掌握统一战线和武装斗争这两个武器以实行对敌冲锋陷阵的英勇战士，成为了全国各族人民拥戴的领导核心。孙子说：作风者，人之大事，死生之地，存亡之道，不可不察也。作风是利无形的，但它比铜墙铁壁都硬、坚不可摧。国民党军队经过，一路叨扰老百姓，征粮、征税、征兵，而共产党军队经过，秋毫无犯，商人送上来的钱，又被军队领导亲自送了回去。红军长征到湖南汝城县沙洲村，3名女红军借宿徐解秀老人家中，临走时，把自己仅有的一床被子剪下一半给老人留下了。老人说，什么是共产党？共产党就是自己有一条被子，也要剪下半条给老百姓的人。两党军队作风对比背后就是民心向背，自古以来，得民心者得天下，国共两党的前途命运到这里明眼人都能轻易看出来。

革命的根本问题是国家政权问题。毛泽东在回顾中国共产党走过的历史道路时指出：总结我们的经验，集中到一点，就是工人阶级（经过共产党）领导的以工农联盟为基础的人民民主专政。这个专政必须和国际革命力量团结一致。人民民主专政的新中国的创建，标志着近代以来中国面临的争取民族独立、人民解放这个历史任务的基本完成，这就为中国人民集中力量进行建设，以实现国家的繁荣富强和人民的共同富裕，创造了前提，开辟了道路。

第六讲　中华民族的抗日战争

1931年到1945年的抗日战争，在中国共产党的领导下，中国人民经过艰苦卓绝的奋斗，最终取得了抗日战争的伟大胜利。日本发动侵华战争是非正义的，是具有明显侵略性和殖民性的战争。而中国人民反对日本帝国主义侵略的抗日战争是一场正义的战争，是全世界人民反帝国主义、反侵略战争的重要部分，在世界历史上具有重要意义。

一、日本侵略中国的计划及其实施

日本对中国的侵略蓄谋已久。正当蒋介石调动兵力大规模“围剿”红军的时候，一直抱着独霸亚洲野心的日本帝国主义发动了武装侵略中国东北的战争，1931年的九一八事变，是日本企图变中国为其独占殖民地的重要步骤。

(一) 日本侵略中国的背景

19世纪中叶，日本同中国一样，都面临着被西方殖民国家侵略的危机。1868年的明治维新，成为日本历史的一个重要转折点，使日本的国内国际形势发生了巨大的改变。明治维新不仅改变了日本沦为西方列强殖民地的危机，而且使日本走上资本主义道路，变为亚洲新兴的近代化强国。然而，由于明治维新是通过自上而下的改良主义道路实现的，是一次不彻底的资产阶级革命，导致日本保留了大量的封建因素。并且在明治维新期间，日本是以经营军事工业为主导来带动资本主义的工业化，这种封建性、军事性的特点，就造成近代日本极富侵略性，决定了日本帝国主义向外侵略扩张的必然性。同时，又由于日本在发展资本主义的道路上受到国内地域狭窄，资源贫乏和原始资本积累不足的限制，为了冲破其发展资本主义的严重障碍，导致其在对外政策上比一般帝国主义国家更具有疯狂的扩张性和掠夺性。

1874 年发生的日本侵略台湾事件，这是日本明治维新后的第一次对外侵略扩张，首选目标即中国台湾。1890 年，日本首相的山县有朋在帝国议会上提出“利益线论”的战略思想，即日本除守护日本列岛的“主权线”之外，必须保护与“主权线”有密切关系之地域“利益线”，这就形成了以吞并朝鲜、灭亡中国，并进而占领亚洲为主要内容的日本根本国策——“大陆政策”。日本灭亡中国的大陆政策，充分反映了日本军国主义国家的侵略本质。

1894 年日本挑起的甲午战争，1900 年参加八国联军入侵北京之役，1904 年发动以争夺我国东北为目标的日俄战争，1914 年出兵中国夺取原德国在山东的权益，1915 年向袁世凯政府提出的“二十一条”，都是日本统治集团实施“大陆政策”的产物。

日本在上述一系列对华侵略事件中，先后从中国攫取了台湾、澎湖、旅顺和大连等大片领土，获得了在中国开矿、办厂和驻兵等项特权，并勒索了巨额战争赔款，从而一跃成为东方的一等强国，跻身于世界帝国主义列强之中。反观中国，同日本拉开了很大的差距。就其工业而言，到 1930 年，中国现代工业在国民经济总值中比重不到 10%，而日本的工业产值在工农业总产值中已占到 71.7%，各种工业品产量也大大高于中国。日中两国综合国力的悬殊，是日本敢于扩大侵华势态的又一个重要根源。

1927 年 4 月，日本首相田中义一主持召开“东方会议”，提出侵略中国的《对华政策纲领》，企图把“满蒙”从中国本土彻底分割出去，向日本天皇呈奏《帝国对满蒙之积极根本政策》的秘密文件(也就是《田中奏折》)，主张对中国东北和内蒙进行武力征服。

1929年爆发的世界资本主义经济危机，使日本陷入极大困境。而摆脱国内经济和政治危机的出路就是对外发动侵略战争。经济危机的影响，既加速了日本国内政治的法西斯化，也推动日本军国主义者决心加紧实施其既定的侵华政策。日本政府便在“大陆政策”这一总的国策方针指导下，展开对东北侵略扩张的种种活动。1931年6月，日本军部制定《解决满蒙问题方策大纲》，并指令参谋本部和关东军共同拟制作战计划。关东军是日本驻扎在中国东北的一支陆军部队，职责是守卫关东州及保护南满铁路沿线。同年7月，关东军完成独立作战体制，并制定了《柳条湖计划》。至此，对中国开战已势在必行。

(二)日本灭亡中国的计划及其实施

在酝酿已久的灭亡中国的计划支配下，日本在1931年挑起了新一次的战火，这次战火燃了长达十四年之久。1931年9月18日深夜，日本关东军炸毁南满铁路沈阳北郊柳条湖的一小段路轨，反诬中国军队“破坏”铁路、“袭击”日本守备队，当即炮轰东北军驻地北大营；接着，驻扎在南满铁路沿线的日本军队分别向沈阳城内和长春、四平街、公主岭等地发起进攻，“九一八”事变爆发。“九一八”事变是中国抗日战争的开端。

在全国人民的愤怒声中及国际社会上反法西斯呼吁声中，蒋介石却对张学良说：“无论日本人占什么地方，都随日本人占，我们是不抵抗主义。”由于当时国民政府实行不抵抗政策，事变发生后，近20万东北军不战自退，一夜之间沈阳城陷入日军之手。1932年2月，中国东北全境沦陷。在不到半年时间内，日军侵占了山海关至黑龙江之间110万平方公里的中国领土，相当于其本土的3倍。

日本占领东北后，对中国的侵略程度和范围进一步加大。1932年，发动一二八事变，日本驻兵上海。之后，迫于舆论压力的蒋介石又在庐山会议中抛出“攘外必先安内”的政策，借以平息众怒。国民党军队对日本实行不抵抗主义和妥协退让方针，国际联盟和英、美等国政府则采取对日姑息、纵容的政策。使日本对中国的侵略计划步步得逞。

1933 年，日军进犯热河、察哈尔，控制长城以北领土。1935 年，制造华北事变，策动华北五省(河北、察哈尔、绥远、山西、山东)两市(北平、天津)“防共自治运动”，制造傀儡政权。事变后，国民政府在河北、察哈尔两省的主权大部丧失，华北已处于名存实亡的状态，日本从政治和军事上逐步控制了河北、山西、察哈尔、绥远、山东一带地区，这里成为日军可以自由出入的“真空地带”，经济也日益殖民地化。

在华北事变后，日本就着手发动全面侵华战争的部署。在经济上，大力推行经济军事化，军火工业的发展速度尤为惊人，1937 年与 1931 年相比增加近 8 倍。在军事上，大规模扩军备战。在政治思想上，逐渐法西斯化。1936 年 8 月，法西斯军人控制的广田弘毅内阁举行“五相会议”，讨论通过了日本国策的文件——《国策基准》，制定了“南攻南洋群岛、北攻西伯利亚”“先打中国”的侵略计划。

从 1937 年 6 月起，驻丰台日军几乎每天都在卢沟桥附近进行挑衅性的军事演习。卢沟桥位于北京城西南约 15 公里的永定河上，是北京通往各地的咽喉要道。7 月 7 日夜，日军按照精心策划的阴谋，借口一名士兵失踪，要求进入桥头的宛平县城搜查，遭到中国守军的拒绝后，即炮轰宛平城，攻击卢沟桥，这就是举世震惊的“卢沟桥事变”或称“七七事变”。日本帝国主义对中国的全面侵略战争由此开始。

(三)残暴的殖民统治和中华民族的深重灾难

日本的大规模武装进攻，使中国大片土地沦陷于日本的铁蹄之下，日本侵略者在中国所犯的罪行罄竹难书，这些罪行在政治、经济、军事、文化等方面均有体现。

政治上，对占领区实行殖民统治。从 1895 年《马关条约》签订后，日本对台湾的殖民统治长达 50 年，日本在台湾设立总督府，日本驻台总督集立法、行政、司法三权于一身，并负责指挥驻台的日本军队。总督府主要官员都由日本人担任。他们建立了一套警察制度和保甲制度，掌握着台湾人民的生杀予夺之权。1931 年占领中国东北后，对东北实行了长达 14 年的殖民统治；1932 年，日本帝国主义扶持清朝末代皇帝爱新觉罗·溥仪“执政”，成立“满洲国”，两年后改称“皇帝”。1935 年华北事变后，在关内占领区拼凑了一些地方性傀儡政权。1940 年 3 月，扶持汪精卫在南京成立伪“中华民国国民政府”。

经济上，疯狂掠夺中国的资源和财富。大量强占耕地，大肆掠夺工矿业，抢夺金银和现钞，滥发纸币，随意增加苛捐杂税；对粮食、矿业、钢铁工业和交通运输业等实行“统制”；野蛮掳掠中国青壮男子做劳工，大量拉丁抓夫；通过直接控制、“军事管理”、“委托经营”、“中日合办”等方式使中国成为日本工业的原料基地使沦陷区成为其工业原料产地。中国东北近一半的豆类及其制品，近三分之一的粮食被日寇掠走。1936 年 11 月，关东军确定了《满洲产业开发五年计划现地案》，计划有重点地在东北开发与战争有密切关系的铁、煤、石油、电力等重工业和能源工业。到 1942 年，东北的钢产量占日本总产量的 1/3，铝产量占日本总产量的 40%，日本所需的 38 种军需物资有 14 种由东北供给。

军事上，实施极端残暴的恐怖政策和手段。制造惨绝人寰的南京大屠杀，以及潘家峪大屠杀等一系列令人发指的屠杀惨案。1937 年 12 月，日军占领南京后，惨遭屠杀者达 30 万人以上。极为残忍地蹂躏和摧残妇女，强迫中国妇女充当慰安妇。据不完全统计，被逼迫充当慰安妇者至少有 20 万人，且她们中的大部分人被日军凌虐至死。日军掳掠和残害中国劳工，在中国悍然进行灭绝人性的细菌战和毒气战，日军的 731 部队甚至对中国军民实行活体解剖。抗日战争期间，侵华日军为摧毁中国军民的抗战意志，对重庆及其周边的平民居住区、学校、医院、外国使领馆等进行了长时间、无差别的狂轰滥炸，持续时间长达 6 年零 10 个月，造成重庆 3 万多人伤亡和巨大的财产损失。1941 年 6 月 5 日，侵华日军连续对重庆进行了 5 个多小时的狂轰滥炸，造成在较场口隧道躲避轰炸的 1 万多名平民窒息死亡，制造了震惊中外的重庆大轰炸惨案。对抗日根据地实行残酷的“三光”政策(即杀光其居民、烧光其房屋、抢光其粮食)，在晋冀鲁豫、山东、苏皖等根据地，中国军民被杀戮者达318万人，房屋被焚烧达1952万间。

文化上，强制推行奴化教育和同化政策。日本侵略者按照“以华制华”政策和“思想战”的方针，在其占领区大力推行奴化教育，企图以此达到泯灭中国民众的民族意识和反抗精神、维护其殖民统治的目的。奴化教育主要从学校教育和社会教育进行，强令学习日语，灌输“中日亲善”。日本殖民者在台湾推行“皇民化”运动，妄图使广大台湾同胞日本化，使台湾成为支撑其侵略战争的殖民地。这虽然遭到了多数台湾人的抵制，但也造就了一群敌视祖国的亲日“皇民”，其被奴化的思想是第一代“台独”的重要思想来源。

据不完全统计，战争期间，中国军民伤亡3500多万人；按1937年的比值折算，中国直接经济损失1000多亿美元，间接经济损失5000多亿美元。

二、中国人民对日本侵略者的奋起反抗

日本侵华，对中国人民犯下累累罪行，在民族存亡之际，中国人民奋起反抗，保家卫国。中国的抗战，开辟了第一个大规模的反法西斯的战场。

(一)中国共产党举起武装抗日的旗帜

东北沦陷后，蒋介石奉行“攘外必先安内”的方针，采取消极的不抵抗政策，命令东北军撤至关内，致使东北落入敌手，给东北人民带来深重灾难。民族危难，中国共产党毅然举起了武装抗日的旗帜。“九一八”事变后的第三天，中共中央即发表宣言，揭露了日本帝国主义侵占东北的目的是使中国完全变成它的殖民地。接着又发布一系列文告，号召全国工农武装起来，进行民族的自卫战争。中国共产党一方面积极参

加和推动全国各地的抗日运动，另一方面直接领导了东北的抗日斗争。中共中央和东北党组织先后派出派罗登贤、杨靖宇、赵尚志、周保中、赵一曼等到东北军中，增强东北军的领导力量。

1932 年 4 月 15 日，中华苏维埃共和国临时中央政府宣布对日作战，红军派出北上抗日先遣队。1933 年初，东北各地先后组织起了抗日游击队；1934 年，各抗日游击队被陆续改编为东北人民革命军；1936 年以后，又被改建为东北抗日联军。东北抗日联军在白山黑水间同日军进行了艰苦卓绝的斗争，沉重打击了日军，为抗日战争的胜利做出了重大贡献。

(二)抗日救亡运动和两党之间的部分合作

“九一八”事变震惊了全国，抗日救亡运动兴起，中国共产党领导的中国工农红军成为抗日救亡的中坚力量。全国各界人民纷纷起来组织各种抗日活动，工人举行罢工和抗日游行示威，学生举行罢课，进行抗日宣传，还到政府请愿，农民开展游击战争，民族资产阶级及其政治代表也要求国民党当局变更“剿共”政策，“全国一致对外”，其他人士也纷纷贡献自己的力量，进行抗日募捐和抗战动员。全民族进入一种激昂的抗日状态，共同要求国民党出兵抗日，联合共产党，一致对外。

在民族危亡的严峻形势下，部分国民党人开始改变态度，积极与共产党谋求合作，共同抗日。在东北，李杜领导的抗日义勇军与中共满洲省委开展了积极合作。1932 年 1 月，国民党第十九路军在淞沪一带与日军作战，中共中央立即号召群众组织义勇军，组织工人进行罢工，积极支持国民党军的抗战。1933 年 5 月，冯玉祥成立察哈尔民众抗日同盟军，与共产党展开合作，约有 300 多名共产党员加入了同盟军。北路军前敌总指挥吉鸿昌不久加入了中国共产党(1934 年被国民党当局杀害)。同年 6 月、7 月，同盟军向日本侵略军展开积极进攻，相继收复康保、沽源、宝昌、多伦。不久，福州事变爆发，国民党第十九路军将领和爱国人士共同发动了反蒋抗日事变。这次事变虽最终失败了，但这些爱国人士却一直同共产党人保持着联系。1934 年 4 月，《中国人民对日作战的基本纲领》发表，宋庆龄、何香凝等人领衔，签字群众达到几十万人，全民族团结，共同抗日的步伐不断加快。

（三）停止内战，一致对外

华北事变后，民族危机不断加深。1935 年 8 月 1 日，中共中央向全国发表了《为抗日救国告全国同胞书》，呼吁各党、各界爱国同胞，摒弃前嫌，停止内战，团结一切力量共同抗日救国。同年 12 月，瓦窑堡会议召开，中共中央提出在抗日的条件下与民族资产阶级重建统一战线。这一策略高瞻远瞩，中国共产党即将在新的历史时期掌握政治上的主动权。

1935 年 12 月 9 日，在中国共产党北平临时工作委员会领导下，爆发了大规模的“一二九”运动。北平学生喊出“反对华北自治”“停止内战，一致对外”“打倒日本帝国主义”等口号。12 月 16 日，北平学生和广大群众秘密召开市民大会，会后不顾国民党的恐怖镇压举行了更大规模的游行示威。“一二九”运动使国民党政府的对日妥协政策受到了严重的挑战，揭露了日本帝国主义侵略中国吞并华北的阴谋，有力地宣传了“停止内战，一致对外”的主张，促进了中华民族的觉醒，标志着中国人民抗日救亡运动新高潮的到来。同时，也为开展抗日战争作了思想上和干部上的准备。“一二九”运动中的先进青年，后来深入到农村、工厂和革命部队中去，走上了与工农兵群众相结合的道路，其中许多人成了中国革命事业中的骨干。

由于日本对中国华北的扩大侵略，进一步威胁到美、英等国的在华利益和国民党当局的统治地位，因而蒋介石的对日态度及内外政策也发生了某些变化。1935 年 11 月，国民党第五次全国代表大会后，国民党开始着手整军备战工作。在国防建设方面的抗战准备主要是：整编全国陆军，扩建空军和海军；构筑陆地国防工事，整理江防、海防要塞；制定国防规划，划分国防区域。

蒋介石态度的转变为共同抗日带来希望，共产党敏锐地把握这一时机，通过不同渠道开始与国民党展开接触，就共同抗日问题展开协商。1935 年 12 月 6 日，中共中央作出《关于改变对富农策略的决定》。1936 年 1 月 25 日，红军将领发表《为愿意同东北军联合抗日致东北军全体将士书》。不久，中国共产党对张学良、杨虎城为首的国民党军队的统一战线工作取得突破性成效。到 1936 年上半年，红军和东北军、第十七路军之间实际上已停止敌对行动。为加快实现抗日民族统一战线，1936 年 5 月，毛泽东、朱德联名发布《停战议和一致抗日通电》，公开放弃了反蒋的口号。6 月 20 日，中共中央致书国民党五届二中全会，正式提议：立即停止内战，合作御侮救亡。9 月 1 日，中共中央发出党内指示，明确提出党的总方针是“逼蒋抗日”。这是中国共产党根据国内阶级关系变化的实际状况作出的一个重大政策调整。

当时，蒋介石还没有根本改变对日本的态度。他仍然准备组织力量对陕甘革命根据地和红军发动新的“会剿”。他于 1936 年 12 月初到达西安，逼迫张学良、杨虎城攻打陕甘的红军。12 日凌晨，爱国将领张学良、杨虎城在对蒋介石“哭谏”无效的情况下，为了实现停止内战、共同抗日，毅然实行“兵谏”，扣留了蒋介石。这就是西安事变。中国共产党从民族大义出发，为了团结国民党共同抗日，确定促成事变和平解决的基本方针，派周恩来等到西安，并参加张、杨同南京方面代表宋美龄、宋子文的和平谈判。蒋介石被迫作出了停止“剿共”、联合红军抗日等六项承诺。西安事变的和平解决成为时局转换的枢纽，十年内战的局面由此结束，国内和平基本实现。

西安事变和平解决，迫使蒋介石放弃“攘外必先安内”的政策，使中共的“逼蒋抗日”方针得以实现，成为国共两党由十年内战走向和平，由分裂对峙走向合作抗日，由国内战争走向抗日民族战争的转折点。它大大推动了抗日民族统一战线的进程。

1937 年 1 月，中共中央进驻延安。2 月，中共中央致电国民党五届三中全会，提出停止内战、一致对外等五项要求和四项保证。五项要求分别为：停止一切内战，集中国力，一致对外；保障言论、结社、集会之自由，释放一切政治犯；召集各党各派各界各军的代表会议，集中全国人才，共同救国；迅速完成对日抗战之一切准备工作；改善人民的生活。四项保证是：在全国范围内停止推翻国民政府之武装暴动方针；苏维埃政府改名为中华民国特区政府，红军改名为国民革命军，直接受南京中央政府与军事委员会之指导；在特区政府区域内，实施普选的彻底的民主制度；停止没收地主土地之政策，坚决执行抗日民族统一战线之共同纲领。中国共产党的这些主张在全国引起巨大反响，也得到了国民党内抗日派的赞同。国民党五届三中全会虽然重弹了反共的老调，但表示同意国共两党进行谈判，并在会议文件上第一次写上了“抗日”的字样。通过这次会议，国民党在实质上接受了中共提出的国共合作、一致抗日的政治主张。

(四)全国抗日民族统一战线正式建立

卢沟桥事变发生后，中国共产党立刻号召全国人民团结起来，众志成城，共同抗日。卢沟桥事变发生的第二天即 1937 年 7 月 8 日，中国共产党便通电全国，疾呼“平津危急！华北危急！中华民族危急！只有全民族实行抗战，才是我们的出路!”号召全中国同胞团结起来，国共两党亲密合作，共同抵抗日本的侵略。7 月 15 日，中共中央向国民党递送《中共中央为公布国共合作宣言》，推动了国共两党关于合作抗日的会谈。卢沟桥事变发生后，南京国民政府的对日立场也发生了根本的变化。7 月 17 日，蒋介石发表庐山谈话，确立了抗战的方针。

1937 年 8 月，红军主力改编为国民革命军第八路军，朱德任总指挥，彭德怀任副总指挥，叶剑英任参谋长，左权任副参谋长，任弼时任政治部主任，邓小平任政治部副主任。下辖三个师：第一一五师，第一二〇师，第一二九师。全军共 4. 5 万人。南方的红军和游击队，除了琼崖红军游击队外，改编为国民革命军新编第四军，叶挺任军长，项英任副军长，下辖四个支队，全军 1. 03 万人。1937 年 9 月，陕甘宁革命根据地改为陕甘宁边区，仍是中共中央所在地。

9月22日，国民党发表《中国共产党为公布国共合作宣言》。23日，蒋介石发表《对中国共产党宣言的谈话》，实际上承认共产党的合法地位，国共两党的第二次合作达成，抗日民族统一战线正式形成。此后，国民党一直担任着对敌作战的正面战场，共产党则负责敌后作战，两党共同合作，共同抗击日本侵略者。

全国工人、农民、知识分子和其他爱国人士，民族工商业者，各中间党派、各少数民族、包括台港澳同胞、海外华侨等，都以不同形式参加到抗日民族统一战线之中，投入了全民族抗战。华北农村一位名叫邓玉芬的妇女把丈夫和5个孩子送上前线，他们全部战死沙场。民族工商业者踊跃为前线捐赠钱物，一些人还不避艰险，把工厂迁往大后方。中华民族革命同盟、国家社会党、中国青年党、中华职业教育社、乡村建设派等组织，一致拥护国共两党合作抗日。宋庆龄接受中共中央建议，从上海移居香港，于1938年6月成立保卫中国同盟，呼吁世界人民援助中国抗战。马本斋领导回族的游击支队积极进行战斗，歼敌3万多人。台湾同胞也来到祖国大陆，参加各种抗日队伍，岛内的高山族等台湾同胞积极发动抗日暴动，组织义勇军，为抗日取得胜利做出了巨大牺牲。太平洋战争爆发后，香港同胞更在内地抗日武装的支持下，开展打游击等多种形式的抗日斗争。陈嘉庚在新加坡成立了华侨筹赈祖国难民总会，积极和广大海外侨胞为国内抗战捐献物资。广大华侨爱国之心拳拳，仅在前三年就捐献飞机200多架，坦克20多辆，救护车上千辆，还有大批华侨回到祖国参战，将全部身心献于祖国。

在国家危亡的紧急关头，全体中华儿女万众一心、众志成城，表现出前所未有的英勇，以血肉之躯筑起了保家卫国的钢铁长城。

三、国民党与抗日的正面战场

在整个抗日战争中，国民党正面战场作为中国抗日战场的组成部分，与共产党领导的敌后战场互相配合，为抗日战争的胜利做出了重要贡献。卢沟桥事变前，蒋介石顽固坚持“攘外必先安内”的反动主张，对日军的侵略行径，一直采取妥协、退让的政策，企图以此来缓和局势。而把主要力量用在对付中国共产党身上，先后发动了五次对红军的大围剿。卢沟桥事变后，日本帝国主义灭亡中国的野心已完全昭著，蒋介石政府内外交困，无论从国内民众反抗日本的压力，还是从维护自身统治考虑，都不容他继续妥协下去，国民党蒋介石对日态度发生了很大变化。

(一)战略防御阶段的正面战场

卢沟桥事变后，为迫使国民党政府投降，以达其迅速灭亡中国的目的，又把侵略目标对准了中国的经济重心上海市，并于8月13日发动了进攻。8月14日，蒋介石政府发表“自卫抗战声明”，宣布：“中国为日本无止境之侵略所逼迫，兹不得不实行自卫抵抗暴力”“中国决不放弃领土之任何部分，遇有侵略，唯有实行天赋自卫权以应之。”自此，在1937年7月—1938年10月的战略防御阶段，以国民党军队为主体的正面战场担负了抗击日军战略进攻的主要任务。从抗战初期的情况看，国民党战场是以抗战为主的。正如毛泽东所说：“这一时期内，国民党政府的对日作战是比较努力的。”国民党组织了淞沪会战、忻口会战、徐州会战、武汉会战等一系列会战，以反抗日本帝国主义的进攻。

国民政府还实行过若干有利于抗战的政策。1938年初，国民政府改组军事委员会，下设政治部，聘请周恩来担任政治部副部长。同年6月，国民参政会成立。国民参政会虽不是真正的民意机关，而是受国民党控制的最高咨询机关，但它的成立还是为各党派、各界人士提供了一个可以公开发表政见的讲坛。

为了适应战争的需要，国民党将东部沿海地区一批重要工厂企业迁移到内地，为西部地区经济开发、支持抗日战争作出了贡献。北京大学、清华大学、南开大学分别由北平、天津迁往昆明，合并组建为国立西南联合大学。北平、上海等地还有其他一些大学、中学、专科学校迁往西南的重庆、遵义等地以及西北的一些地方。爱国师生在极其艰苦的情况下，为中华民族的独立和复兴坚持进行教学和开展科学研究工作。

在战略防御阶段，100多万平方公里的国土、340多个大小城市，一亿多中国人民沦于日军的铁蹄之下。造成这种状况的客观原因，是由于在敌我力量对比上，日军占很大的优势；主观原因则是国民党战略指导方针上的失误。蒋介石集团在决心抗战的同时，却又害怕群众的广泛动员可能危及自身的统治，因而实行的是片面抗战的路线，即不敢放手发动和武装民众，将希望单纯寄托在政府和正规军的抵抗上；在战略战术上，没有采取积极防御的方针，而是进行单纯的阵地防御战，使得大多数作战未能给敌人以更大的消耗。

(二)战略相持阶段的正面战场

抗日战争进入相持阶段后，日本对国民党政府采取以政治诱降为主、军事打击为辅的方针。国民党在重申坚持持久抗战的同时，其对内对外政策发生重大变化。1939年1月，国民党五届五中全会决定成立“防共委员会”，确定了“防共、限共、溶共、反共”的方针。蒋介石还将抗战到底的含义解释为“恢复到卢沟桥事变以前的状态”。这标志着国民党政府逐步转变为消极抗战。毛泽东曾经指出：“1938年武汉失守以后，日本侵略者停止了向国民党战场的战略性进攻，逐渐地将其主要军事力量移到了解放区战场……从这时起，国民党政府开始了它政策上的变化，将其重点由抗日转移到反共反人民。”

在日本“以战养战”“以华制华”战略的影响下，1938年12月29日，汪精卫发表“艳电”，公开叛国投敌，并在1940年3月建立汪伪政权。蒋介石集团也表现出很大的动摇性，重新恢复了与日本之间的“秘密和谈”。1938年11月下旬，国民政府军事委员会在湖南召开南岳军事会议，对相持阶段的抗战作了新的部署。会议决定分三期整训全国军队，在兵力使用上，以三分之一进行敌后游击战争，三分之一用于正面防御，三分之一调至后方整训补充。这种部署一定程度上反映出其消极防守、保存实力的意图。在这种方针指导下，国民党军队相继丧失了华中和华南的许多战略要地。同时，又抽出相当多的兵力用来限制、打击共产党及其领导的八路军、新四军，制造了多次的反共“摩擦”事件。

1939 年 12 月至 1940 年 3 月，国民党各战区发动“冬季攻势”。这是正面战场进入相持阶段以来，所采取的唯一一次全面性攻势行动，整个攻势共毙伤日军万余人，国民党伤亡达五万以上，在一定程度上起到了打击日寇的作用。1939 年 12 月，在桂南会战中，以第五军为主力的国民党军队曾攻克昆仑关，消灭日军 4000 余人。1940 年和 1941 年，日军为配合对国民政府的政治诱降，对正面战场施加压力，先后发动了枣(阳)宜(城)战役、豫南战役、上高战役、中条山战役和第二次长沙战役等。在这些战役中，国民党军队进行了比较顽强的抵抗，大体上保住了西南、西北大后方省区和东南一部分地区，战线相对稳定。1940 年 5 月，在枣宜会战中，第三十三集团军总司令张自忠将军在激战中殉国。

1941 年 12 月，日军发动太平洋战争，美、英对日宣战。不久，由美国方面提议设立中国战区。为了配合英、美打击日军，国民政府命令各战区发起攻击。1942 年元旦发起的第三次长沙会战，给日军以有力的打击，日军死伤 5 万余人。同年 2 月，中国远征军在罗卓英、杜聿明率领下进入缅甸对日作战，解救了处于绝境中的英军 7000 多人，在国际上得到高度评价。此间，陆军第二〇〇师师长戴安澜在缅北殉国。

在世界反法西斯战争胜利发展、敌后战场开始局部反攻的有利条件下，国民党军队的战斗力却日益下降。1944 年 4 月至 1945 年 1 月，日军发动打通中国大陆交通线的作战。日军共投入 15 个师团、50 余万兵力，并配备 1500 多门大炮。当时国民党拥有 321 个步兵师、2 个骑兵师，总兵力约 650 万人，再加上解放区战场对日军强有力的牵制，国民党战场在对日反攻作战方面处于十分有利的局面。但由于蒋介石集团此时奉行“保全实力为先，抗日为次”的方针，虽然一再宣称要“对日总反攻”，却迟迟不见行动，对日寇的反扑更是缺乏心理与防御准备。在这次豫湘桂战役中，国民党军队遭到大溃败。军队损失 50 多万兵力，丢失拥有 146 座大小城市、6000 万人口的 20 多万平方公里的国土。

豫湘桂战役中，由于日军兵力抽调过多，给解放区战场提供了局部反攻的机会。1944 年春夏秋三季，解放区战场发动连续攻势作战，取得了很大胜利。1944 年冬，国民党战场也发动局部反攻。卫立煌率中国远征军再次入缅作战，为打通中印、中缅公路立下汗马功劳，先后歼敌 16 万多人。1945 年 1 月 27 日，中国远征军与中国驻印军在畹町附近的芒友胜利会师。至此，中国西南国际补给线中印公路完全打通。随后，中国驻印军继续南下寻歼日军，先后占领了新维、腊戍、昔卜等地，并于 3 月 30 日与英军会师乔梅。至此，中国驻印军胜利完成了反攻缅北的作战任务，不久相继回国。

战略相持阶段，国民党统治集团一面在口头上宣称要发展中国经济，一面又在实际上扩张官僚资本，垄断中国的主要经济命脉；一面在口头上宣称实行“民主”，一面又在实际上压迫人民的民主运动。豫湘桂大溃败则成为大后方人心变动的重要转折点，越来越多的人对国民党统治集团失去了信任。国民党统治区民生凋敝、民怨沸腾、民变蜂起，国民党统治集团在军事、政治、经济各方面陷入深刻的危机。

(三)国民党在抗战中的地位和作用

任何无视国民党抗战的客观事实，认为国民党在抗战中无足轻重并进而否认中国抗战业绩的观点是不可取的，同样，那种任意夸大国民党在抗战中的地位和作用的观点也是缺乏历史根据的。因此，对国民党在抗战中的地位和作用，必须实事求是的予以评价。从总体上看，国民党抗日的积极作用是其基本方面，但在不同阶段有所不同。

在中华民族处于存亡绝续的危难时期，国民党广大官兵英勇抗敌，表现了空前的民族义愤和强烈的爱国热情，为中华民族抗日解放战争付出了巨大的牺牲。在抗日战争中，国民党正面战场共举行过 22 次重大战役，歼灭日军100余万人，国民党军队伤亡321万人。一大批国民党军队的高级将领在抗战中为国捐躯，这些浴血奋战的将领及士兵，表现了可贵的献身精神，受到全国人民的崇敬和纪念，也极大地鼓舞了中华民族抗战的信心。

坚持抗战的蒋介石集团和公开投敌的汪精卫集团是有根本区别的。蒋介石接受抗日主张，对促成抗日民族统一战线的形成，对全民族抗战的实现，都起了重要的作用。从整个抗战过程看，抗战初期国民政府除组织军事作战外，还实行过若干有利于抗战的政策，设置了国防最高委员会，成立了各级国民参政会，对庞杂的经济行政机构进行大规模的调整，还奠定与营建了西南大后方。抗战后期，尽管国民党消极抗战，积极反共，制造了一系列反共惨案，也推行了一些误国政策，但其间国民党还是一直坚持了抗战，始终没有脱离抗日民族统一战线，更没有屈服于日本，对抗战的胜利起了重要作用。但由于国民党政权性质和片面作战路线及其总体战略方针的影响，正面战场未能有效地抵抗日军的进攻，造成了连连败退和巨大牺牲，也给国家和民族造成了损失。

四、中国共产党成为抗日战争的中流砥柱

抗日战争历时十四年，中国共产党制定和实施全面抗战路线和持久战的战略总方针，领导人民军队深入敌后发动群众，开展抗日游击战争，建立和发展抗日民主根据地，实行发展进步势力、争取中间势力、孤立顽固势力和坚持抗战、团结、进步的方针，大力推进党的建设，这一系列方针和举措使中国共产党成为抗日战争的中流砥柱。

（一）实行全面抗战的路线和持久战的方针

实行全面的全民族抗战的路线。中国共产党自成立之日起，就很重视广大人民群众的力量。中国共产党也一直确信，必须充分地依靠和动员群众，才能坚持抗战和争取抗战的胜利，并使抗战的胜利成为人民的

胜利。与国民党实行的片面抗战路线不同，中国共产党一开始就主张实行全面抗战的路线，即人民战争路线。这两条不同的抗战路线的存在，就是一切中国问题的关键所在。

七七事变的次日，中共中央立即发表全国通电：只有实行全民族抗战，才是中国的出路。1937 年 8 月，洛川会议制定了《抗日救国十大纲领》，强调要打倒日本帝国主义，关键在于使已经发动的抗战成为全面的全民族的抗战。在中国，农民是民主革命的主要力量。进行人民战争，首先和主要的，就是要深入敌后，发动和组织广大的农民，开展游击战争和群众工作，创建抗日民主政权，逐步把落后的农村建设成为先进的革命阵地。中国共产党把工作的重点放在敌后农村，在新的抗日民族解放战争条件下，继续走农村包围城市的道路。

采取持久战的战略方针。1938 年春，在日本侵略者的疯狂进攻下，大片国土迅速沦丧。当时哀叹“亡国论”者有之，主张“速胜论”者亦有之，重重疑虑沉重地压在中国民众的心上。1938 年 5 月至 6 月间，毛泽东在《论持久战》中系统阐明了持久抗日战争的总方针，揭示了抗日战争的发展规律和坚持抗战、争取抗战胜利必须实行的战略方针。毛泽东强调，“兵民是胜利之本”。战胜日本的侵略，必须进行人民战争。

毛泽东指出，中日战争是半殖民地半封建的中国和帝国主义的日本之间在 20 世纪 30 年代进行的一个决死的战争。一方面，日本是强国，中国是弱国，强国弱国的对比，决定了抗日战争只能是持久战。另一方面，日本是小国，发动的是退步的、野蛮的侵略战争，在国际上失道寡助；而中国是大国，进行的是进步的、正义的反侵略战争，在国际上得道多助。中国已经有了代表中华民族和中国人民根本利益的、在政治上成熟的中国共产党及其领导的抗日根据地和人民军队。因此，最后胜利又将是属于中国的。

毛泽东还科学地预测了抗日战争的发展进程。即：抗日战争将经过战略防御、战略相持、战略反攻三个阶段。其中，战略相持阶段，是中国抗日战争取得最后胜利的最关键的阶段。只要坚持持久抗战、坚持抗日民族统一战线，中国将在这个阶段中获得转弱为强的力量。通过这三个阶段，中国将由劣势到平衡再到优势。据此，中国必须实行持久战的战略方针，以便在长期斗争中逐步削弱敌人、壮大自己，争取最后的胜利。

毛泽东阐明的持久战战略思想，揭示了抗日战争的发展规律和坚持抗战、争取抗战胜利必须实行的战略方针，对全国抗战的战略指导产生了积极的影响。

中国共产党全面的全民族抗战路线和持久战的战略方针是使弱国战胜强国的正确路线和方针。整个抗日战争正是在这一路线和方针的指引下一步一步走向胜利的。

（二）敌后战场和游击战争

敌后战场的开辟和发展。为了贯彻执行全面抗战路线，中国共产党作出了开辟敌后战场的战略决策。八路军刚开赴前线时，主要是直接在战役上配合国民党军队作战。1937 年 9 月，八路军第一一五师主力在晋东北平型关附近伏击日军，歼敌 1000 余人，击毁汽车 100 多辆，取得全民族抗战以来中国军队的第一次重大胜利，粉碎了日军不可战胜的神话。接着，又参加忻口会战。八路军第一二〇师在雁门关以南伏击日军，第一二九师还以一营兵力担任主攻，夜袭阳明堡日军机场，毁伤敌机 20 多架，削弱了当前之敌的空中突击和运输力量，有力地配合了国民党军队在正面战场的作战。

1937 年 11 月，太原失守，在华北，以国民党为主体的正规战争结束。以共产党为主体的游击战争上升到主要地位。八路军在敌后实施战略展开，发动独立自主的敌后游击战争。新四军挺进长江南北，创建华中抗日根据地。中国抗日战争逐渐形成战略上互相配合的正面战场和敌后战场。按照中共中央的部署，八路军先后开辟晋察冀、晋西北、晋冀鲁豫、山东和大青山等抗日根据地。新四军则挺进长江南北，开赴苏南、皖南、皖中地区，创建华中抗日根据地。到 1938 年 10 月，八路军和新四军同日、伪军作战1600多次，毙、伤、俘敌5.4万人。共产党领导的抗日武装发展到近20万人。

在敌后军民的艰苦抗战中，涌现出无数可歌可泣的民族英雄。他们中有在作战中以身殉国的八路军副参谋长左权、东北抗日联军第一路军总司令兼政治委员杨靖宇、东北抗日联军第二路军副总指挥赵尚志、新四军第四师师长彭雪枫等抗日将领，以及八路军"狼牙山五壮士"、新四军"刘老庄连"、东北抗日联军八位女战士等英雄群体。他们伟大的英雄气概和崇高的民族气节，鼓舞了全国军民，连敌人也为之震惊。

美国总统杜鲁门在回忆录中曾这样写道：中国抗战后期，蒋介石的权力仅限于西南一隅，长江以北连中央政府的影子也没有。假如我们让日本人立即放下他们的武器，那么，整个中国就会被共产党夺过去。他的这段话，从另一个角度有力地印证了敌后战场的重要性。

游击战争的战略地位和作用。在抗日战争的初期和中期，游击战被提升到了战略的地位，具有全局性的意义。在战略防御阶段，从全局看，国民党正面战场的正规战是主要的，敌后的游击战是辅助的。但是，游击战在敌后的广泛开展和敌后抗日根据地的开辟，迫使敌人不得不把用于进攻的兵力抽调回来保守其占领区，从而对阻止日军的进攻、减轻正面战场压力、使战争转入相持阶段起了关键性的作用。

在战略相持阶段，敌后游击战争成为主要的抗日作战方式。日军逐步将主要兵力用于打击敌后战场的人民军队，以保持和巩固其占领地。1939年至1940年，华北地区的日军出动千人以上对敌后抗日根据地的"大扫荡"就有109次，使用的总兵力达50万人以上。为了打击日本侵略者，人民军队在有利条件下也进行过运动战。1940年8月至12月初，八路军总部调集100多个团共20万人，对华北日军发动了一场大规模的以破袭敌人交通线为重要目标的进攻战役，这就是百团大战。但是，削弱敌人、壮大自己，逐步改变敌强我弱的态势、为实行战略反攻准备条件，这个任务主要是由人民军队进行的游击战来完成的。

在敌后游击战中，根据地军民扒铁轨、炸桥梁，使敌人的机械化部队不能发挥作用，不断开展伏击战、破袭战、地雷战、地道战、麻雀战等，搞得敌人晕头转向，焦头烂额。这样，具有广泛群众基础的、灵活机动并负有向正规战发展使命的游击战争，便具有了全局性的意义，成为人民军队作战的主要形式，是一场真正的人民战争，造成了陷敌于灭顶之灾的汪洋大海。

在 1945 年 8 月反攻阶段到来前夕，人民军队已经发展到 120 万人、民兵扩展到 220 万人，抗日根据地达到了 19 块。敌后军民的大反攻，就是在此基础上展开的。在全民族抗战的过程中，中国共产党领导全国人民，指挥八路军、新四军和华南抗日武装等全国各地的革命抗日武装力量，对敌作战 12.5 万余次，消灭日、伪军 171.4 万余人，其中日军 52.7 万余人，为坚持抗战、夺取抗战的最后胜利作出了辉耀史册的贡献。

1944 年，外国驻华记者获准组成中外记者西北参观团，对延安等抗日根据地进行了长达数月的采访。归来后，美联社记者冈瑟·斯坦因立即在美国《基督教科学箴言报》上撰文说："在封锁线后面我发现了这样一个热烈的新社会，简直使我目瞪口呆，五年以来，在重庆对共产党除恶意的诽谤而外毫无所闻的我，对着在延安所发现的事物，吃惊的擦拭着自己的眼睛。"1945 年回国后，他又出版《红色中国的挑战》一书，并在书中列出专章"中共作战努力目击记"，从不同方面引证了大量的材料，证明中共部队在英勇作战。他还澄清："从我所见到的一切证据来看，我的结论是：延安所说的中共领导的战绩，比我在重庆和西安所听到的国民党的战绩可靠得多。"美国合众社记者哈里森·福尔曼回国后在《北行漫记》一书中写道："当人们想起共产军以云泥之差的劣势对抗敌人时，共产军的成就几乎令人难以置信。我在延安听他们讲的时候，我也不相信，但是后来我到了沦陷区，与在敌后活动的八路军共处了两个多月，我亲眼看见了他们攻取并破坏敌人据点与碉堡，因此，我得到了一个确信，就是：共产党的发言是绝没有虚张声势的地方的。"继中外记者团之后，美国《纽约时报》驻中国特派员艾金山也进入边区访问。他后来也指出："随共军进入战地的外国记者都认为中共军队的确竭力抗击日寇。有许多在沦陷区跳伞降落的美国航空队多由中共游击队营救出险，对中共尤为感激与赞扬。"

(三)坚持和巩固统一战线

抗日战争进入相持阶段后，由于以蒋介石为代表的国民党亲英美派开始推行消极抗日、积极反共的政策，团结抗战的局面逐步发生严重危机，出现了中途妥协和内部分裂两大危险。针对这种情况，1939 年 7 月，中国共产党明确提出"坚持抗战到底——反对中途妥协""巩固国内团结——反对内部分裂""力求全国进步——反对向后倒退"三大口号，坚决揭露打击汪精卫集团的叛国投降活动，继续争取同蒋介石集团合作抗日。

在正确处理国共之间的的矛盾即阶级矛盾上，中共中央认为，在抗日战争时期，民族矛盾是第一位的，阶级斗争必须服从民族斗争。中国共产党在团结人民抗战的过程中，为了坚持国共合作抗战到底，对蒋介石集团实行了又联合又斗争的政策。所谓联合，就是坚持抗战、团结、进步的方针，尽量支持国民党内外的爱国力量，使国民党留在抗日阵线内。所谓斗争，就是对国民党顽固派的投降、分裂、倒退、活动针锋相对，不作无原则的让步。

1939 年冬至 1940 年春，国民党顽固派发动第一次反共高潮。国民党军队侵犯陕甘宁边区，并在山西、河北进攻中国共产党领导的军队和根据地，人民军队给予了坚决的还击。1941 年 1 月，国民党顽固派发动第二次反共高潮，在皖南以 8 万余兵力包围袭击新四军军部及所属部队 9000 多人(除约 2000 人突围外，一部分被打散，大部分牺牲或被俘)。蒋介石还诬称新四军"叛变"，宣布取消新四军番号，这就是国民党制造的皖南事变。对于国民党当局的这种倒行逆施，中国共产党采取军事上严守自卫、政治上坚决反击的方针，赢得了国内外舆论的同情和支持。1943 年春，国民党顽固派策划发动第三次反共高潮，由于中国共产党及时进行揭露和斗争而被制止。

为了抗日民族统一战线的坚持、扩大和巩固，中国共产党总结反摩擦斗争的经验，制定了“发展进步势力，争取中间势力，孤立顽固势力”的策略总方针。进步势力主要是指工人、农民和城市小资产阶级。他们是统一战线的基础，抗日战争的主要依靠力量。为了发展进步势力，就要冲破国民党的限制和束缚，放手发动人民群众主要是农民群众，扩大八路军、新四军及其他抗日人民武装，创立抗日民主根据地，在全国发展共产党的组织，发展全国民众的抗日运动。中间势力主要是指各民主党派、民族资产阶级、开明绅士和地方实力派。争取中间势力需要一定的条件：一是共产党要有充足的力量；二是尊重他们的利益；三是要同顽固派作坚决的斗争，并能一步一步地取得胜利。顽固势力是指大地主大资产阶级的抗日派，即以蒋介石集团为代表的国民党亲英美派。他们采取两面政策，既主张抗日，又限共、溶共、反共并摧残进步势力。为此，共产党必须以革命的两面政策来对付他们，既贯彻又联合又斗争的政策。而在同国民党顽固派的斗争中，要坚持“人不犯我我不犯人，人若犯我我必犯人”的自卫立场和“有理、有利、有节”的原则。在抗日统一战线中，斗争是团结的手段，团结是斗争的目的。斗争不忘统一，统一不忘斗争，二者不可偏废，而以统一为主。

中国共产党上述原则和方针的提出和贯彻实施，对于坚持全民族抗战到底，对于在复杂多变的环境中恰当的处理各种棘手的问题，具有十分重大的意义。

(四)抗日民主根据地的建设

抗日民主根据地是认真贯彻和实现中国共产党全面抗战路线、坚持抗战和争取胜利的坚强阵地。1941 年 5 月，中共中央批准颁布的《陕甘宁边区施政纲领》，全面地体现了中国共产党关于根据地建设的基本方针。

“三三制”的民主政权建设。民主政权建设，是抗日根据地建设的首要的、根本的任务。中国共产党提出，根据地政权是共产党领导的抗日民族统一战线性质的政权，是一切赞成抗日又赞成民主的人们的政权，是几个革命阶级联合起来对于汉奸和反动派的民主专政。边区(省)、县参议会既是民意机关，也是立法机关；边区、县、乡抗日民主政府是行政机关；边区高等法院和县法院是司法机关。抗日民主政府在工作人员分配上实行“三三制”原则，即共产党员、非党的左派进步分子和不左不右的中间派各占1/3。这样做，可以容纳各方面的代表，团结一切赞成抗日又赞成民主的各阶级、阶层。抗日根据地在创立和发展过程中，也相继制定和颁布了各种法规和条例，如各级政府组织条例、选举条例、保障人权财权条例等，这些法规和条例的制定颁行，是抗日根据地的法制建设初具规模。

抗日民主政权普遍采取民主集中制，各级抗日民主政权机构的领导人都经过人民选举产生。抗日民主政权实行各民族平等团结、共同抗日的基本政策，在少数民族聚居地区试行民族区域自治。这是中国共产党从中国国情出发解决民族问题的一个创造。

毛泽东在回答中国共产党能否跳出“其兴也浡焉”“其亡也忽焉”这个历史兴亡周期率的问题时讲过：“我们已经找到新路，我们能跳出这周期率。这条新路，就是民主。只有让人民来监督政府，政府才不敢松懈。只有人人起来负责，才不会人亡政息。”

减租减息，发展生产。中共中央采取各种有力的政策措施克服困难，巩固抗日民族根据地。根据地内停止实行没收地主土地的政策，普遍实行减租减息政策(地租，按原来租额比例，减低25%；战前借贷，以15%为计息标准)，以减轻农民所受的封建剥削，提高他们的抗日和生产的积极性；同时实行交租交息，以利于联合地主阶级抗日。

为了发展农业生产，抗日民主政府动员农民开垦荒地，兴修水利；发动农民组织劳动互助，提高劳动生产率；帮助农民改良耕作技术，推广优良品种。早在抗日根据地物质困难刚露头的时候，毛泽东就发出了发出了“自己动手，丰衣足食”的号召。1941年，为了克服根据地面临的严重困难局面，中共中央提出了“发展经济，保障供给”的总方针。针对农村形势，中共中央还制定了一系列具体方针：在各项生产事业中，实行以农业为主，畜牧业、工业、手工业、商业、运输业全面发展的方针；在上下关系上，实行统一领导、分散经营的方针；在生产与消费的关系上，实行努力生产、厉行节约的方针；在组织经济中，实行合作互助、开展生产竞赛、奖励劳动英雄的方针。之后，中国共产党领导根据地军民开展了大生产运动。毛泽东、朱德等亲自参加生产。陕甘宁边区的八路军第三五九旅发扬艰苦奋斗的精神，将荒无人烟的南泥湾改造成为“陕北江南”。抗日民主政府还厉行精兵简政，以减轻人民负担。

减租减息、发展生产不仅支持了敌后的艰苦抗战，而且积累起一些经济建设的经验，培养了广大干部与群众同甘共苦、艰苦奋斗的优良作风。

文化建设与干部教育。全民族抗战开始后，中共中央所在地延安成了革命者向往的“圣地”。大批知识青年冲破国民党的封锁线奔赴延安。中共中央及时作出大量吸收知识分子的决定，把发展抗日的革命文化运动提上重要议事日程，中国人民抗日军事政治大学(简称“抗大”)、鲁迅艺术学院(简称“鲁艺”)、陕北公学、青年干部训练班、马列学院等一批干部学校和专门学校创办起来，培训了大批干部。各根据地还创办了大量的中、小学校，吸收农民子女入学。自然科学研究也得到重视。1940 年 8 月创办的延安自然科学院，是中国共产党历史上第一个开展自然科学教学与研究的专门机构。为推进自然科学研究，同年在延安成立了陕甘宁边区自然科学研究会。同时，加强党报党刊、新华社、新华广播电台等舆论阵地建设，大力发展文学创作和戏剧演出。

总之，抗日根据地政治民主、政府廉洁、民族团结、经济发展，同国民党统治区政治专制、吏治腐败的局面，形成鲜明的对照。“重庆有官皆墨吏，延安无土不黄金”这一当时国内广泛流传的说法，反映了战时的人心所向。越来越多的人从中国共产党领导的抗日根据地中看到了中国未来的希望。华侨领袖陈嘉庚公开表示：“中国的希望在延安”。

当时美国驻华使馆的人员在写给美国国务院的报告中也承认："共产党的政府和军队，是中国近代史上第一次受到有积极的广大人民支持的政府和军队。"

(五)大后方抗日民主运动和进步文化工作的推进

中国共产党在发动敌后抗日游击战争、建设抗日民主根据地的同时，在国民党统治区(习惯上称大后方)开展了大量推进抗日民主运动和进步文化等方面的大量工作。

在抗战初期，中国共产党对国民党统治区的工作，先是通过中共中央长江局具体领导。1939 年 1 月以后，由以周恩来为书记的中共中央南方局具体领导。全民族抗战开始后，各界人士要求国民党实行抗战民主。1939 年 10 月，国民参政会中一些党派的代表发起宪政座谈会，批评国民党的一党专政，宪政运动在国民党统治区普遍开展起来。1941 年 3 月中国民主政团同盟成立后，无法在重庆公开活动，即派人到香港开展工作，得到中共南方局所属中共驻香港办事处的支持，并于同年 9 月创办了盟报《光明报》。中共南方局还直接对大后方的工商界人士做了大量工作。周恩来当时说："1944 年，不仅小资产阶级，连民族资产阶级也靠拢了我们。"1944 年 9 月，中共参政员林伯渠在国民参政会上提出废除国民党一党专政、召开各党派会议、成立民主联合政府的主张，得到民主党派、民主人士和社会各界的热烈响应。在中国共产党的领导下，大后方的爱国民主运动，朝着要求建立联合政府的明确的政治目标发展。

抗战文化工作在开展全民族抗战开始以后，在中国共产党的推动和影响下，文化界各抗敌协会相继成立，成为文化界广泛的抗日民族统一战线建立的重要标志。1938 年初，周恩来担任国民政府军事委员会政治部副部长以后，掌管宣传工作的政治部第三厅厅长由郭沫若担任。第三厅在周恩来、郭沫若的参与和领导下，团聚了一大批文化界爱国人士，成为扩大统一战线、推动抗日文化工作的重要阵地。第三厅组织了包括儿童剧团在内的十多个抗敌演剧队、宣传队，分赴各个战区进行抗日宣传，慰劳抗日将士。武汉失守前后，一大批文化界人士迁移到重庆和桂林、昆明等地。中共中央南方局设立了文化工作委员会具体领导大后方的进步文化工作。文化界提出“抗战、团结、民主”为文艺创作的三大目标。抗战文化在斗争中得到新的发展。中国共产党的《新华日报》、《群众》周刊在国民党统治区公开发行，及时宣传党的主张，鼓舞和激励群众的抗战热情。

国民党统治区的抗日民主运动和进步文化工作，是全民族抗日战争中的一条重要的战线，对于激发大后方人民的爱国民主意识、坚持国共合作团结抗战、支援抗战前线、积蓄革命力量等发挥了重要的作用。

(六)中国共产党的自身建设

为了使中国共产党进一步成为成熟的马克思主义政党，为了胜利地领导中国人民进行抗日战争，中国共产党密切地联系着党的政治路线，在斗争实践中不断推进党的建设这一伟大工程。

提出加强党的建设是一个“伟大的工程”。随着国共合作的形成和全民族抗战的广泛开展，党的活动范围进一步扩大。1938 年 3 月 5 日，中共中央作出《关于大量发展党员的决议》，指出“大量的十百倍的发展党员，成为党目前迫切与严重的任务”。随后在六届六中全会上制定了“任人唯贤”的党的干部路线和政策，提出发展党组织的方针是“大胆发展而又不让一个坏分子侵入”。到 1938 年底，全国党员人数从全国抗战爆发时的 4 万多人增加到 50 多万人。党组织和党员队伍的迅速发展与壮大，为抗战初期党的政治任务的完成提供了强有力的保障。同时，党内在大发展过程中也出现了不少新问题，坚强对党员的培训教育、提高党员素质，成为巩固党的中心一环。1939 年 8 月，中共中央政治局作出《关于巩固党的决定》，指出：“党的发展的一般的应当停止，而以整理、紧缩、严密和巩固党的组织工作为今后一定时期的中心任务。”

1939 年 10 月，毛泽东发表《〈共产党人〉发刊词》，提出党的建设的总目标、总任务，即“建设一个全国范围的、广大群众性的、思想上政治上组织上完全巩固的布尔什维克化的中国共产党”，把一直“进行之中”的党的建设成为“伟大的工程”；指出党的建设要紧密围绕党的政治路线进行；总结18年来党的建设的基本经验，得出了必须按照马列主义普遍真理和中国革命具体实际相结合的原则来建设党的科学结论。把党的建设提高到“伟大的工程”的高度，表明了党对加强自身建设重要性的认识更加自觉和深刻。党的建设伟大工程的实施，为党在抗日战争中发挥中流砥柱作用提供了强有力的政治保证。

系统阐明新民主主义理论。1938年9月至11月，中国共产党在延安举行了扩大的六届六中全会，毛泽东明确地提出了“马克思主义的中国化”这个命题。1939年、1940年之交，为了将丰富的中国革命实际经验马克思主义化，系统地阐明党的理论和纲领，回答中国向何处去的问题，以便更好地指导抗日战争和中国革命，毛泽东接连发表《中国革命和中国共产党》和《新民主主义论》等重要的理论著作。

毛泽东首先揭示了中国半殖民地半封建社会的性质和主要特征，近代中国社会的主要矛盾和中国革命发生及发展的原因。在此基础上，他阐明了中国共产党领导的整个中国革命运动，是包括民主主义革命和社会主义革命两个阶段在内的全部革命运动。而1919年五四运动以后的中国民主革命，已经是无产阶级领导的人民大众的反帝反封建的新民主主义革命，它的前途是社会主义。

毛泽东还阐明了中国共产党在新民主主义革命阶段的基本纲领，即：政治上，推翻帝国主义和封建主义的压迫，建立一个以无产阶级为领导、以工农联盟为基础的各革命阶级联合专政的新民主主义共和国；这个共和国的政体是民主集中制的人民代表大会制度。经济上，没收操纵国计民生的大银行、大工业、大商业归新民主主义国家所有，建立国营经济；没收地主阶级的土地归农民所有，并引导个体农民发展合作经济；允许民族资本主义经济的发展和富农经济的存在。文化上，废除封建买办文化，发展无产阶级领导的人民大众的反帝反封建的中华民族的新文化，即民族的科学的大众的文化。

毛泽东总结中国共产党成立以来的历史经验，指出统一战线和武装斗争，是战胜敌人的两个基本武器。而党的组织，则是掌握统一战线和武装斗争这两个武器以实行对敌冲锋陷阵的英勇战士。统一战线，武装斗争，党的建设，这就是中国共产党在中国革命中战胜敌人的三个主要的法宝。

新民主主义理论的系统阐明，标志着毛泽东思想得到多方面展开而趋于成熟。这个理论从思想上武装了中国共产党人，使他们极大地增强了参加和领导抗日战争和新民主主义革命的自觉性。

整风运动和实事求是思想路线在全党的确立。遵义会议以来，党的路线已经走上马克思主义的正确轨道，但对曾经给党的事业造成严重危害的主观主义、教条主义还没有来得及从思想上进行认真的清理。为此，在20世纪40年代前期，中国共产党以延安为中心，在全党范围内开展了一场整风运动。整风运动分为两个层次进行：一是党的高级干部的整风，二是一般干部和广大党员员的整风。重点是党的高中级干部特别是高级干部的整风。

1941年5月，毛泽东作了《改造我们的学习》的报告。整风运动首先在党的高级干部中进行。1942年2月，毛泽东先后作了《整顿党的作风》和《反对党八股》的讲演，整风运动在全党范围普遍展开。整风运动的主要内容是：反对主观主义以整顿学风，反对宗派主义以整顿党风，反对党八股以整顿文风。其中，反对主观主义以整顿学风是整风运动最主要的任务。主观主义是中国共产党内反复出现“左”、右倾错误的思想认识根源。主观主义的实质是理论脱离实际，颠倒了认识和实践的关系，是实际工作中的唯心主义，它的主要表现形式是教条主义和经验主义，尤其是教条主义。克服主观主义，必须以科学的态度对待马克思主义，必须发扬理论联系实际的马克思主义的学风，一切从实际出发，实事求是。毛泽东对“实事求是”这个成语作了新的解释。他强调，“实事”就是客观存在着的一切事物，“是”就是客观事物的内部联系即规律性，“求”就是我们去研究，我们要从国内外、省内外、县内外的实际情况出发，从其中引出固有的而不是臆造的规律性，即找出周围事物的内部联系，作为我们行动的向导。这样，实事求是就成了党的辩证唯物主义的思想路线通俗而又生动的表述。

调查研究是把理论和实际结合起来的不可或缺的中间环节。毛泽东强调，加强调查研究是转变党的作风的基础一环。1941 年 8 月，中共中央作出《关于调查研究的决定》及《关于实施调查研究的决定》。中共中央设立调查研究局，各中央局、区委、省委或工委也成立相应的调查研究机构。调查研究作为中国共产党的一项重要的工作制度被确立起来，调查研究在党内蔚然成风。

整风运动贯彻“惩前毖后、治病救人”的方针，借以达到既要弄清思想又要团结同志的两个目的。毛泽东强调，对于人的处理取慎重态度，既不含糊敷衍，又不损害同志，这是我们党兴旺发达的标志之一。在整风运动中，全党党员，特别是党的高级干部，认真学习马克思主义著作和党的整风运动文献，联系党的历史，联系个人的思想实际和工作实际，开展批评与自我批评，端正了思想路线，增强了运用马克思主义的立场、观点、方法解决中国革命实际问题的自觉性和能力。

1945 年 4 月 20 日，中共扩大的六届七中全会通过了《关于若干历史问题的决议》，对党的若干重大的历史问题作出结论，使全党尤其是党的高级干部对中国民主革命的基本问题的认识达到在马克思列宁主义基础上的一致。至此，整风运动胜利结束。

1945 年 4 月 23 日，党在延安召开了第七次全国代表大会。党的七大是党在新民主主义革命时期召开的一次极其重要的全国代表大会。它总结中国新民主主义革命 20 多年曲折发展的历史经验，制定了正确的路线、纲领和策略，克服了党内的错误思想，使全党特别是党的高级干部对于中国民主革命的发展规律有了比较明确的认识，将毛泽东思想确定为党的指导思想并写入党章。七大以后，党领导全国人民，为彻底打败日本侵略者、确保抗日战争取得最后胜利，建立一个新民主主义的中国而战斗。

五、抗日战争的伟大胜利

经过十四年的艰苦卓绝的奋斗，中国人民最终取得了抗日战争的伟大胜利，中国人民不仅打败了日本侵略者，而且为新民主主义革命的彻底胜利和新中国的创建奠定了坚实的基础。中国人民抗日战争，是近代以来中华民族反抗外敌入侵第一次取得完全胜利的民族独立和解放战争，是20世纪中国和人类历史上的重大事件，成为中华民族由近代以来陷入深重危机走向伟大复兴确立了历史转折点。

（一）抗日战争的胜利

1945年上半年，世界反法西斯战争进入最后阶段。4月，联合国制宪会议在美国旧金山举行，包括中国解放区代表董必武在内的中国代表团出席了会议。中国成为联合国的创始国和联合国安全理事会五个常任理事国之一。5月上旬，苏联红军攻克柏林，德国法西斯投降。

7月26日，中、美、英三国发表波茨坦公告，敦促日本投降。8月上旬，苏联红军进入中国东北，猛烈攻击日本关东军。8月9日，毛泽东发表《对日寇的最后一战》的声明，号召八路军、新四军及其他人民军队，应在一切可能条件下，对于一切不愿投降的侵略者及其走狗实行广泛的进攻。中国人民军队对日军的战略反攻全面展开。

8月14日，日本政府照会中、美、英、苏等国，表示接受波茨坦公告。8月15日，日本天皇裕仁以广播“终战诏书”的形式宣布接受波茨坦公告。9月2日，在东京湾美军军舰密里号上举行日本向同盟国投降签字仪式。至此，中国人民抗日战争胜利结束，世界反法西斯战争也胜利结束。9月9日，中国战区日军投降签字仪式在南京举行。中国战区日本投降代表、日军中国派遣军总司令冈村宁次在投降书上签字，侵华日军128万余人向中国投降。10月25日，中国政府在台湾举行受降仪式。根据波茨坦公告，被日本占领50年之久的台湾以及澎湖列岛，由中国收回。

(二)中国人民抗日战争在世界反法西斯战争中的地位

世界反法西斯战争的东方主战场。中国的抗日战争是世界反法西斯战争的重要组成部分，是世界反法西斯战争的东方主战场。

第一，中国坚持持久抗战，抗击和牵制着日本陆军主力，为同盟国军队实施战略反攻创造了有利条件。“九一八”事变后，中国开始局部抗战。从1937年全民族抗战开始到1939年9月大战在欧洲爆发之前，英、法、美采取的是绥靖政策。与此相反，中国浴血奋战，英勇抗击了百万日军的进攻。中国的抗战牵制和削弱了日本的力量，使之不敢贸然北进，从而使苏联得以集中兵力对付德国，避免东西两面作战；也推迟了日本发动太平洋战争的时间，并使之在发动和进行战争时由于兵力不足而不能全力南进，从而减轻了美、英军队受到的压力。

第二，中国是亚洲太平洋地区盟军对作战的重要后方基地，还为盟军提供了大量战略物资和军事情报。中国是全世界参加反法西斯战争的五个最大的国家之一。中国人民的抗日战争开展时间最早、持续时间最长。中国是在亚洲大陆上反对日本侵略者的主要国家。在太平洋战争爆发前，中国抗击日本陆军的80%左右，在太平洋战争爆发后，中国仍抗击日本陆军的半数以上。从1931年9月至1945年9月，中国军民共歼灭日军150余万人。

第三，在抗日战争中，为获得民族独立与解放，为维护世界的正义与和平，中国作出了重大的贡献。抗战期间，中国战场年平均牵制日本陆军的74%以上，最高年份达90%。日军在海外作战中损失的287万人中，有150万人伤亡在中国战场。在抗日战争中，中国军民伤亡总数达35000余万人，财产损失600多亿美元，战争消耗400多亿美元，间接经济损失达5000多亿美元。

世界反法西斯力量对中国的援助。中国的抗日战争得到了世界上所有爱好和平与正义的国家和人民、国际组织及各种反法西斯力量的同情和支持。

最早给我国抗日战争提供援助的国家是苏联。1937 年 8 月，中国同苏联签订互不侵犯条约。苏联政府向中国提供了大量的物资援助，并派遣空军志愿队来华作战。抗战后期，苏联红军开赴中国东北，同中国军民并肩作战，加速了彻底打败日本侵略者的进程。许多苏军官兵在中国东北战场上英勇献身。

日本发动侵华战争后，美国一度采取绥靖政策。抗战进入相持阶段后，美国采取两面政策，一方面向中国提供援助，另一方面又向日本出口大量战略物资。太平洋战争爆发前后，美国采取了支持中国、联合中国共同抗日的政策。美国陆军航空队退役军官陈纳德组建美国援华志愿航空队（即“飞虎队”）来华参加对日作战，并为帮助中国运送战略物资而冒险开辟驼峰航线。

英、法等国也向中国提供了经济援助或进行了军事合作。朝鲜、越南、加拿大、印度、新西兰、波兰、丹麦以及德国、奥地利、罗马尼亚、保加利亚、日本等国的反法西斯战士直接参加了中国人民抗日战争。1939 年 11 月，加拿大共产党员诺尔曼·白求恩大夫在抢救八路军伤员时被感染，为中国人民解放事业献出了生命。

（三）抗日战争胜利的原因和意义

抗日战争取得胜利的原因。抗日战争之所以能够取得伟大胜利，是多个原因共同作用的结果，主要有以下四个方面：

第一，以爱国主义为核心的民族精神是中国人民抗日战争胜利的决定性因素。伟大的民族精神在抗日战争中成为激励中国人民团结一心、血战到底的坚强思想基础和强大精神支柱，中国抗日战争的胜利实际上也是中华民族精神的伟大胜利。以爱国主义为核心的伟大民族精神博大精深，源远流长。抗日战争使中华民族的精神得到了丰富和升华，它具有鲜明的特点。

第二，中国共产党的中流砥柱作用是中国人民抗日战争胜利的关键。以毛泽东为主要代表的中国共产党，把马克思列宁主义基本原理同中国具体实际相结合，创立和发展了毛泽东思想，对抗日战争发挥了重要的指导作用。中国共产党积极倡导、促成、维护抗日民族统一战线，最大限度地动员全国军民共同抗战，成为凝聚全民族力量的杰出组织者和鼓舞者。中国共产党人以自己最富于献身精神的爱国主义、不怕流血牺牲的模范行为，支撑起全民族救亡图存的希望，成为夺取抗战胜利的民族先锋。

第三，中国人民巨大的民族觉醒、空前的民族团结和英勇的民族抗战，是中国人民抗日战争胜利的重要法宝。抗日战争唤起了全民族的危机意识和使命意识。在抗日战争中，军队和老百姓相结合，武装斗争与非武装斗争相结合，前方斗争和后方斗争相结合，公开斗争与隐蔽斗争相结合，特别是敌后军民广泛开展伏击战、破袭战、地雷战、地道战、麻雀战等，创造了人类战争史上的奇观，使日本侵略者陷入人民战争的汪洋大海中。国民党的爱国官兵也为反对日本的侵略作出了贡献。

第四，中国抗日战争也得到苏、美等同盟国的援助和世界所有爱好和平、正义以及反法西斯力量的同情和支援。苏联给予中国抗战有力的物资支持，美国“飞虎队”冒险开辟驼峰航线，朝鲜、越南、加拿大、印度、新西兰、波兰、丹麦以及德国、奥地利、罗马尼亚、保加利亚、日本等国的一大批反法西斯战士直接参加了中国抗战。加拿大医生白求恩、印度医生柯棣华不远万里来华救死扶伤，法国医生贝熙叶开辟运输药品的自行车“驼峰航线”，德国的拉贝、丹麦的辛德贝格在南京大屠杀中千方百计保护中国难民，英国的林迈可、国际主义战士汉斯·希伯等记者积极报道和宣传中国抗战壮举。战争后期，苏联红军开赴中国东北战场，同中国军民一道对日作战，加速了彻底打败日本侵略者的进程。

抗日战争胜利的意义。2015 年 9 月 3 日，习近平总书记在纪念中国人民抗日战争暨世界反法西斯战争胜利 70 周年大会上指出：“中国人民抗日战争胜利，是近代以来中国抗击外敌入侵的第一次完全胜利。这一伟大胜利，彻底粉碎了日本军国主义殖民奴役中国的图谋，洗刷了近代以来中国抗击外来侵略屡战屡败的民族耻辱。这一伟大胜利，重新确立了中国在世界上的大国地位，使中国人民赢得了世界爱好和平人民的尊敬。这一伟大胜利，开辟了中华民族伟大复兴的光明前景，开启了古老中国凤凰涅槃、浴火重生的新征程。”抗日战争的胜利，对于中国国内、对于世界反法西斯战争具有极其重要的意义。

第一，中国人民抗日战争的胜利，彻底粉碎了日本军国主义殖民奴役中国的图谋。中国人民用自己的顽强奋战和巨大牺牲，迫使日本归还甲午战争以后从中国窃取的东北、台湾、澎湖列岛等神圣领土，捍卫了国家主权和领土完整，彻底洗刷了近代以来抗击外来侵略屡战屡败的民族耻辱。

第二，中国人民抗日战争的胜利，促进了中华民族的大团结，形成了伟大的抗战精神。中国人民向世界展示了天下兴亡、匹夫有责的爱国情怀，视死如归、宁死不屈的民族气节，不畏强暴、血战到底的英雄气概，百折不挠、坚忍不拔的必胜信念。这是中国人民弥足珍贵的精神财富，永远是激励中国人民克服一切艰难险阻、为实现中华民族伟大复兴而奋斗的强大精神动力。

第三，中国人民抗日战争的胜利，开辟了中华民族复兴的光明前景。经历抗日战争锤炼的中国人民进一步认识到：只有实现民族独立和人民解放，建立人民当家作主的新中国，才能真正实现民族振兴、人民幸福。中国共产党提出的改造旧中国、建设新中国的主张，代表了中国人民的根本利益，人民革命力量进一步发展壮大。这就为中国共产党团结带领全国人民继续奋斗，赢得新民主主义革命的胜利、创建中华人民共和国，奠定了重要的基础。

第四，中国人民抗日战争的胜利，对世界各国夺取反法西斯战争的胜利、维护世界和平的事业产生了巨大影响。习近平总书记于 2015 年 9 月 3 日在纪念中国人民抗日战争暨世界反法西斯战争胜利 70 周年大会上指出："在那场战争中，中国人民以巨大民族牺牲支撑起了世界反法西斯战争的东方主战场，为世界反法西斯战争胜利作出了重大贡献。"英国牛津大学历史教授米特说，中国在第二次世界大战中作出了巨大的贡献，没有中国军队的坚决抗日，"二战"的整个历史将会改写。中国人民为最终战胜世界法西斯势力作出的历史性贡献，在全世界人民面前树立了一个以弱胜强的范例，中国国际地位显著提高。1945 年 4 月，中国同美国、英国、苏联共同发起旧金山会议，共商建立联合国。随着《联合国宪章》正式出台，中国成为联合国安全理事会五个常任理事国之一。中国人民赢得了世界爱好和平人民的尊敬，赢得了崇高的民族声誉。

2014 年 9 月 3 日，习近平总书记在纪念中国人民抗日战争暨世界反法西斯战争胜利 69 周年座谈会上的讲话中，全面、准确揭示了抗战精神的深刻内涵："在中国人民抗日战争的壮阔进程中，形成了伟大的抗战精神，中国人民向世界展示了天下兴亡、匹夫有责的爱国情怀，视死如归、宁死不屈的民族气节，不畏强暴、血战到底的英雄气概，百折不挠、坚忍不拔的必胜信念。伟大的抗战精神，是中国人民弥足珍贵的精神财富，永远是激励中国人民克服一切艰难险阻、为实现中华民族伟大复兴而奋斗的强大精神动力。"抗日战争的胜利为中国人民和中华民族留下了历史经验：第一，各族人民的大团结是战胜一切艰难困苦、实现奋斗目标的力量源泉；第二，以爱国主义为核心的伟大民族精神是中国人民团结奋进的精神动力；第三，提高综合国力是中华民族自立于世界民族之林的基本保证；第四，中国人民热爱和平，反对侵略战争，同时又决不惧怕战争；第五，只有坚持中国共产党的领导，中华民族才能捍卫自己的生存和发展的权利，才能创造美好的未来。

第七讲 社会主义制度的确立与中国式社会主义建设道路的初步探索

一、社会主义基本制度的确立

(一)从新民主主义向社会主义过渡的开始

1. 完成民主革命遗留任务和恢复国民经济

1949 年中华人民共和国的成立，为中国的进步和发展创造了最重要的政治前提。

不过，新中国在成立初期，也面临着许多严重的困难和一些紧迫的问题。这对于刚刚执掌全国政权的中国共产党来说，是新的严峻的考验。主要是：第一，能不能保卫住人民胜利的成果，巩固新生的人民政权；第二，能不能战胜严重的经济困难，迅速恢复和发展国民经济；第三，能不能巩固民族独立，维护国家主权和安全；第四，能不能经受住执政的考验，继续保持谦虚、谨慎、不骄、不躁的作风和艰苦奋斗的作风。这些问题，从根本上说，是前进中的问题。为了解决这些问题，中国共产党和人民政府着重抓了以下四个方面的工作：第一，完成民主革命的遗留任务。在基本完成祖国大陆统一任务的基础上，摧毁旧政权，普遍召开地方各级各界人民代表会议；继续实行土地制度的改革，先后使 3 亿多无地少地的农民(包括老解放区农民在内)无偿地获得了约 7

亿亩土地和大量其他生产资料；开展大规模的镇压反革命运动，基本上肃清了国民党遗留在大陆的反动势力。第二，领导国民经济恢复工作。没收官僚资本，确立起社会主义性质的国营经济在国民经济中的领导地位；开展了稳定物价的斗争和统一全国财政经济的工作；初步建立起集中统一的国家财政管理体制，以利于统一调度全国的财力、物力，集中力量办好大事。第三，巩固民族独立，维护国家主权和安全。新中国废除了帝国主义国家依据不平等条约在中国享有的一切特权；提出了“另起炉灶”“打扫干净屋子再请客”“一边倒”的外交方针；同苏联订立了《中苏友好同盟互助条约》，建立起平等互助的新型中苏同盟关系；抗美援朝战争使新中国的国际威望空前提高，为我国的经济建设和社会改革赢得了一个相对稳定的和平环境。第四，加强中国共产党的自身建设。1950 年和 1951 年中国共产党在全党范围开展整风、整党运动，批判居功自傲等错误思想，进行共产党员标准的八项条件等教育；1951 年底到 1952 年，开展了反贪污、反浪费、反官僚主义的“三反”运动，处决了犯有严重贪污罪行的刘青山、张子善；同时在 1952 年上半年发起“五反”(反对行贿、反对偷税漏税、反对盗窃国家财产、反对偷工减料、反对盗窃经济情报)运动。这些举措对于中国共产党和人民政府的廉政建设，起到了重要的作用。

中华人民共和国成立初期所进行的这些工作及其取得的显著成就，有力地证明，中国共产党和人民政府是能够经受住执政的考验的。这些成就的取得，为领导人民进行有计划的经济建设和有系统的社会主义改造创造了重要的条件。

2. 开始向社会主义过渡

中华人民共和国成立后的最初三年，即 1949 年至 1952 年期间，在着重完成民主革命的遗留任务的同时，社会主义革命的任务实际上也开始实行了。这主要表现在以下三个方面：

第一，没收官僚资本，确立社会主义性质的国营经济的领导地位。

解放战争时期，随着对大中城市的接管，没收官僚资本的工作即已开始。中华人民共和国成立后，这项工作在全国范围展开。没收官僚资本归人民的国家所有，是《共同纲领》规定的一项历史任务。到1950年初，人民政府共接管官僚资本的工矿企业2800余家，金融企业2400余家，这些企业成为新中国成立初期国营经济的主要组成部分。

没收官僚资本，具有两重性质：从反对外国帝国主义的附庸——中国的买办资产阶级的意义上看，它具有民主革命的性质；从反对中国的大资产阶级的意义上看，它又具有社会主义革命的性质。通过没收官僚资本，并在企业内部进行民主改革和生产改革，中国资本主义经济的主体部分被改造为社会主义性质的国营经济，中国的大资产阶级被消灭了。随着没收官僚资本和原官僚资本企业的民主改革、生产改革工作的完成，确立了社会主义性质的国营经济在国民经济中的领导地位，这就为全面进行社会主义改造奠定了重要的物质基础。

第二，开始将资本主义纳入国家资本主义轨道。

新中国在利用资本主义工商业的过程中，已经开始对它进行适当的限制，并把其中的大部分引上了初级形式的国家资本主义的道路。1952年，私营工业产值的56%，已属于加工、订货、统购、包销部分。私营经济中不利于国计民生的部分被削弱以至淘汰。资本主义金融业则在此时完成了社会主义改造。私营经济在数量上是明显上升的，但在国民经济中的比重却下降了。

第三，引导个体农民在土地改革后逐步走上互助合作的道路。

1952年，全国已有40%的农户参加了互助组，少数农户还参加了半社会主义或社会主义性质的农业生产合作社。

以上事实表明，新民主主义社会不是一个凝固不变的、独立的社会形态。它本身具有过渡性，它是处在很深刻的变动之中的。

(二)为实现党在过渡时期的总路线而奋斗

在中国实现社会主义，是中国共产党自创立时就确定的奋斗目标。

而在半殖民地半封建的历史条件下，实现社会主义必须分两步走：先取得反帝反封建的新民主主义革命的胜利，然后才能转入社会主义革命。由于中国经济十分落后的缘故，党在全国解放前夕设想，可能要到15年之后才能考虑向社会主义转变的问题。新中国成立后，在短短3年内就根本扭转了国民党反动统治留下的混乱局面，实现了政治、经济、社会的稳定，各方面都取得了超出预期的成绩。中共中央决定从1953年起执行我国发展国民经济的第一个五年计划，并提出向社会主义过渡的总路线。

1. 党在过渡时期总路线的提出

1952年我国面临的形势是：土地改革在全国范围基本完成，恢复国民经济的任务顺利实现，朝鲜停战谈判双方在主要方面达成协议，战争可望不久结束。形势的发展表明，国家具备了开展大规模国民经济建设的条件。

在取得巨大成绩的同时，我国社会生活中出现和积累了一些新的矛盾。在农村，主要是土改以后农民分散落后的个体经济难以满足城市和工业发展对粮食和农产品原料不断增长的需要，而土改后农村中出现某种程度的贫富差距又引起党对两极分化的关注。在城市，工人阶级同资产阶级之间限制反限制的斗争，给经济生活带来很大影响。国家开始有计划的经济建设，需要把有限的资源、资金和技术力量集中使用到重点建设上来。而私人资本主义经济则要求扩大自由生产和自由贸易来发展自己。这就不可避免地引起矛盾和冲突。现实的发展，需要党采取新的方针来解决社会经济中的矛盾问题。这样，就把对国民经济实行系统的社会主义改造的任务提到日程上来。

推进革命转变的客观依据是什么呢？主要是三年来我国经济内部的关系发生了重大变化。国营工业产值在工业总产值(不包括手工业)中的比重从原来的不足一半达到超过1/2，国营批发商业在全国批发商业营业总额中占据优势。通过整顿金融秩序，私营金融业全部实行了公私合营。在各种经济成分中社会主义经济已成为相对强大的因素，成为中国逐步向社会主义过渡的重要物质基础。与此同时，私营工商业经过一系列调整，开始有相当一部分被纳入主要是初级形式的国家资本主义轨道。土改后在农村普遍开展的互助合作，初步显示了将个体农民组织起来增加农业生产的优越性。实践表明，三年以来，我国在一些方面(不是一切方面)已初步开始对生产资料私有制的社会主义改造。

党的认识随着实践的发展而发生变化。原来设想经过10~15年的新民主主义建设时期，再采取实际的步骤进入社会主义社会。这时进一步看清，新民主主义建设时期实际上就是逐步过渡到社会主义的时期，也就是社会主义经济成分在国民经济比重中逐步增长的时期。根据认识的变化和进行大规模经济建设的要求，1952年9月，毛泽东提出“中国怎样从现在逐步过渡到社会主义去”的指导方针和大致设想。经过反复酝酿，1953年6月15日，中央政治局扩大会议对此进行讨论，毛泽东在会上首次提出了党在过渡时期总路线的基本内容，后来正式表述为：“从中华人民共和国成立，到社会主义改造基本完成，这是一个过渡时期。党在这个过渡时期的总路线和总任务，是要在一个相当长的时期内，逐步实现国家的社会主义工业化，并逐步实现国家对农业、对手工业和对资本主义工商业的社会主义改造。这条总路线是照耀我们各项工作的灯塔，各项工作离开它，就要犯右倾或‘左’倾的错误。”1954年2月，党的七届四中全会通过决议，正式批准中央政治局确认的这条总路线。

过渡时期总路线的提出，是党在从新民主主义到社会主义转变问题认识上的一个重要改变。本来，1949年党的七届二中全会决议就对“要在实际上保证中国向社会主义前途走去”的方针政策作过原则的规定。在新的实践基础上，党改变原来的设想，不是等待长期准备之后再采取实际的社会主义步骤，而是现在就采取社会主义工业化和社会主义改造同时并举的方针，充分利用三年来所创造的经济、政治条件，实行以多种过渡形式改造个体经济和私人资本主义经济的具体政策，积极而又循序渐进地完成经济上的社会主义革命任务，初步确立社会主义的经济基础和经济制度。这是党依据新中国成立后经济、政治条件的新变化做出的重大决策，是党的总路线、总任务及发展战略上的重大转变，是符合新中国社会发展的实际和规律的。

过渡时期总路线好比展翅高飞的大鸟，社会主义工业化是它的主体，对个体农业、手工业的社会主义改造，对资本主义工商业的社会主义改造，分别为两翼。因此，总路线的内容简称为“一化三改”或“一体两翼”。工业化是强国的必由之路，但在分散落后的小农经济的基础上，是不可能建立起社会主义大工业的。中国民主资产阶级经济力量弱小，民族资本主要是商业资本和金融资本，工业资本只占五分之一，而且私营工业主要是轻纺工业和食品工业，缺少重工业基础。这些工业企业大多规模小、技术设备落后，不可能担当实现工业化的重任。在中国实现工业化，只能主要依靠办好原有的国营工业，并依据需要与可能改建、扩建这些工业，还要兴建新的、足以为国家工业化奠定基础的大型工业骨干企业。为此，国家有必要对农业、手工业、资本主义工商业进行系统的社会主义改造。总路线的主体与两翼之间，改造个体经济与改造私人资本主义经济之间，是彼此联系、相互促进的，体现了解放和发展生产力同变革生产关系的辩证统一。

在贯彻总路线的过程中，党积极探索并稳妥解决了社会主义改造的具体途径问题。对个体农业，是在互助组的基础上，发展土地入股的初级农业生产合作社，逐步过渡到土地公有的高级农业生产合作社，实现农业集体化。对个体手工业，也采取类似的方法，逐步实现手工业集体化。关于资本主义工商业如何向社会主义过渡，党在恢复经济的实践中，创造了加工订货、统购包销、经销代销、公私合营等一系列从低级到高级的国家资本主义形式。这些本来为帮助私营工商业克服生产困难而采取的措施，事实上引导私营企业在生产关系上发生程度不同的变化，使其绝大部分成为在人民政府管理之下的、用各种形式和国营社会主义经济联系着的、并受工人监督的国家资本主义经济。党从总结经验中肯定“经过国家资本主义完成对私营工商业的社会主义改造，是较健全的方针和办法”。

从国际环境来看，抗美援朝战争结束后，新的战争危险不会在短时期内出现，为我国开展大规模经济建设提供了有利条件。党一向认为，工业化建设应当坚持独立自主、自力更生，同时要争取可能和必要的国际援助。由于受到西方国家的经济封锁，苏联对我国提供的经济援助具有特殊的意义。不仅如此，苏联优先发展重工业快速实现工业化的成功经验，它所实行的社会主义公有制和集中统一的计划经济，在中国当时所处的历史阶段更具有现实的榜样作用。参照苏联的情况，党中央估计基本完成社会主义工业化和社会主义改造，大约需要三个五年计划的时间，加上三年经济恢复，共 18 年。到那时，就可以基本上将我国建设成为一个伟大的社会主义国家。

经过广泛深入的学习、宣传和教育，过渡时期总路线在全党获得统一认识，也得到全国人民的拥护，成为团结和动员全国人民共同为建设一个伟大的社会主义国家而奋斗的新的纲领。

2. 有计划的经济建设和社会主义工业化的起步

实现国家工业化，是近代以来无数仁人志士梦寐以求的理想，是中国共产党领导各族人民实现国家独立和富强，使中国能够自立于世界民族之林的必由之路。在过渡时期总路线的指引下，全党和全国人民把注意力转移到社会主义工业化的任务上来，积极投入大规模的经济建设。

我国是一个落后的农业国，工业基础薄弱，农业产值在国民经济总产值中占绝对优势，并且几乎全部是由传统的手工方式生产的。工业产值亦以手工生产为主，机器工业的产值始终低于手工业。毛泽东早就讲过：“没有工业，便没有巩固的国防，便没有人民的福利，便没有国家的富强。”因此改变我国工业落后状况的要求显得尤为紧迫。

在以工人阶级为领导、以工农联盟为基础的人民民主专政的条件下，中国实现工业化主要依靠内部积累，走社会主义的道路，使我国有强大的重工业可以制造各种必要的工业装备，使现代工业在工农业生产总值中占绝对优势，能够完全领导整个国民经济，使社会主义工业成为我国工业的主要基础。这根本区别于西方国家靠压榨本国人民和掠夺海外殖民地完成原始积累的资本主义工业化道路。关于工业化战略的选择，英美等老牌资本主义国家从发展轻工业开始，经历了漫长的过程才实现工业化。而世界上第一个社会主义国家苏联为打破帝国主义的包围，捍卫国家安全，在沙俄时代军事工业初步发展的基础上，优先快速发展重工业，在短期内建成独立完整的工业体系，为战胜德国法西斯奠定了必要的物质基础。这个成功经验对于后发展国家，尤其对工业基础十分薄弱的中国有着非常切近的示范作用。

在提出有系统地进行社会主义改造的 1953 年，我国即开始进行有计划的社会主义建设。实际上，编制发展国民经济的第一个五年计划的工作，在 1951 年就已着手进行。1955 年 7 月召开的一届全国人大二次会议通过了这个计划。从当时中国的实际出发，计划规定：集中主要力量发展重工业，建立国家工业化和国防现代化的初步基础；相应地发展交通运输业、轻工业、农业和商业；相应地培养建设人才；保证在发展生产的基础上逐步提高人民的物质生活和文化生活的水平。计划规定，五年内国家用于建设的投资总额为 766.4 亿元，折合黄金 7 亿两。这在中国历史上是空前的。没有全国财政经济工作的统一，不发挥社会主义可以集中力量办大事的优越性，经济落后的中国在当时进行这样巨额的投资是不可想象的。

“一五”计划在编制和实施过程中，较好地处理了我国经济建设中的几个重大关系问题。一是在优先发展重工业的同时，不放松农业、轻工业，对国民经济各个部门进行统筹兼顾、全面安排。二是在经济发展的布局上，基本建设投资及投资金额在限额以上的工业建设单位，有一半左右安排在内地，以改变历史形成的我国工业大多集中在沿海地区的不合理状况。三是在经济建设的规模、效益和速度上，与国力相适应，确定工业、农业生产平均每年增长的指标既积极又稳妥。四是把发展生产同改善人民生活恰当地结合起来，积累和消费的比例关系比较协调。五是既要争取外援，肯定苏联的援助对我国工业化的重要作用，同时强调自力更生，国家建设应以国内力量为主。1956年中央进一步提出建立独立完整的工业体系的方针。这些对于后来国际关系发生剧烈变化时我国能够坚持独立自主的立场，具有深远的意义。

“一五”期间，在苏联的援助下，中国着重建设了一大批基础性的重点工程，为国家的工业化奠定了初步的坚实基础。鞍山、包头、武汉三大钢铁基地的建设取得重大进展。到1956年，中国在工业建设上接连实现了具有历史意义的许多项零的突破。如第一座生产载重汽车的长春第一汽车制造厂建成投产，第一座制造机床的沈阳机床厂建成投产，第一座大批量生产电子管的北京电子管厂建成投产，第一座制造飞机的沈阳飞机制造厂成功试制第一架喷气式飞机。1957年，武汉长江大桥通车，从此铁路贯通中国南北。青藏、康藏、新藏公路先后建成通车，沟通了西藏和内地的联系。全国城乡呈现出一派建设的繁忙景象。

当时建成的这些大中型工业骨干企业，都是国家统一规划、统一投资的国营企业。这些建设成就，极大地加强和壮大了国营经济的领导力量，为顺利过渡到社会主义社会奠定了强大的物质基础。

（三）农业合作化运动的发展

1. 农业合作化任务的提出和基本方针

对农业的社会主义改造，在三大改造中列为首位。提倡个体农民“组织起来”，走共同富裕的社会主义道路，这是党的一贯主张。在实践上，土地改革已经完成的农村，都普遍发展了劳动互助组织。随着土改后多数农民经济地位上升，农村开始出现中农化的趋势。中农既是小生产者，又是小私有者。其中有少数富裕中农上升为新富农。如何看待农村中出现的贫富差距拉大的现象，党内存在意见分歧。在工业还不能向农村大量提供农用机械的情况下，互助组能不能前进一步，成立农业生产合作社，以削弱、动摇农民的小私有制基础呢？毛泽东研究了世界现代化大生产发展的历史经验和中国农村的实际需要，指出：既然西方资本主义在其发展过程中有一个工场手工业阶段，即尚未采用蒸汽动力机械、而依靠工场分工以形成生产力的阶段，则中国的合作社，依靠统一经营形成新生产力，去动摇私有基础，也是可行的。他讲的道理促使党内在引导农业互助组织走向较高级形式的问题上统一了认识。

1951年12月，中共中央下发了《关于农业生产互助合作的决议(草案)》。草案指出，中国农民在土改基础上所发扬起来的生产积极性，集中地表现在两种积极性上，即个体经济的积极性和劳动互助的积极性。党不能忽视和粗暴地挫伤农民个体经济的积极性，但是要“按照自愿和互利的原则，发展农民劳动互助的积极性”。

1953年10月，中央决定对粮食实行统购统销。这是因为大规模建设开始后，城镇和工矿区的发展急剧扩大了对商品粮食的需求量。而小农经济生产能力较弱，粮食供应不足，农村余粮户有待价惜售心理，私人粮商又控制了很大一部分粮食市场，造成国家粮食库存量急剧减少。党中央高度重视粮食供求紧张局势，中财委对可能采取的办法反复权衡比较，确认在粮食生产不能有很大提高的条件下推进工业化，只能在农村实行征购，在城市实行配给，并严格管制私商的投机活动。10月，中共中央召开政治局扩大会议、全国粮食会议，确定在农村实行粮食计划收购；对城市居民实行粮食计划供应；由国家严格控制粮食市场；由中央对粮食实行统一管理。11月，政务院下达关于实行粮食计划收购和计划供应的命令，简称“统购统销”。

粮食统购统销政策的推行，初步缓解了粮食供求紧张的矛盾，在不高的水准上基本满足了工业化初期对粮食的需要。在粮食统购统销以后，接着又实行油料、棉花的统购和食油、棉布的统销，使粮、棉、油等主要农产品脱离自由市场，纳入国家计划管理的轨道。在我国工业化初创阶段，工业品和农产品的价格还存在着较大的剪刀差，这实际上是为工业提供积累的一个重要来源，也是几亿农民为国家工业化作出的重要贡献。

统购统销政策缓解了粮食紧张局面，但解决粮食问题的根本出路在于增加粮食生产。当时认为小农经济增产潜力很小，而实行农业机械化又是长远目标，现实的办法主要是把个体农民组织起来，通过合作化的途径发展农业，增加生产。1953 年 12 月，党中央通过《中共中央关于发展农业生产合作社的决议》。决议强调，农业个体经济与社会主义工业化高涨的需要之间日益暴露出很大的矛盾。党在农村工作中最根本的任务，就是逐步实行农业的社会主义改造，必须把个体经济积极性引到互助合作积极性的轨道上来，把注意力更多地转向兴办初级农业生产合作社。决议认为，以土地入股为特征的初级农业生产合作社已经显示出优越性，可以成为引导农民过渡到土地公有的完全社会主义的高级社的适当形式。

实践证明，中国共产党对农业合作化运动的指导方针是正确的，由此开创了一条有中国特点的农业合作化道路。其基本原则和方针是：

在中国的条件下，可以走先合作化、后机械化的道路。在土地改革基本完成后，及时将“组织起来”作为农村工作的一件大事来抓。

充分利用和发挥土改后农民的两种生产积极性，通过互助组、初级农业生产合作社、高级农业生产合作社这种由低到高的互助合作的组织形式，实行积极发展、稳步前进、逐步过渡的方针。

农业互助合作的发展，要坚持自愿和互利的原则，采取典型示范、逐步推广的方法，发展一批，巩固一批。

要始终把是否增产作为衡量合作化是否办好的标准。

要把社会改造同技术改造相结合。在实现农业合作化以后，国家应努力用先进的技术和装备发展农业经济。

2. 农业合作化的发展和基本完成

在党的上述方针的指导下，农村的互助合作积极、稳步地向前推进。到 1954 年底，互助组从 1951 年底的 400 多万个发展到近 1000 万个，初级社从1951年底的300多个增加到1953年的1.4万个，1954年秋为10万个，1954年底猛增到48万个。参加互助合作的农户，从1951年底的2100万户增加到1954年底的7000万户，在全国农户总数中的比重从19.2%增加到60.3%。当时80%以上的合作社都做到了增产增收。

1955年夏季，由于对农业合作化形势的看法不同，在中国共产党内部引发了一场关于农业合作化发展速度问题的争论。同年7月31日，毛泽东在省市自治区党委书记会议上作《关于农业合作化问题》的报告。报告对农业合作化运动的基本经验作了比较全面的总结，阐明了农业合作化的基本道路、基本方针、基本政策，并对农业合作化同机械化、社会改革同技术改革的关系作了比较全面的论述，是继上面提到的中共中央两个决议之后又一篇指导农业合作化的重要文献。但在报告中，不点名地错误指责由邓子恢主持的中央农村工作部犯了“右倾机会主义错误”，是站在群众运动后面指手画脚的“小脚女人”，从而将正常的党内争论说成是两条路线的分歧。

1955年夏季以后，农业合作化运动加速发展，出现了农业合作化高潮。到1956年底，农业合作化基本完成。加入合作社的农户占全国农户总数的96.3%，其中参加高级社的农户达到87.8%。

对个体农业的社会主义改造，在1955年夏季以后，要求过急，工作过粗，改变过快，形式也过于简单化一，以致在较长期间遗留了一些问题。尽管如此，农业合作化在总体上是成功的。

在农业合作化运动期间，从1953年到1956年，农业生产力不断发展，全国农业总产值平均每年递增4.8%。农民安居乐业，生产有所发展，生活有所改善。中国农村在发展稳定的气氛中完成了从几千年的分散个体劳动向集体所有、集体经营的历史性转变。这是中国历史上一次伟大的社会变革、社会进步。至于在土地等生产资料集体所有制的基础上，如何采取更有利于调动农民积极性的经营方式和组织形式，则是需要长期探索才能解决的，并且需要随着农村社会生产力的发展而不断加以完善。

3. 手工业合作化的实现

我国工业基础薄弱，手工业历来在经济和社会生活中占有重要地位。手工业的行业和品种很多，几乎包括人民日常生活的各个方面。在工业化建设初期，机器工业还远不能满足人民日益增长的需要，发展手工业的重要性尤为突出。但手工业的生产方式是分散的，生产条件落后，作为小商品经济，抗御经济风险的能力很弱。因此，党确定改造个体手工业的任务，就是逐步引导手工业劳动者走社会主义集体化的道路。先从手工业生产合作小组开始，到组织手工业供销生产合作社，逐步过渡到高级形式的手工业生产合作社。到 1954 年底，全国手工业合作组织达到 4.17 万多个，社(组)员 121.35 万人，当年产值 11.7 亿元，较 1953 年产值 5.06 亿元增长 1.2 倍。手工业供销生产合作组织在供销和生产两方面都很有生气，技术水平和劳动生产率也相应提高，体现了组织起来的优越性。到 1956 年底，参加合作社的手工业人员已占全体手工业人员的 91.7%，手工业的合作化也基本完成了。

4. 对资本主义工商业赎买政策的实施

(1)经过国家资本主义走向社会主义

有计划地推进对资本主义工商业的社会主义改造，是和农业、手工业合作化同步进行的又一战略步骤。

中国资产阶级有两个部分，即官僚资产阶级和民族资产阶级。中国共产党和人民政府对他们采取了不同的政策。对官僚资产阶级即中国的大资产阶级，是把他们作为敌人，在政治上推翻他们的统治，在经济上没收他们的资本。民族资产阶级在社会主义革命时期仍然具有两面性。他们既有剥削工人取得利润的一面，又有拥护宪法、愿意接受社会主义改造的一面。对民族资产阶级，是把他们作为朋友，在团结他们的同时，用和平的方法逐步地改造他们。

对资本主义工商企业进行社会主义改造，就是要把民族资本主义工商业改造成为社会主义性质的企业，并对民族资产阶级实行赎买政策。采取这样的政策，既可以在一定时期利用资本主义工商业的积极作用（如增加产品供应、扩大商品流通、维持工人就业、为国家提供税收等），又有利于争取民族资产阶级及其知识分子，并减少他们接受社会主义改造的阻力。正因为如此，中国共产党和人民政府对资本主义工商业采取了利用、限制、改造的政策。毛泽东明确指出：国家资本主义是改造资本主义工商业和逐步完成社会主义过渡的必经之路。

国家资本主义经济是在人民政府管理之下的，用各种形式和国营社会主义经济联系着的，并受工人监督的资本主义经济。它有初级形式和高级形式的区别。初级形式的国家资本主义企业仍由资本家经营，它同国营社会主义经济通过订立合同等办法，在企业外部建立这样那样的联系。其形式，在工业中有收购、加工、订货、统购、包销；在商业中有经销、代销、代购代销、公私联营等。高级形式的国家资本主义就是公私合营。实行公私合营以后，原来的资本主义企业同社会主义经济的联系已经不仅限于流通领域，而是深入到了企业内部，深入到了生产领域。社会主义经济在企业中已经具有决定意义的作用了。

中华人民共和国成立初期，着重发展的是加工订货、经销代销等初级形式的国家资本主义。1954 年 1 月，中央人民政府财政经济委员会提出《关于有步骤地将有十个工人以上的资本主义工业基本上改造成为公私合营企业的意见》，高级形式的国家资本主义进一步发展起来。开始时，主要是个别企业的公私合营。在这种合营企业中，公方代表已经居于领导地位。企业利润采取“四马分肥”的办法，即分为国家所得税、企业公积金、工人福利费、股金红利四个部分。企业收益大部分归国家和个人，资本家所得不足 1/4。这种企业已经具有不同程度的社会主义性质。1955 年，合营工业的产值占到全部私营工业产值（包括已合营的在内）的 49.6%。这一年，北京、上海、天津的一些行业先后实行全行业公私合营。这时，国家对资本家原有的生产资料进行清理估价，以核实私股股额；在合营期间，每年发给资本家5%的股息，这就叫定股定息。全行业公私合营以后，这些企业基本上已经是社会主义性质的经济，除资本家领取定息外，同国营企业已经没有原则的区别。1956年1月，北京市首先在全市范围内完成全行业公私合营。到这年年底，全国私营工业户的99%，私营商业户的82.2%，都走上了全行业公私合营的道路。

(2)和平赎买政策的实现

经过国家资本主义来改造资本主义工商业，意味着国家对资本家采取和平赎买的政策。中共中央在《关于资本主义工商业改造问题的决议》中指出："我们对于资产阶级，第一是用赎买和国家资本主义的方法，有偿地而不是无偿地，逐步地而不是突然地改变资产阶级的所有制；第二是在改造他们的同时，给予他们以必要的工作安排；第三是不剥夺资产阶级的选举权，并且对于他们中间积极拥护社会主义改造而在这个改造事业中有所贡献的代表人物给以恰当的政治安排。在资产阶级没有别的出路的条件下，这是他们能够接受的方案。"

对资产阶级实行赎买，这是马克思、恩格斯提出的设想。十月革命后，列宁打算在俄国对"文明的资本家"采取这种做法，但俄国资产阶级不接受。中国共产党把这种设想付诸实施并取得成功，资产阶级中的绝大多数人公开表示接受这样的方案。按照1956年全行业公私合营时核定的私股股额，总数为24.1864亿元人民币。在赎买政策的实施过程中，资本家先后共获得人民币32.5亿元，超过了其原来所有的资产总额。资本家的所得包括：1949年至1955年的利润13亿元，1955年至1968年的定息11亿元，高薪8.5亿元。

在实行全行业公私合营的时候，国家为资本家安排了工作，许多人担负了一定的领导职务。这既有利于发挥他们在经营管理方面的特长，又可以为使他们成为自食其力的劳动者创造条件。国家还安排他们进行学习和组织他们到各地参观访问，帮助他们了解国内外形势，更好地掌握自己的命运。许多原工商业者提高了觉悟，拥护共产党的领导和社会主义制度，为国家建设事业作出了贡献。

邓小平说："我国资本主义工商业社会主义改造的胜利完成，是我国和世界社会主义历史上最光辉的胜利之一。这个胜利的取得，是由于中国共产党领导全体工人阶级执行了毛泽东同志根据我国情况制定的马克思主义政策，同时，资本家阶级中的进步分子和大多数人在接受改造方面也起了有益的配合作用。"

（四）社会主义基本制度在中国的全面确立

1. 人民民主政治建设的稳步推进

在有系统地推进社会主义改造的同时，人民民主政治建设也在有步骤地向前推进。

1954 年 9 月，中华人民共和国第一届全国人民代表大会第一次会议在北京召开。大会审议并一致通过的《中华人民共和国宪法》，是中华人民共和国的第一部宪法。宪法确立了我国社会主义社会的根本政治制度，明确规定："中华人民共和国是工人阶级领导的、以工农联盟为基础的人民民主国家。""中华人民共和国的一切权力属于人民。人民行使权力的机关是全国人民代表大会和地方各级人民代表大会。""全国人民代表大会、地方各级人民代表大会和其他国家机关，一律实行民主集中制。"宪法明确了我国向社会主义过渡的方向和途径，规定："中华人民共和国依靠国家机关和社会力量，通过社会主义工业化和社会主义改造，保证逐步消灭剥削制度，建立社会主义社会。"宪法还规定了公民的基本权利和义务，使中国人民的基本人权在中华人民共和国第一次获得了宪法的保障。

1954 年制定的《中华人民共和国宪法》是一部社会主义类型的宪法。它体现了两大原则，即人民民主原则和社会主义原则，把中国人民行使当家做主权利的政治制度用根本大法形式确定下来，并指明了为建立社会主义社会继续奋斗的正确道路。

宪法确立了国家体制的格局：全国人民代表大会即最高国家权力机关；国务院即中央人民政府，是最高国家权力机关的执行机关，是最高国家行政机关。大会选举毛泽东为中华人民共和国主席，刘少奇为全国人大常委会委员长，决定周恩来为国务院总理。全国人民代表大会的召开，标志着人民代表大会制度作为我国的根本政治制度的确立。这是党带领中国人民沿着社会主义道路前进的制度保障。

一届全国人大一次会议召开后，中国人民政治协商会议第一届全体会议执行全国人民代表大会职权的任务宣告结束。1954 年 12 月，中国人民政治协商会议第二届全国委员会一次会议在北京举行，讨论并通过了新的《中国人民政治协商会议章程》，指出：人民政协“作为团结全国各民族、各民主阶级、各民主党派、各人民团体、国外华侨和其他爱国民主人士的人民民主统一战线的组织，仍然需要存在”。会议推举毛泽东为全国政协名誉主席，选举周恩来为政协第二届全国委员会主席。从此，中国人民政治协商会议既是中国人民爱国统一战线的组织，又是中国共产党领导的多党合作和政治协商的重要机构，是我国政治生活中发扬社会主义民主的重要形式。这对于坚持和完善中国共产党领导的多党合作和政治协商制度，具有重要的意义。

《中华人民共和国宪法》的重要内容之一，是以根本大法确立中国国内各民族间平等友爱互助的关系，保障各少数民族的自治权利。中国是一个由 56 个民族组成的统一的多民族国家。据 1953 年全国人口普查统计，除汉族外，少数民族共 3532 多万人，占全国人口的 6.06%，但分布的地区约占全国总面积的 60%。在长期的历史发展中，中国境内各民族逐步汇合成为统一的中华民族，并形成以汉族为主体的各民族大杂居、小聚居的局面。根据中国历史和现实的特点，1949 年 9 月中国人民政治协商会议通过的《共同纲领》就确定以实行民族区域自治而不是联邦制，作为解决中国民族问题的基本原则，这是中国共产党运用马克思列宁主义关于民族问题的理论解决中国民族问题的一项重大创造。1952 年 8 月，《中华人民共和国民族区域自治实施纲要》公布施行，民族区域自治迈出法律化、制度化的重要一步。1954 年宪法将民族自治地方规范为自治区、自治州、自治县三级，县以下的少数民族聚居区设民族乡。继内蒙古自治区成立(1947 年 5 月)之后，新疆维吾尔自治区(1955 年 8 月)、广西壮族自治区(1958 年 3 月)、宁夏回族自治区(1958 年 10 月)、西藏自治区(1965 年 9 月)先后成立。随着 5 个民族自治区和相关自治州、自治县的先后成立，民族区域自治制度作为我国的基本政治制度得以实现。这对于中国在任何复杂的国际国内环境下，始终保持国家完整统一，促进民族团结互助和民族发展进步，具有重大而长远的意义。

在逐步推进社会主义改造的过程中，中国的社会主义基本政治制度得到了全面确立和进一步发展。

2. 社会主义改造的基本完成

1955 年夏季以后，农业合作化运动形成猛烈发展的群众性浪潮，手工业、资本主义工商业的社会主义改造也大大加快步伐。至 1956 年底，我国基本上完成了对生产资料私有制的社会主义改造，初步建立起公有制占绝对优势的社会主义经济制度，这是中国进入社会主义社会的最主要的标志。1952 年，各种经济成分在国民收入中所占的比重分别是：国营经济 19. 1%，合作社经济 1. 5%，公私合营经济 0. 7%，个体经济 71. 8%，资本主义经济 6. 9%。就是说，个体经济和资本主义经济合计为 78. 7%，占到国民收入的绝大部分。到 1956 年，各种经济成分占国民收入的比重分别是：国营经济 32. 2%，合作社经济 53. 4%，公私合营经济 7. 3%，个体经济 7. 1%，资本主义经济接近于零。这就是说，社会主义性质的国营经济、合作社经济和基本上属于社会主义性质的公私合营经济合计为 92. 9%，占到了国民收入的绝大多数。这是社会主义改造的主要成果。这表明，中国已经胜利地完成了从新民主主义到社会主义的过渡，社会主义基本制度在中国得到了全面的确立。

中共中央原计划用 18 年的时间而实际上只用了 7 年的时间，社会主义改造就基本完成了。由于进展急促，工作中也有缺点和偏差。如前所述，1955 年夏季以后农业合作化以及对手工业和个体商业的改造中出现了一些问题。资本主义工商业的改造，也有急于求成的缺点；小商小贩、小手工业者和只有轻微剥削的小业主本来是应当引导他们走合作化道路的，却把他们与资本家一起带进了合营企业；对于一部分原工商业者的使用和处理也不很适当。同时，在对公有制实现形式的认识上和对计划经济的理解上也有局限性。尽管如此，从根本上说，对于个体农业、手工业和资本主义工商业的社会主义改造是符合客观需要的，完成这些改造是一件有伟大历史意义的事情。

社会主义改造是在生产关系方面由私有制到公有制的一场伟大的变革。而生产关系的急剧变革往往会在一段时间内引起对社会生产力的破坏。虽然我国的社会主义改造出现过一部分群众生产积极性受影响的情况，但总的来说并没有破坏生产力，而是促进了生产力的发展。1956 年与 1955 年相比，农业总产值增长 6. 4%；工业总产值增长 28. 2%。在农业合作化过程中，农田水利建设和农业技术改造逐年都有所发展，粮食产量逐年都有所增长。原有私营企业在接受改造的过程中，生产增长和效益提高也是明显的。这主要是党和政府在改造的不同阶段，根据生产发展的需要适时调整政策，对生产和流通许多环节实行统筹兼顾、全面安排的结果。

社会主义改造的胜利，为中国全面进行社会主义建设奠定了基础，开辟了道路。农业和手工业由个体所有制变为社会主义的集体所有制，私营工商业由资本主义所有制变为社会主义所有制，这就使社会生产力从旧的生产关系的束缚中解放出来，为在社会主义条件下取得比资本主义更快更好的现代化发展速度铺平了道路。

1981 年 6 月，中共十一届六中全会通过的《关于建国以来党的若干历史问题的决议》明确指出：社会主义改造尽管存在某些缺点和偏差，“但整个来说，在一个几亿人口的大国中比较顺利地实现了如此复杂、困难和深刻的社会变革，促进了工农业和整个国民经济的发展，这的确是伟大的历史性胜利”。

新民主主义革命的胜利，社会主义基本制度的建立，为当代中国一切发展进步奠定了根本政治前提和制度基础。

3. 在社会主义条件下推进工业化、现代化

社会主义革命的目的是为了解放生产力。在社会主义改造基本完成后，中国人民面临的主要任务，就是进一步推进工业化、现代化建设，为实现国家的繁荣富强和人民的共同富裕而奋斗。而社会主义基本制度的全面确立，正是为推进中国的工业化、现代化事业，为中国以后一切的进步和发展，奠定了基础。

中国是在没有实现工业化的情况下进入社会主义的。一方面，正如邓小平所说，“当时中国有了先进的无产阶级的政党，有了初步的资本主义经济，加上国际条件，所以在一个很不发达的中国能搞社会主义。这和列宁讲的反对庸俗的生产力论一样”。另一方面，由于经济文化比较落后，正如党后来指出的，中国的社会主义还只能是初级阶段的社会主义，或者说只能是社会主义的初级阶段。不经过生产力的巨大发展，是不可能越过这个阶段的。

二、中国式社会主义建设道路的初步探索

（一）良好的开局

1. 全面建设社会主义的开端

社会主义制度在中国建立起来后，社会主义的经济、政治、文化应该怎样建设？社会主义应当怎样巩固和发展？这是一个全新的历史性课题。全党和全国人民精神振奋，急切地想做出一番新的伟大事业，努力探索中国社会主义建设道路。但是，在中国建设社会主义，远比在中国

进行民主革命要艰难和复杂得多。在开始建设的时候，党号召过“学习苏联”。这有其历史的必然性，并且有收到积极效果的一面。然而，苏联经验并不都是成功的，苏联成功的经验并不都适合中国的情况。学习苏联终究不能代替对自己道路的寻求。这就犹如攀登一座人迹未至的高山，一切攀登者都要披荆斩棘，开辟道路。在新的使命面前，党难以事先做好充分的理论准备，只能根据马克思主义的基本原理同中国实际相结合的原则，总结自己的经验，借鉴外国的经验，在实践中探索前行，实行马克思主义同中国实际的“第二次结合”。在1956年中国共产党第八次全国代表大会召开前后，这种探索有了一个良好开端。

社会主义改造基本完成后面临的形势：在国内，党和国家的工作重心开始转移到发展生产力这一方面来，新建立的生产关系还不完善，单一公有制和高度集中的计划经济开始暴露出问题，实际生活中出现不少新的社会矛盾。国际上，1956年2月举行的苏联共产党第二十次代表大会，尖锐揭露和批判了斯大林领导苏联社会主义建设中的严重错误以及对他的个人崇拜造成的严重后果，但也存在严重的偏差，在社会主义阵营引起极大震动和思想混乱。中国共产党不赞成全盘否定斯大林领导苏联党和人民为社会主义而奋斗的历史，同时认为，揭开斯大林问题的“盖子”；对于各国马克思主义政党破除对斯大林和苏联经验的迷信，解放被教条主义束缚的思想，探索适合本国情况的革命和建设道路具有重要意义。毛泽东说：“最近苏联方面暴露了他们在建设社会主义过程中的一些缺点和错误，他们走过的弯路，你还想走？过去我们就是鉴于他们的经验教训，少走了一些弯路，现在当然更要引以为戒。”中国的社会主义建设必须走自己的道路。1956年9月党的八大的召开，标志着党对中国社会主义建设道路的探索取得初步成果。《论十大关系》的提出，则是这一探索的开始。

2.《论十大关系》的发表

从1956年初开始，以毛泽东为主要代表的中国共产党人，对中国的社会主义建设道路进行了艰苦的探索，并取得了积极的成果。

为准备召开中国共产党第八次全国代表大会，毛泽东、刘少奇等领导人进行了大规模的调查研究工作。从1956年2月到4月，毛泽东等先后听取了国务院工业、农业、运输业、商业、财政、计划等35个部委的工作汇报。这是中华人民共和国成立以来中共中央领导集体开展的一次广泛而深入的对经济工作的调查研究。

在听取汇报的基础上，毛泽东逐渐形成《论十大关系》的基本思想，并先后在4月25日中央政治局扩大会议和5月2日最高国务会议上作了《论十大关系》的报告。这个报告，总结经济建设的初步经验，借鉴苏联建设的经验教训，概括提出了十大关系。这十大关系，围绕一个基本方针，即："一定要努力把党内党外、国内国外的一切积极的因素，直接的、间接的积极因素，全部调动起来，把我国建设成为一个强大的社会主义国家。"这成为同年9月召开的中共八大的指导思想。

社会主义是广大人民群众的事业。毛泽东强调，工人、农民是人民群众的主体，建设社会主义，首先必须依靠工农群众，充分调动工农群众的积极性；同时，必须巩固各民族的团结，帮助少数民族发展经济建设和文化建设；还应当与民主党派"长期共存，互相监督"，加强统一战线工作。他并且提出，要尽可能地化消极因素为积极因素。

毛泽东指出，在把重工业作为国内建设重点的同时，要更多地发展农业、轻工业，并处理好沿海工业与内地工业、经济建设与国防建设的关系，从而对中国工业化道路的问题作出了创造性的论述。他还开始提出体制改革的问题，认为我们不能像苏联那样，把什么都集中到中央，而应当有中央和地方两个积极性，应当使各个生产单位有一个与统一性相联系的独立性。

毛泽东在论述中国和外国的关系时，提出"向外国学习"的口号，强调一切民族、一切国家的长处都要学，但不能一切照搬。

同年4月28日，毛泽东在中共中央政治局扩大会议讨论《论十大关系》报告后作总结讲话，进一步提出："艺术问题上的百花齐放，学术问题上的百家争鸣，我看应该成为我们的方针。”百花齐放、百家争鸣方针的提出和确立，适应了国家迅速发展经济和文化的迫切要求，有利于充分调动广大知识分子从事社会主义建设的积极性，成为党和国家促进社会主义文化繁荣和科学进步的指导方针，后来也成为处理人民内部矛盾的正确方针。

《论十大关系》是以毛泽东为主要代表的中国共产党人开始探索中国自己的社会主义建设道路的标志，它在新的历史条件下从经济方面（这是主要的）和政治方面提出了新的指导方针，为中共八大的召开作了理论准备。后来，毛泽东回顾说：“前八年照抄外国的经验。但从一九五六年提出十大关系起，开始找到自己的一条适合中国的路线。”

3. 中共八大路线的制定

1956年9月15日至27日，中国共产党第八次全国代表大会在北京举行。毛泽东致开幕词，刘少奇作政治报告，周恩来作关于发展国民经济第二个五年计划建议的报告，邓小平作关于修改党章的报告。

中共八大文献的起草，是在毛泽东领导下集体进行的。作为八大纲领性文献的政治报告稿，经毛泽东、刘少奇、周恩来等人反复修改，并经中共中央政治局多次讨论，是中共中央集体智慧的结晶。

中共八大正确分析了社会主义改造完成后中国社会的主要矛盾和主要任务，指出：社会主义制度在我国已经基本上建立起来；我们还必须为解放台湾，为彻底完成社会主义改造、最后消灭剥削制度和继续肃清反革命残余势力而斗争，但是国内主要矛盾已经不再是工人阶级和资产阶级的矛盾，而是人民对于经济文化迅速发展的需要同当前经济文化不能满足人民需要的状况之间的矛盾；全国人民的主要任务是集中力量发展社会生产力，实现国家工业化，逐步满足人民日益增长的物质和文化需要；还有阶级斗争，还要加强人民民主专政，但根本任务已经是在新的生产关系下面保护和发展生产力。

在经济建设上，大会坚持既反保守又反冒进即在综合平衡中稳步前进的方针。在政治建设上提出要扩大社会主义民主、健全社会主义法制，使党和政府的活动做到“有法可依”和“有法必依”。在执政党建设上，强调要提高全党的马克思列宁主义思想水平，健全党内民主集中制，坚持集体领导制度，反对个人崇拜，发展党内民主和人民民主，加强党和群众的联系。

在大会发言中，陈云提出“三个主体、三个补充”的思想，即：国家经营和集体经营是主体，一定数量的个体经营为补充；计划生产是主体，一定范围的自由生产为补充；国家市场是主体，一定范围的自由市场为补充。这个思想为大会所采纳，并写入大会决议，成为探索适合中国特点的经济体制的重要步骤。

随后召开的中共八届一中全会，选举毛泽东为中央委员会主席，刘少奇、周恩来、朱德、陈云为副主席，邓小平为总书记，由他们组成中央政治局常务委员会。

中共八大的路线是正确的，它为社会主义事业的发展和党的建设指明了方向。

中共八大后，中国共产党在探索中又提出一些重要的新思想。同年12月，毛泽东提出，可以消灭了资本主义，又搞资本主义，并把这称作“新经济政策”。这个意见得到了刘少奇、周恩来等领导人的赞同。

4.《关于正确处理人民内部矛盾的问题》的发表

社会主义改造基本完成后，不少人对新的社会制度还不能马上适应，再加上党和政府的一些工作部门存在着主观主义、官僚主义作风，引起一些群众的不满。1956年下半年，一些地区出现了工人罢工、学生罢课、农民退社等情况。与此同时，国际上出现的波兰、匈牙利事件，也在国内引起一些人的思想波动。一些领导干部对此缺乏思想准备，或者束手无策，或者对一些闹事问题不作具体分析，简单化地将其作为敌我矛盾来处理。

1957年2月，毛泽东在扩大的最高国务会议第十一次(扩大)会议上作了《如何处理人民内部的矛盾》的讲话，指出：在社会主义制度下，人民的根本利益是一致的，但还存在着敌我矛盾和人民内部矛盾。必须区分社会主义社会两类不同性质的社会矛盾，把正确处理人民内部矛盾作为国家政治生活的主题。他联系农业合作化问题、工商业者问题、知识分子问题、少数民族问题、少数人闹事问题、与民主党派关系问题等，系统地阐明了正确处理各种人民内部矛盾的方针和方法。他强调，不能用解决敌我矛盾的方法去解决人民内部矛盾，只能用民主的、说服的、教育的、“团结—批评—团结”的方法去解决。

毛泽东提出正确处理人民内部矛盾的问题，有一个重要的指导思想，这就是：“团结全国各族人民进行一场新的战争——向自然界开战，发展我们的经济，发展我们的文化，使全体人民比较顺利地走过目前的过渡时期，巩固我们的新制度，建设我们的新国家。”

毛泽东还对社会主义社会的基本矛盾作了科学分析。他指出：矛盾是普遍存在的。社会主义社会充满着矛盾，正是这些矛盾推动着社会主义社会不断向前发展。在社会主义社会中，基本的矛盾仍然是生产关系和生产力之间的矛盾、上层建筑和经济基础之间的矛盾。这些矛盾，可以通过社会主义制度本身的自我调整和自我完善不断地得到解决。这实际上为进行改革，使社会主义制度得到完善和发展奠定了理论基石。

这篇讲话稿经补充修改后，以《关于正确处理人民内部矛盾的问题》为题，在 1957 年 6 月 19 日《人民日报》公开发表，是一篇重要的马克思主义文献。它创造性地阐述了社会主义社会矛盾学说，是对科学社会主义理论的重要发展，对中国社会主义事业具有长远的指导意义。

5. 整风运动和反右派斗争

1957 年 4 月 27 日，中共中央下发《关于整风运动的指示》，决心在全党进行一次反对官僚主义、宗派主义和主观主义的整风运动。

采取整风的办法来全面加强党的思想、组织、作风建设，是中国共产党的一个创造。在执政的条件下，党容易产生脱离群众的官僚主义等错误倾向，更需要采取整风的办法来加以解决。根据中共中央的设想，这次整风应当是一次既严肃认真又和风细雨的思想教育运动，是一次认真开展批评和自我批评的自我教育运动，通过发动群众向党员和党的各级组织提意见，帮助党来纠正官僚主义等问题。

这场运动采取开门整风的形式。各级党组织纷纷召开座谈会和小组会，听取党内外群众的意见，迅速在全社会形成一个“鸣放”的高潮。毛泽东和中共中央真诚地希望通过这种方式，加强党外人士对共产党员特别是党员领导干部的批评、监督，进一步密切党同群众的联系。毛泽东曾经肯定开门整风取得的成果，指出：开展整风“这是天下第一大事”，“不整风党就会毁了”。他在1957年7月撰写的《一九五七年夏季的形势》一文中提出，必须在我国建立一个现代化的工业基础和现代化的农业基础，这样，我们的社会主义的经济制度和政治制度，才能获得自己的比较充分的物质基础；为了建成社会主义，工人阶级必须有自己的技术干部队伍，必须有自己的教授、教员、科学家、新闻记者、文学家、艺术家和马克思主义理论家的队伍，这是一个宏大的队伍，人少了是不成的；要造成一个又有集中又有民主，又有纪律又有自由，又有统一意志、又有个人心情舒畅、生动活泼，那样一种政治局面。这些思想，是中共八大路线的继续和发展，是党探索社会主义建设道路的新成果。

在整风运动中人们提出的各种意见，绝大多数是诚恳的。但确有极少数资产阶级右派分子乘机向党和新生的社会主义制度发动进攻。他们把共产党在国家政治生活中的领导地位攻击为“党天下”，要求“轮流坐庄”；他们竭力抹煞社会主义改造和建设的成绩，根本否定社会主义制度的优越性；他们还把人民民主专政制度说成是产生主观主义、官僚主义和宗派主义的根源。有的人甚至散布煽动性言论，鼓动一些不明真相的人上街闹事。这说明，事情正在起变化。

6月8日，中共中央发出组织力量反击右派分子进攻的党内指示，《人民日报》同日发表题为《这是为什么？》的社论。一场全国规模的群众性反右派运动全面展开。

对极少数右派分子的进攻实行坚决反击，是完全正确的和必要的。在涉及重大政治原则的大是大非问题上如果不能旗帜鲜明，就会造成思想上和政治上的混乱。这方面党取得的经验，是宝贵的，有长远意义的。但是反右派斗争被严重地扩大化了。到1958年夏季运动结束时，全国划定的右派分子达55万人，其中绝大多数属于错划。把一批知识分子、爱国人士和党内干部错划为右派分子，不仅是他们个人的损失，更是党和国家整个事业的严重损失。而在运动中采取的大鸣、大放的错误斗争方式，也是反右派斗争严重扩大化的一个重要因素。

反右派斗争严重扩大化的一个重要影响，是1957年9月至10月召开的中共八届三中全会开始改变中共八大关于我国社会主要矛盾的正确判断，认为当前国内的主要矛盾仍然是无产阶级和资产阶级、社会主义道路和资本主义道路的矛盾。后来召开的中共八大二次会议正式确认了这个判断。这一理论上和指导思想上的失误造成了长时期的严重后果。

(二)“大跃进”及其纠正

1. “大跃进”和人民公社化运动的发动

1957年“一五”计划提前完成，极大地激发了全国人民在短时间内彻底改变祖国“一穷二白”面貌的斗志，增强了中国共产党人领导经济建设的自信心。在胜利面前，毛泽东以及中央和地方不少领导干部滋长了骄傲自满情绪，夸大了主观意志和主观努力的作用，忽视经济规律，急于求成，对社会主义建设的长期性、复杂性估计严重不足。

中共八届三中全会通过农业发展纲要四十条，随后在农村开展了关于农业生产建设的大辩论。1957年11月13日《人民日报》社论提出：要在生产战线上来一个大的跃进。这年冬季兴起的农田水利建设高潮，有效地提高了农业抗灾的能力，为农业增产增收打下了重要的基础。由此揭开了“大跃进”的序幕。

1958年1月和3月，毛泽东先后在南宁和成都主持召开中央工作会议。他提出，要把党和国家的工作重点放到技术革命和社会主义建设上来。这是中共八大路线的继续和发展，具有积极的意义。但是，他错误地改变了在经济建设上既反保守又反冒进即在综合平衡中稳步前进的方针，严厉批判反冒进，偏离了实事求是、稳步前进的正确轨道。

同年5月，中共八大二次会议通过了"鼓足干劲、力争上游、多快好省地建设社会主义"的社会主义建设总路线。这条总路线及其基本点，其正确的一面，是反映了广大人民群众迫切要求改变国家经济文化落后状况的普遍愿望；其缺点是忽视了客观的经济规律。总路线提出的"多快好省"这四个字，本来是相互制约的，但在宣传中和实际工作中片面地突出了一个"快"字，产生了消极的后果。

"大跃进"的发动表明，中国共产党力图抓住20世纪50年代中期出现的有利于国内和平建设的不可多得的历史机遇，在中国社会主义现代化建设上开创一个跨越式发展的局面。但是，由于没有经过认真的调查研究和试点，就在总路线提出后轻率地发动了"大跃进"和人民公社化运动，使得以高指标、瞎指挥、浮夸风和"共产风"为主要标志的"左"倾错误严重地泛滥开来。

同年8月，中共中央政治局扩大的北戴河会议通过了《关于在农村建立人民公社问题的决议》，提出"应该积极地运用人民公社的形式，摸索出一条过渡到共产主义的具体途径"。从这年夏季开始，只经过了几个月时间，全国74万个农业生产合作社合并成为2.6万多个人民公社。人民公社实行"政社合一"的体制，其基本特点被概括为"一大二公"。所谓"大"，就是规模大，原来一两百户规模的农业生产合作社被合并成拥有四五千户甚至一两万户的人民公社；所谓"公"，就是公有化程度高，原来经济条件各不相同的农业生产合作社被合并以后，主要财产归人民公社所有，收入在全社范围内统一核算和分配。它严重地脱离了农村的生产力水平，致使"一平二调"("平"，指在公社范围内实行贫富拉平，平均分配；"调"，指县社两级无偿调拨生产队和社员个人的财物和劳动力)之风泛滥，损害了广大社员和小集体的利益。

2. 初步纠正“左”倾错误的努力

毛泽东是“大跃进”和人民公社化运动的积极倡导者和推动者，又是中共中央领导集体中较早地觉察并实际纠正“左”倾错误的领导人。1958年11月，毛泽东主持召开第一次郑州会议，指出当时大有立即宣布全民所有、废除商业、消灭商品生产之势，发展下去势必会重犯苏联剥夺农民的历史性错误。从这时起到1959年7月庐山会议前期，毛泽东领导全党和全国人民对已经觉察到的错误进行了初步纠正。

1958年11月到12月间，毛泽东在武昌先后主持召开中共中央政治局扩大会议和八届六中全会，着重纠正急于向全民所有制和向共产主义过渡的倾向，以及企图过早地取消商品生产和商品交换的倾向，并决定开展整顿人民公社的工作。1959年2月，毛泽东主持召开第二次郑州会议，针对人民公社存在的平均主义和过分集中的问题，提出队为基础、分级管理、三级核算、各计盈亏、按劳分配、承认差别的方针。

1959年4月，二届全国人大一次会议选举刘少奇为中华人民共和国主席，朱德为全国人大常委会委员长，决定周恩来连任国务院总理。

3. 庐山会议与纠“左”进程的中断

1959年7月2日至8月1日，中共中央在江西庐山召开政治局扩大会议。毛泽东提出18个问题，要求与会者讨论。其出发点是统一全党的认识，巩固纠“左”成果。但是党内的高层领导对1958年以来的工作和当前形势的估计存在着严重分歧。7月14日，彭德怀给毛泽东写信，着重指出“大跃进”存在的严重问题和突出矛盾。毛泽东错误地对彭德怀的信提出尖锐批评。8月2日至16日，毛泽东在庐山主持召开中共八届八中全会，作出了《关于以彭德怀同志为首的反党集团的错误的决议》，随后在全党范围开展了“反右倾”斗争。这场斗争，在政治上使党内从中央到基层的民主生活遭到严重损害；在经济建设上打断了纠

“左”的进程，使错误延续了更长时间。

主要由于“大跃进”和“反右倾”斗争的错误，加上当时的自然灾害和苏联政府背信弃义地撕毁合同、撤走全部专家，中国国民经济在1959年到1961年发生严重困难。

4. 国民经济的调整

国民经济出现的严重困难局面，给中国共产党以深刻的教训。中共中央和毛泽东决心认真进行调查研究，调整政策，纠正错误。毛泽东在1960年6月撰写的《十年总结》一文和同年11月为中共中央起草的指示中，都讲到自己在“大跃进”期间所犯的错误，做了自我批评。同年11月，中共中央发出《关于农村人民公社当前政策问题的紧急指示信》(即“十二条”)，着手解决当时最为突出的农业和农村问题。

1961年1月，中共八届九中全会决定对国民经济实行“调整、巩固、充实、提高”的八字方针，毛泽东在会上号召全党大兴调查研究之风。随后，他领导的三个调查组分赴浙江、湖南、广东农村基层作调查。刘少奇、周恩来、朱德、陈云、邓小平等也深入基层进行调查研究。同年3月，毛泽东在广州主持起草了《农村人民公社工作条例(草案)》(即“农业六十条”)，以后又几经修改，确定以生产队为基本核算单位，要求认真贯彻按劳分配的原则，废除供给制，停办公共食堂。“农业六十条”的贯彻执行，对于克服严重存在的平均主义、调动农民的生产积极性，推动恢复和发展农业生产，起到了十分重要的作用。同年6月，毛泽东指出，由于碰了钉子，我们“对于社会主义的认识，对于如何建设社会主义的认识是大为深入了”。在此基础上，在刘少奇、周恩来、陈云、邓小平等的主持下，中共中央陆续制定出有关工业、商业、教育、科学、文艺等方面的工作条例草案，总结历史经验，继续纠正“左”的错误，推动国民经济转入1962年至1965年的三年调整时期。

5. “七千人大会”的召开与调整任务的基本完成

1962 年 1 月到 2 月间，扩大的中共中央工作会议(即“七千人大会”)在北京召开。来自中央、各中央局、各省市自治区党委、地委、县委、重要厂矿党委及军队的负责干部，围绕讨论和修改刘少奇 1 月 27 日向大会提交的书面报告，畅所欲言，开展批评和自我批评。毛泽东着重阐述了民主集中制的极端重要性，并带头做了自我批评。这次会议恢复和发扬了党内的民主精神和自我批评精神，统一了全党的认识，对全面贯彻调整国民经济的八字方针起了极其重要的作用。

从 1962 年到 1965 年，由于全党和全国人民的主要注意力一直放在贯彻执行八字方针上，加上党和国家在经济、政治方面采取的有力措施，国民经济开始得到比较顺利的恢复和发展。这期间，毛泽东等领导人率先节衣缩食，党和人民团结一致，同甘共苦，对内克服了自己的困难，对外顶住了苏联领导集团施加的压力，还清了对苏联的全部债款。1964 年底到 1965 年初召开的第三届全国人民代表大会第一次会议提出“四个现代化”的宏伟目标，并宣布：调整国民经济的任务已经基本完成，整个国民经济将进入一个新的发展时期。今后发展国民经济的主要任务，是要在不太长的历史时期内，把我国建设成为一个具有现代农业、现代工业、现代国防和现代科学技术的社会主义强国，赶上和超过世界先进水平。

但是，20 世纪 50 年代后期开始的“左”倾错误，在经济工作指导思想中尚未得到彻底纠正，在政治和思想文化方面还有发展。在 1962 年 9 月召开的中共八届十中全会上，毛泽东把社会主义社会中一定范围内存在的阶级斗争扩大化和绝对化，后来更发展成为“以阶级斗争为纲”的指导思想。与此同时，他也指出；不要因为强调阶级斗争而放松工作，要把工作放在第一位。

1963 年至 1965 年间，中共中央领导进行了城乡社会主义教育运动。这一运动虽然对于解决干部作风和经济管理等方面的问题起了一定作用，但由于把这些不同性质的问题都认为是阶级斗争或者是阶级斗争在党内的反映，在 1964 年下半年使不少基层干部受到不应有的打击，1965 年初又错误地提出了运动的重点是整所谓“党内走资本主义道路的当权派”。

在意识形态领域，也对一些文艺作品、学术观点和文艺界学术界的一些代表人物进行了错误的、过火的政治批判，在对待知识分子问题、教育科学文化问题上发生了愈来愈严重的“左”的偏差，并且在后来发展成为“文化大革命”的导火线。不过，这些错误当时还没有达到支配全局的程度。

第八讲　改革开放与中国特色社会主义道路的形成

1976年是中华人民共和国历史上极不寻常的一年。这一年，周恩来、朱德、毛泽东等党和国家领导人相继辞世。毛泽东逝世后，面对复杂紧迫的形势，党中央决定对王洪文、张春桥、江青、姚文元组成的“四人帮”实行隔离审查。这一事件，标志着历时10年的“文化大革命”走至尽头。“文化大革命”结束后的中国，是一个贫穷落后的中国，是一个与发达资本主义国家存在巨大差距的中国，也是一个亟待振作、奋起直追的中国。正是在这样一种背景下，党的十一届三中全会拉开了改革开放的序幕，由此引领中国走上了中国特色社会主义伟大道路。改革开放以来的历程证明，改革开放是决定当代中国命运的关键抉择，只有改革开放才能发展中国，中国特色社会主义道路是当代中国唯一正确的道路。

一、历史性的伟大转折与改革开放的起步

这个历史性转折，是一场涉及政治、经济、文化、思想认识、体制机制、生产方式、管理方式等全方位的转折，其目的是要从传统的社会主义模式转型到全新的社会主义建设模式上来。

(一)历史性的伟大转折

改革开放前的中国是一个思想遭到严重禁锢、体制严重僵化、国门

封闭、生产停滞的国家。要改革开放，首先要从思想认识上进行拨乱反正，来一场思想解放运动，把人们的思想从禁锢中解放出来。

1. “两个凡是”和关于真理标准问题的大讨论

“文化大革命”后的思想解放运动，是从最基本的理论问题开始的，就是关于什么是真理、检验真理的标准究竟是什么。

1957年后，特别是“文化大革命”中，毛泽东在中国社会主义建设的一系列重大问题上，其认识和实践都发生了严重错误。“四人帮”利用了毛泽东的错误，并把这些错误理论发挥、实践到极端。因此，要深入揭批“四人帮”，就不可避免地要提出和正视毛泽东晚年的错误，究竟如何认识和对待毛泽东的指示和决策？毛泽东的指示是不是不可移易、万古不变的真理？对毛泽东说过的话、做过的事，无论正确不正确，是否都要无条件地遵照执行？而这在理论上的进一步延伸就是：检验真理的标准究竟是什么？不澄清这些认识上的混乱，各方面的拨乱反正就很难深入，中国社会主义发展的新道路也就无从开创。

在这个问题上，此时面临截然不同的两种选择：一种就是继续坚持“文化大革命”的错误路线、维护对毛泽东的个人崇拜，继续在“左”的错误道路上走下去。另一种选择就是，彻底否定“文化大革命”，纠正毛泽东晚年“左”的错误，正本清源，拨乱反正，使全党全国的工作真正回到马列主义、毛泽东思想的正确轨道上来，并为中国的发展开辟一条新的道路。前一种思想的代表人物是当时的党中央主席华国锋，后一种思想的代表则是邓小平。

华国锋的思想典型地表现为“两个凡是”。粉碎“四人帮”后的一段时间里，华国锋一再要求人们“对‘文化大革命’要肯定”，并要求“继续批邓、反击右倾翻案风”，强调这是“毛主席亲自发动的”。1976年10月26日，华国锋就宣传工作发出指示，其中就有“凡是毛主席讲过的，点过头的，都不要批评”，并要求“集中力量批‘四人帮’，连带批邓”。此后，他一再重申这些规定。1977年2月7日，“两报一刊”发表经华国锋同意的社论《学好文件抓住纲》，正式提出“两个凡是”方针，即“凡是毛主席作出的决策，我们都坚决维护，凡是毛主席的指示，我们都始终不渝地遵循”。“两个凡是”的实质，正如邓小平所指出的，就是“想原封不动地把毛泽东同志晚年的错误思想坚持下去。所谓按既定方针办，就是按毛泽东同志晚年的错误方针办”。其危害在于，“两个凡是”是“文化大革命”极“左”路线和长期个人崇拜的产物，违背了马克思主义认识论和真理观。实践证明，“两个凡是”严重妨碍了党和国家政体政治形势的根本性改变。

邓小平是党内正确思想的代表。邓小平是 1977 年复出的，也是党内的普遍呼声。邓小平是一个老革命，早年到法国勤工俭学，参加旅欧中国少年共产党，开始了职业革命家的生涯。1924 年转为中国共产党党员。1926 到莫斯科东方劳动者共产主义大学和莫斯科中山大学学习，1927 年春回国，受党派遣到冯玉祥的国民联军所属西安中山军事学校工作。1927 年参加八七会议，曾任中共中央秘书长。1929 年和 1930 年先后发动百色起义和龙州起义，创建中国工农红军第七军、第八军和左江、右江革命根据地，任红七军、红八军政治委员和前敌委员会书记。1931 年到江西中央根据地，先后担任中共瑞金县委书记、会昌中心县委书记、江西省委宣传部长。1933 年 5 月，遭“左”倾路线打击，被撤销职务，受党内“最后严重警告”处分，到乐安县南村当巡视员。1933 年调任红军总政治部秘书长。这是他的第一次复出。长征中任中共中央秘书长，参加遵义会议。抗日战争爆发期间，任八路军一二九师政治委员，与师长刘伯承一起在太行山区开辟晋冀豫边区抗日根据地。解放战争时期，任中国人民解放军晋冀鲁豫野战军、中原野战军、第二野战军政治委员，晋冀鲁豫中央局书记，中原局、华东局第一书记。中华人民共和国成立后任中共中央西南局第一书记。1952 年 7 月调往中央工作后，任中央人民政府政务院副总理兼财经委员会副主任、财政部部长、中共中央秘书长、组织部部长。1956 年 9 月在党的八大上当选为中央政治局常务委员、中央委员会总书记，成为以毛泽东为核心的中国共产党第一代领导集体的重要成员。“文化大革命”期间，被免去一切职务，下放到江西省新建县拖拉机修造厂劳动。1973 年 3 月第二次复出，任中共中央副主席、国务院副总理、中央军委副主席和中国人民解放军总参谋长，主持党、国家和军队的日常工作，针对“文化大革命”造成的混乱局面进行全面整顿，得到全国人民的衷心拥护，收到显著的成效。1976 年 4 月，北京发生悼念周恩来总理、拥护邓小平、反对“四人帮”的“天安门事件”，被撤销一切职务。

毛泽东对邓小平是看好的。对于邓小平，在七届七中全会上毛泽东说：“我看邓小平这个人比较公道，他跟我一样，不是没有缺点，但是比较公道。他比较有才干，比较能办事。你说他样样事情都办得好呀？不是，他跟我一样，有许多事情办错了，也有的话说错了；但比较起来，他会办事。他比较周到，比较公道，是个厚道人，使人不那么怕。……大体说来，这个人比较顾全大局，比较厚道，处理问题比较公正，他犯了错误对自己很严格。……他是在党内经过斗争的。”“文化大革命”中，毛泽东指示“批邓”是作为内部问题来处理的。1973 年 12 月 15 日，邓小平重新被起用后不久，毛主席在主持军委会议时说：“我们现在请了一位总参谋长。他呢，有些人怕他，但是办事比较果断。他一生大概是三七开。你们的老上司，我请回来了，政治局请回来了，不是我一个人请回来的。”邓小平并不同意毛泽东的这个“三七开”评价，对自己的评价是“五五开”，最多“四六开”。1980 年 2 月 29 日，邓小平在一次会议上说：“我们应该承认，不犯错误的人是没有的。拿我来说，能够四六开，百分之六十做的是好事，百分之四十不那么好，就够满意了，大部分好嘛。”半年后，即 8 月 21 日，邓小平在接受意大利记者法拉奇的采访时，又将这个“四六开”改了，说：“我自己能够对半开就不错了。但有一点可以讲，我一生问心无愧。”

邓小平坚决反对“两个凡是”、主张准确地完整地领会毛泽东思想体系的。“两个凡是”提出伊始，邓小平就提出异议，认为这不是马克思主义，不是毛泽东思想。他明确讲：“按照两个凡是，就说不通为我平反的问题，也说不通肯定1976年广大群众在天安门广场的活动合乎情理的问题。”他进一步指出，这是个重要的理论问题，是个是否坚持历史唯物主义的问题，“马克思、恩格斯没有说过‘凡是’，列宁、斯大林没有说过‘凡是’，毛泽东同志自己也没有说过‘凡是’。要对毛泽东思想有一个完整的、准确的认识，要善于学习、掌握和运用毛泽东思想的体系来指导我们的各项工作。只有这样，才不至于割裂、歪曲毛泽东思想，损害毛泽东思想。我们要准确地、完整地理解毛泽东思想的体系，要实事求是，要解放思想”。

邓小平等人抵制和批评“两个凡是”解放了人们的思想，引发了人们对于马克思主义理论问题的进一步思考。1977年3月，中央政治局决定恢复中央党校，胡耀邦担任副校长主持日常工作。为了给拨乱反正提供一个舆论阵地，胡耀邦提议创办了一个刊物——《理论动态》，也设立了中共党史教研室，组织学员学习、讨论党的历史，特别是“文化大革命”中一些重大历史问题的是非曲直。这实际上成为真理标准问题大讨论的序曲。与此同时，思想理论界也开始讨论并提出了实践标准问题。1977年12月，绍华泽在《理论动态》上发表《文风和认识路线》一文，较为充分地论述了认识路线和实践标准，明确提出评判标准应该是实践。这是在拨乱反正中提出和论述实践标准的最早一篇文章。1978年3月26日，《人民日报》发表了《标准只有一个》的文章，开宗明义指出：“真理的标准，只有一个，就是社会实践；马列主义毛泽东思想是真理，但不是检验真理的标准。”5月10日，《理论动态》刊载署名文章《实践是检验真理的唯一标准》，文章强调实践是检验真理的唯一标准，从思想路线的高度旗帜鲜明地批判了“两个凡是”的错误方针，在党内引起了巨大反响。文章发表的当天，新华社转发了此文，《光明日报》《人民日报》《解放军报》同时刊载。由此，席卷全国的真理标准问题大讨论达到高潮。这次讨论，是继延安整风后又一次思想解放运动，使全党、全国重新恢复了实事求是、一切从实际出发、理论联系实际的思想路线，纠正长期以来的“左”倾错误，成为拨乱反正和改革开放的思想先导，实现历史性的转折作了思想理论准备。

2. 党的十一届三中全会

1978年11月10日至12月15日，中共中央在北京召开工作会议。会议原定是讨论经济工作。会上，陈云在分组讨论中提出要系统地解决历史遗留问题的意见，得到与会者的响应，从而改变了会议议程，把讨论经济工作的会议变成了一次拨乱反正、提出新的指导思想的会议。在与会者的强烈要求下，11月25日，中央政治局作出为"天安门事件""反击右倾翻案风"等重大错案平反的决定。12月13日，邓小平在中央工作会议闭幕会上作了题为《解放思想，实事求是，团结一致向前看》的讲话。这个讲话实际上是三中全会的主题报告，它为全会实现具有划时代意义的伟大转折奠定了重要基础，成为十一届三中全会的指导思想。

1978年12月18日至22日，中共十一届三中全会在北京召开。这次全会的中心议题是，把全党工作的重点转移到社会主义现代化建设上来。围绕着这一中心议题，全会讨论了决定党和国家前途命运的许多重大问题，形成了三条正确的路线和两条正确的方针。

三条路线是：

一是思想路线。全会冲破长期"左"的错误的严重束缚，彻底否定了"两个凡是"的错误方针，高度评价了关于真理标准问题的讨论，重新确立了"解放思想、实事求是"的思想方针；

二是政治路线。全会否定"以阶级斗争为纲"的指导思想，作出了把工作重点转移到社会主义现代化建设上来和实行改革开放的战略决策；

三是组织路线。全会决定健全党的民主集中制，加强集体领导，重新确立了马克思主义的组织路线，形成了以邓小平为核心的新的党中央领导集体。

全会也确立了两条正确的方针：

一是改革开放的方针。

二是发扬社会主义民主和健全社会主义法制的方针。

中共十一届三中全会是中华人民共和国成立以来党的历史上具有深远意义的伟大转折。全会结束了粉碎“四人帮”后两年在徘徊中前进的局面，开始了中国共产党在思想、政治、组织等领域的全面拨乱反正，形成了以邓小平为核心的党的中央领导集体，揭开了社会主义改革开放的序幕。以这次全会为起点，中国进入了改革开放和社会主义现代化建设的历史新时期，从此，党和国家充满希望和活力地迈上了实现社会主义现代化的伟大征程。

(二)改革开放的起步

十一届三中全会实现了伟大的历史性转折，中国进入改革开放和社会主义现代化建设的新时期。胡锦涛在建党90周年的讲话中，将改革开放列为90年中我们团结和带领人民完成和推进的三件大事之一，“第三件大事，我们党仅仅依靠人民进行了改革开放新的伟大革命，开创、坚持、发展了中国特色社会主义。”并将改革开放列为近代以来历史和人民的“四个选择”之一。胡锦涛说：“面向未来，全党同志必须牢记，我国过去30多年的快速发展靠的是改革开放，我国未来发展也必须坚定不移依靠改革开放。新时期最鲜明的特点是改革开放。改革开放是党在新的历史条件下领导人民进行的新的伟大革命，是决定当代中国命运的关键抉择，是坚持和发展中国特色社会主义、实现中华民族伟大复兴的必由之路。只有改革开放才能发展中国、发展社会主义、发展马克思主义。”习近平在建党95周年的讲话中，将改革开放列为中国共产党在95年的历程中“为中华民族作出了伟大历史贡献”之一。他说：“这个伟大历史贡献，就是我们党团结带领中国人民进行改革开放新的伟大革命，极大激发广大人民群众的创造性，极大解放和发展社会生产力，极大增强社会发展活力，人民生活显著改善，综合国力显著增强，国际地位显著提高。这一伟大历史贡献的意义在于，开辟了中国特色社会主义道路，形成了中国特色社会主义理论体系，确立了中国特色社会主义制度，使中国赶上了时代，实现了中国人民从站起来到富起来、强起来的伟大飞跃。”

那么，改革开放是怎样起步的，又是怎么发展起来的呢？

1. 农村改革的突破性进展

我国的经济体制改革首先在农村取得突破。当时，我国农业和农村经济的发展面临两大问题：一是“政社合一”的人民公社体制亟待改革；二是还有一亿农民的温饱问题尚未解决。这些都涉及农村生产关系的调整问题。

从 1978 年开始，安徽、四川的基层干部和农民群众，在省委支持下，开始探索试行包产到组、包产到户、包干到户等多种形式的农业生产责任制，取得了很好的效果。其他一些地方也开始实行农村联产责任制。其中，安徽小岗村的包干到户最为著名，这些农业经营方式在全国上下掀起了经济改革的大潮。

小岗村位于安徽凤阳县。这里有句民谣“说凤阳，道凤阳，凤阳本是好地方，自从出了朱皇帝，十年倒有九年荒。”这里经常是无雨则旱，一雨成灾，农业生产的自然禀赋并不好。据统计，在 1956 年至 1978 年的 20 多年间，凤阳全县共向国家交售粮食 9.6 亿多斤，而国家返销凤阳的粮食达 13.4 亿多斤。凤阳一度成为全国有名的“吃粮靠回销、花钱靠救济、生产靠贷款”的“三靠县”，外出乞讨人员遍及大半个中国。1978 年的小岗村有 20 户人家，共 115 人，耕地 1100 亩，但适种只有 300 亩，人均年口粮只有几十斤。自 1957 年开始，全村年年吃国家供应粮，很多时候一年要吃 11 个月。村民吃不饱饭，正月里家家户户就开始出去讨饭。当时生产队饿死了 60 多个人，饿绝了 6 户。穷则思变。1978 年 11 月 24 日，在一间远离村子、冰冷破败的茅草屋里，小岗村的 18 个农民在写着这段话的纸上依次按下手印。他们冒着“坐牢杀头”的危险写下秘密契约，只是为了不再饿着肚子外出讨饭。“我们分田到户，每户户主签字盖章，如以后能干，每户保证完成每户的全年上交和公粮，不再向国家伸手要钱要粮。如不成，我们干部坐牢杀头也甘心，大家社员也保证把我们的小孩养活到18岁。”到会的21个村民中，3人盖了私章，18人按了血红的手印。他们并不知道，这个小小的契约，却预示着中国农村的一场大变革的开始。

1979年9月，中共十一届四中全会通过了《关于加快农业发展若干问题的决定》，提出要保障基层干部和农民因时因地制宜的自主权，发挥其主动性。1980年5月，邓小平发表《关于农村政策的谈话》，肯定了包产到户这种形式，指出它不会影响我们制度的社会主义性质。后来，中央又进一步肯定包产到户、包干到户是社会主义集体经济的生产责任制，是合作经济的一个经营层次。

在中共中央的支持和推动下，以包产到户、包干到户为主要形式的家庭联产承包责任制，在全国各地逐渐推广开来。

“统分结合”的农村家庭联产承包责任制的普遍实行，促进了“政社合一”的人民公社体制的解体。1983年10月，中央作出决定，废除人民公社，建立乡(镇)政府作为基层政权，同时成立村民委员会作为村民自治组织。

2. 以城市为重点的经济体制改革

这期间，城市经济体制改革也开始进行探索。如逐步扩大国有企业经营自主权，把部分中央和省属企业下放给城市管理，开始实行政企分开，进行城市经济体制综合改革试点等。对外开放也迈出了较大的步伐。1980年3月，中央决定在深圳、珠海、汕头、厦门设立经济特区，采取多种形式吸引和利用外资，学习国外的先进技术和经营管理方法。此后，经济特区加快发展。

3. 开始政治体制改革和其他方面体制的改革和建设

在推进经济体制改革的同时，也开始了政治体制和其他体制的改革和建设。逐步废除干部领导职务实际上存在的终身制，推进干部队伍的革命化、年轻化、知识化、专业化。加强各级人民代表大会的工作，省、县两级人代会增设常设机构，县级和县级以下人民代表普遍实行由选民直接选举的制度。恢复、制订和施行了一系列重要的法律法规，加强了司法、检察和公安机关的工作。

4. 对外政策的调整

1978年8月12日，中日两国签署了《中华人民共和国和日本国和平友好条约》。同年10月，邓小平访问日本。中日睦邻友好关系发展到一个新起点。1979年1月1日，中美两国正式建立外交关系。同年1月，邓小平访问美国，实现了中国领导人对美国的首次国事访问。这些外交成就，为进行改革开放和现代化建设提供了有利的外部条件。

根据新的国际局势，1980年1月，邓小平在《目前的形势和任务》的讲话中做出重要判断："如果反霸权主义斗争搞得好，可以延缓战争的爆发，争取更长一点时间的和平。"还提出："我们的对外政策，就本国来说，是要寻求一个和平的环境来实现四个现代化。"这为中国调整外交战略提出了重要的思路。

二、改革开放的全面展开和现代化建设新局面的出现

(一)建设中国特色社会主义宏伟纲领的制定

1982年9月1日至11日，中国共产党第十二次全国代表大会在北京召开。十二大制定了全面开创社会主义现代化建设新局面的正确纲领，为改革开放和现代化建设的全面推进作了部署。

第一，新时期的总任务是，"团结全国各族人民，自力更生，艰苦奋斗，逐步实现工业、农业、国防和科学技术现代化，把我国建设成为

高度文明、高度民主的社会主义国家。”

第二，经济数据的总目标是，国内工农业生产总值在本世纪末“翻两番”，即由1980年的7100亿元增加到2000年的2.8万亿元左右，人民的物质文化生活达到小康水平。

第三，经济发展的战略重点是，农业、能源、交通以及教育和科学技术。

第四，经济发展的战略部署是，分两步走，前十年，主要是打好基础，创造条件；后十年，进入一个新的经济振兴时期。

第五，十二大的一个重要贡献是，邓小平在开幕词中提出：“把马克思主义的普遍真理同我国的具体实际结合起来，走自己的道路，建设有中国特色的社会主义。”这是总结党的长期历史经验得出的基本结论，成为新时期指引全党和全国人民前进的基本口号。

(二)改革重点从农村转向城市

中共十二大以后，经济体制改革全面展开。随着农村经济发展，大批富余劳动力逐渐从土地上转移出来，从事工业和加工业，使乡镇企业异军突起。

1984年10月，中共十二届三中全会通过《关于经济体制改革的决定》(以下简称《决定》)。《决定》总结了中华人民共和国成立以来特别是十一届三中全会以来经济体制改革的经验，比较系统地提出和阐明了经济体制改革中的一系列重大理论和实践问题。《决定》突破把计划经济同商品经济对立起来的观点，指出我国社会主义经济是在公有制基础上的有计划的商品经济。

《决定》的作出和实施，使经济体制改革以城市为重点全面展开，在一些方面取得重要进展。所有制结构突破单一公有制结构，形成以公有制为主体、多种经济成分开始发展的局面。国有企业的经营自主权逐步扩大，所有权和经营权适当分离。改革高度集中的计划管理体制，经济杠杆在国家宏观调控中的作用明显增强。

(三)多层次对外开放格局的形成

在继续推进城乡改革的同时，对外开放也进一步扩大。1983 年 4 月，中共中央和国务院决定对海南岛实行经济特区的某些政策，给予较多的自主权，以加速海南岛的开发，并于 1988 年 4 月建立海南省，将全海南岛辟为经济特区。

1984 年 1 月，邓小平视察深圳、珠海、厦门等地，对经济特区的发展给予充分肯定。根据他的建议，同年 5 月，中共中央决定进一步开放天津、上海、大连、秦皇岛、烟台、青岛、连云港、南通、宁波、温州、福州、广州、湛江、北海 14 个沿海港口城市。1985 年 2 月，决定把长江三角洲、珠江三角洲、闽南厦门泉州漳州三角地区开辟为沿海经济开放区。

这样，就逐步形成了“经济特区—沿海开放城市—沿海经济开放区—内地”这样一个多层次、有重点、点面结合的对外开放格局，在引进外资、先进技术和设备以及提高出口创汇能力方面取得显著成效。到 1987 年，全国累计签订利用外资协议(合同)项目 10350 项，累计协议金额 625.091 亿美元。

(四)整党和精神文明建设

中共十二大决定，从 1983 年下半年开始，用 3 年时间分期分批对党员作风和党的组织进行一次全面整顿。1983 年 10 月召开的十二届二中全会作出关于整党的决定，开始全面整党。这次整党的任务是：统一思想，纠正一切违反四项基本原则、违反十一届三中全会以来党的路线的“左”的和右的错误倾向；整顿作风，纠正各种利用职权谋取私利的行为；加强纪律，坚持民主集中制的组织原则，改变党组织的软弱涣散状况；纯洁组织，把坚持反对党、危害党的分子清理出去。这次整党历时三年半，到 1987 年 5 月基本结束。经过整党，全党在思想、作风、组织、纪律等方面都有了进步，并积累了在新时期正确处理党内矛盾和问题的经验，推进了党的建设。

随着改革开放的全面展开，加强社会主义精神文明建设的任务被进一步提上了日程。1986 年 9 月，中共十二届六中全会作出《关于社会主义精神文明建设指导方针的决议》，阐述了社会主义精神文明建设的战略地位和根本任务、基本方针，提出要以经济建设为中心，坚定不移地进行经济体制改革，坚定不移地进行政治体制改革，坚定不移地加强精神文明建设，并且使这几个方面互相配合，互相促进。社会主义精神文明建设的根本任务，是适应社会主义现代化建设的需要，培养有理想、有道德、有文化、有纪律的社会主义公民，提高整个中华民族的思想道德素质和科学文化素质。邓小平在全会上强调，必须坚持反对资产阶级自由化。“搞自由化，就会破坏我们安定团结的政治局面，没有一个安定团结的局面，就不可能搞建设”。

（五）社会主义初级阶段理论和党的基本路线的提出

1987 年 10 月 25 日至 11 月 1 日，中国共产党第十三次全国代表大会在北京举行。大会比较系统地阐述了关于社会主义初级阶段的理论，完整地概括了中国共产党在社会主义初级阶段“一个中心、两个基本点”的基本路线，制定了下一步经济体制改革和政治体制改革的基本任务和奋斗目标。

第一，科学判断历史方位，指出，我国正处在社会主义的初级阶段。这个论断，包括两层含义。其一，我国社会已经是社会主义社会。我们必须坚持而不能离开社会主义。其二，我国的社会主义社会还处在初级阶段。我们必须从这个实际出发，而不能超越这个阶段。

第二，制定了党在社会主义初级阶段的基本路线。领导和团结全国各族人民，以经济建设为中心，坚持四项基本原则，坚持改革开放，自力更生，艰苦创业，为把我国建设成为富强、民主、文明的社会主义现代化国家而奋斗。

第三，经济发展的“三步走”战略部署：第一步，实现国民生产总值比1980年翻一番，解决人民的温饱问题，这个任务已经基本实现；第二步，到20世纪末，使国民生产总值再增长一倍，人民生活达到小康水平；第三步，到21世纪中叶，人均国民生产总值达到中等发达国家水平，人民生活比较富裕，基本实现现代化。“三步走”的发展战略，既表明党和国家制定的不是一个过急的目标，又表明中国人民决心用一百年左右的时间，走完发达国家用几百年走过的路程，体现了中国社会主义现代化建设的长期性和中国人民的雄心壮志。

为了更好地实现“三步走”的战略，邓小平提出了“台阶式”发展的思想，要求抓住机遇，加快发展，争取每隔几年使国民经济上一个新台阶。同时，还进一步阐明了允许和鼓励一部分地区、一部分人先富起来，逐步达到共同富裕的政策。

“三步走”发展战略及相关政策的制定，进一步解决了中国现代化建设的目标、步骤等关系全局的重大问题，对中国未来几十年的发展产生了深远的影响。中共十一届三中全会以来的实践历程，正是“三步走”的现代化建设宏伟蓝图逐步变为现实的过程。

三、改革开放和现代化建设发展的新阶段

（一）改革开放新的历史性突破

20世纪80年代末90年代初，以美国为首的西方资本主义世界借“六四风波”对中国实行严厉的封锁政策，欲图强迫中国政府接受它们的价值体系，同时国内也对市场经济姓社姓资问题产生了较大争议，十一届三中全会以来确立的改革开放的基本路线有动摇的迹象。在这种情况下，1992年初，邓小平先后在武昌、深圳、珠海、上海等地视察，发表了一系列重要讲话，统称“南方谈话”。邓小平的南方谈话，在重要的历史关头，科学总结了十一届三中全会以来党的基本实践和经验，明确回答了长期困扰和束缚人们思想的许多重大认识问题，稳定了人心

思想，对我国整个社会主义现代化建设事业产生了重大而深远的影响，并成为十四大的指导思想。

1992 年 1 月 19 日邓小平来到深圳视察。众所周知，邓小平同志是创办经济特区的主要决策者。早在 1979 年 4 月，他在听取当时中共广东省委主要负责人的汇报后说："可以划出一块地方叫做特区。陕甘宁就是特区嘛。中央没有钱，要你们自己搞，杀出一条'血路'。"次年 8 月，全国人大常委会正式通过并颁布《广东省经济特区条例》，中国经济特区就这样诞生了。深圳特区是邓小平同志亲自开辟的最早的改革开放的试验地之一。它的发展情况，小平同志当然十分关注。1984 年 1 月，小平同志曾到深圳视察过。一晃，8 年过去了。深圳的面貌又发生什么样的变化？老人家急不可待要亲自目睹一番。当谈到办经济特区的问题时，小平同志说："对办特区，从一开始就有不同意见，担心是不是搞资本主义。深圳的建设成就，明确回答了那些有这样那样担心的人。特区姓'社'不姓'资'。从深圳的情况看，公有制是主体，外商投资只占 1/4，就是外资部分，我们还可以从税收、劳务等方面得到益处嘛！多搞点'三资'企业，不要怕。只要我们头脑清醒，就不怕。我们有优势，有国营大中型企业，有乡镇企业，更重要的是政权在我们手里。有的人认为，多一分外资，就多一分资本主义，'三资'企业多了，就是资本主义的东西多了，就是发展了资本主义。这些人连基本常识都没有。"当谈到经济发展问题时，小平同志说："亚洲'四小龙'发展很快，你们发展也很快。广东要力争用 20 年的时间赶上亚洲'四小龙'。"停了一会儿，他补充说："不仅经济要上去，社会秩序、社会风气也要搞好，两个文明建设都要超过他们，这才是有中国特色的社会主义。新加坡的社会秩序算是好的，他们管得严，我们应该借鉴他们的经验，而且比他们管得更好。"小平同志充分肯定了深圳在改革开放和建设中所取得的成绩。然后，他说："要坚持党的十一届三中全会以来的路线方针政策，关键是坚持'一个中心、两个基本点'。不坚持社会主义，不改革开放，不发展经济，不改善人民生活，只能是死路一条。基本路线要管一百年，动摇不得。”小平同志说：“走社会主义道路，就要逐步实现共同富裕。”共同富裕的构想是这样提出来的：一部分地区有条件先发展起来，一部分地区发展慢点，先发展起来的地区带动后发展的地区，最终达到共同富裕。如果富的愈来愈富，穷的愈来愈穷，两极分化就会产生，而社会主义制度就应该而且能够避免两极分化。解决的办法之一，就是先富起来的地区多交点利税，支持贫困地区的发展。当然，太早这样办也不行，现在不能削弱发达地区的活力，也不能鼓励吃“大锅饭”。小平同志说：“改革开放胆子要大一些，敢于试验，不能像小脚女人一样。看准了的，就大胆地试，大胆地闯。深圳的重要经验就是敢闯。没有一点闯的精神，没有一点‘冒’的精神，没有一股气呀、劲呀，就走不出一条好路，走不出一条新路，就干不出新的事业。不冒风险，办什么事情都有百分之百的把握，万无一失，谁敢说这样的话？一开始就自以为是，认为百分之百正确，没那回事，我就从来没有那么认为。”小平同志还指出，社会主义的本质，是解放生产力，发展生产力，消灭剥削，消除两极分化，最终达到共同富裕。证券、股市，这些东西究竟好不好，有没有危险，是不是资本主义独有的东西，社会主义能不能用？允许看，但要坚决地试。看对了，搞一两年对了，放开；错了，纠正，关了就是了。关，也可以快关，也可以慢关，也可以留一点尾巴。怕什么，坚持这种态度就不要紧，就不会犯大错误。在谈话中，小平同志还谈到了：现在建设中国式的社会主义，经验一天比一天丰富；在农村改革和城市改革中，不搞争论，大胆地试，大胆地闯；我们的政策就是允许看，允许看，比强制好得多，等等。

（二）确立社会主义市场经济体制的改革目标

1992 年 10 月 12 日至 18 日，中国共产党第十四次全国代表大会在北京召开。大会确立了邓小平建设有中国特色社会主义理论在全党的指导地位，概括了建设有中国特色社会主义理论的主要内容，指出这个理论第一次比较系统地初步回答了中国这样的经济文化比较落后的国家如何建设、巩固和发展社会主义的一系列根本性问题，是马克思列宁主义基本原理同当代中国实际和时代特征相结合的产物，是毛泽东思想的继承和发展，是全党和全国人民集体智慧的结晶，是中国共产党和中国人民最可宝贵的精神财富。

十四大明确提出我国经济体制改革的目标是建立社会主义市场经济体制。十四大后，改革沿着建立社会主义市场经济体制的方向推进。为此，1993 年 11 月召开的中共十四届三中全会，通过了《关于建立社会主义市场经济体制若干问题的决定》，将十四大提出的社会主义市场经济体制改革的目标和基本原则具体化，进一步勾画了社会主义市场经济体制的基本框架，明确了国有企业改革的基本方向，成为 20 世纪 90 年代进行经济体制改革的行动纲领。

1993 年底，中共中央根据十四大的精神，立足改革发展的实际，提出了“抓住机遇、深化改革、扩大开放、促进发展、保持稳定”的基本方针，要求全党在各项工作中认真加以贯彻。1994 年 5 月，江泽民进一步提出：稳定是前提，改革是动力，发展是目的，三者相互促进。中共十五大进一步指出，公有制为主体、多种经济成分共同发展，是中国特色社会主义初级阶段的基本经济纲领，公有制的实现形式可以而且应当多样化。依法治国是党领导人民治理国家的基本方略。

(三)对外开放格局的新发展

这一时期，对外开放也迈出了重大步伐。建立起一批经济技术开发区和保税区，开放了哈尔滨等 4 个边境、沿海省会城市和太原等 11 个内陆省会城市及一大批内陆市县。到 1997 年，中国对外开放的一类口岸达到 235 个，二类口岸达到 350 个，逐步形成了从沿海到沿江、从沿边到内陆，多层次、多渠道、多种形式的全方位对外开放的新格局。

(四)精神文明建设与民主法制建设不断加强

1996 年 10 月，中共十四届六中全会作出了《关于加强社会主义精神文明建设若干重要问题的决议》，对新形势下的精神文明建设作出了具体部署和规划，强调要以科学的理论武装人，以正确的舆论引导人，以高尚的精神塑造人，以优秀的作品鼓舞人，培养有理想、有道德、有文化、有纪律的社会主义公民。这个决议的贯彻，使社会主义精神文明建设得到进一步加强，为继续深化改革、加快发展创造了良好氛围。

社会主义民主法制建设也取得重大进展。依法治国成为党领导人民治理国家的基本方略，加强了立法、执法、司法工作，使社会政治、经济、文化生活的正常运转基本做到了有法可依、执法必严、违法必究。

四、在新的历史起点上推进中国特色社会主义

(一) 全面建设小康社会行动纲领的制定

2002 年 11 月 8 日至 14 日，中国共产党第十六次全国代表大会在北京召开。大会明确了全面建设小康社会的奋斗目标。提出要在本世纪头二十年，紧紧抓住这一重要战略机遇期，集中力量，全面建设惠及十几亿人口的更高水平的小康社会，使经济更加发展、民主更加健全、科教更加进步、文化更加繁荣、社会更加和谐、人民生活更加殷实。这是实现现代化建设第三步战略目标必经的承上启下的发展阶段，也是完善社会主义市场经济体制和扩大对外开放的关键阶段。

(二) 树立和落实科学发展观

2003 年春，一场“非典”(非典型性肺炎)疫病灾害突然袭来，中共中央和国务院领导全国人民取得了防治“非典”和促进发展的双胜利，积累了应对突发公共事件的经验。同年 6 月，胡锦涛在全国抗击“非典”总结大会上，阐述了加强经济社会协调发展、统筹城乡经济社会发展的要求。这年 10 月召开的中共十六届三中全会，正式提出了坚持以人为本、全面协调可持续的科学发展观。

2004年3月10日，胡锦涛在中央人口资源环境工作座谈会上，进一步阐明了科学发展观，指出：坚持以人为本，就是要以实现人的全面发展为目标，从人民群众的根本利益出发谋发展、促发展，不断满足人民群众日益增长的物质文化需要，切实保障人民群众的经济、政治和文化权益，让发展的成果惠及全体人民。全面发展，就是要以经济建设为中心，全面推进经济、政治、文化建设，实现经济发展和社会全面进步。协调发展，就是要统筹城乡发展、统筹区域发展、统筹经济社会发展、统筹人与自然和谐发展、统筹国内发展和对外开放，推进生产力和生产关系、经济基础和上层建筑相协调，推进经济、政治、文化建设的各个环节、各个方面相协调。可持续发展，就是要促进人与自然的和谐，实现经济发展和人口、资源、环境相协调，坚持走生产发展、生活富裕、生态良好的文明发展道路，保证一代接一代地永续发展。

科学发展观是以胡锦涛为总书记的中共中央坚持以邓小平理论和“三个代表”重要思想为指导，从新世纪新阶段党和国家事业发展全局出发提出的重大战略思想。科学发展观同马克思列宁主义、毛泽东思想、邓小平理论、“三个代表”重要思想关于发展的思想一脉相承，是对经济社会发展一般规律的认识的进一步深化，是指导发展的世界观和方法论的集中体现，是推进社会主义经济建设、政治建设、文化建设、社会建设全面发展的指导方针。

(三)构建社会主义和谐社会

2004年9月，中共十六届四中全会提出构建社会主义和谐社会的战略任务。2005年2月，胡锦涛在中央党校省部级主要领导干部专题研讨班上，对构建社会主义和谐社会的重大战略思想作了全面论述，深刻阐明了社会主义和谐社会的主要特征是民主法治、公平正义、诚信友爱、充满活力、安定有序、人与自然和谐相处。构建社会主义和谐社会战略思想的提出，使中国特色社会主义事业的总体布局由社会主义经济建设、政治建设、文化建设三位一体发展为社会主义经济建设、政治建设、文化建设、社会建设四位一体，反映出中国共产党对中国特色社会主义发展战略的理解和把握更加全面、深刻、协调、均衡，丰富和发展了马克思主义关于社会主义社会建设的理论。

2006年10月，中共十六届六中全会审议通过了《中共中央关于构建社会主义和谐社会若干重大问题的决定》(以下简称《决定》)。《决定》指出：社会和谐是中国特色社会主义的本质属性，是国家富强、民族振兴、人民幸福的重要保证。我们要构建的社会主义和谐社会，是在中国特色社会主义道路上，中国共产党领导全体人民共同建设、共同享有的和谐社会。构建社会主义和谐社会，是中国共产党以马克思列宁主义、毛泽东思想、邓小平理论和“三个代表”重要思想为指导，全面贯彻落实科学发展观，从中国特色社会主义事业总体布局和全面建设小康社会全局出发提出的重大战略任务，反映了建设富强民主文明和谐的社会主义现代化国家的内在要求，体现了全党全国各族人民的共同愿望。《决定》首次将“和谐”列入现代化建设的奋斗目标，号召全国各族人民“为把我国建设成为富强民主文明和谐的社会主义现代化国家而奋斗”。

《决定》提出：到2020年，构建社会主义和谐社会的目标和主要任务是：社会主义民主法制更加完善，依法治国基本方略得到全面落实，人民的权益得到切实尊重和保障；城乡、区域发展差距扩大的趋势逐步扭转，合理有序的收入分配格局基本形成，家庭财产普遍增加，人民过上更加富足的生活；社会就业比较充分，覆盖城乡居民的社会保障体系基本建立；基本公共服务体系更加完备，政府管理和服务水平有较大提高；全民族的思想道德素质、科学文化素质和健康素质明显提高，良好道德风尚、和谐人际关系进一步形成；全社会创造活力显著增强，创新型国家基本建成；社会管理体系更加完善，社会秩序良好；资源利用效率显著提高，生态环境明显好转；实现全面建设惠及十几亿人口的更高水平的小康社会的目标，努力形成全体人民各尽其能、各得其所而又和谐相处的局面。

(四)推动经济又快又好地发展和促进社会全面进步

2003年10月召开的中共十六届三中全会，通过了《关于完善社会主义市场经济体制若干问题的决定》，明确了完善社会主义市场经济体制的目标和任务。《决定》提出要按照统筹城乡发展、统筹区域发展、统筹经济社会发展、统筹人与自然和谐发展、统筹国内发展和对外开放的要求，更大程度地发挥市场在资源配置中的基础性作用，增强企业活力和竞争力，健全国家宏观调控，完善政府社会管理和公共服务职能，为全面建设小康社会提供强有力的体制保障。按照《决定》的部署，大力推进农村税费改革、粮食流通体制改革、国有资产管理体制改革、投资体制改革、金融体制改革等各项改革事业。

1. 推进建设社会主义新农村

中共十六大后，党和国家按照统筹城乡发展的要求，采取一系列更直接、更有力、更有效的政策措施，加快农业和农村发展。2005年10月召开的中共十六届五中全会，提出了建设社会主义新农村的战略任务，提出了“生产发展、生活宽裕、乡风文明、村容整洁、管理民主”的要求。同年12月，中央发布了《关于推进社会主义新农村建设的若干意见》。2006年1月1日起，正式废除农业税。随后，国务院颁布了《关于解决农民工问题的若干意见》。各地按照中央的部署和要求，从实际出发，尊重农民意愿，扎实推进新农村建设的各项工作，使农村经济和农村面貌发生新的深刻变化。

2. 大力建设创新型国家

2005年10月，胡锦涛在中共十六届五中全会上的讲话中，明确提出建设创新型国家的任务。2006年1月，他在全国科学技术大会上指出，要坚持走中国特色自主创新道路，用十五年左右的时间把中国建设成为创新型国家，阐述了“自主创新、重点跨越、支撑发展、引领未来”的指导方针，并提出了要突出抓好的重点工作。随后，中央下发了《关于实施科技规划纲要增强自主创新能力的决定》、《国家中长期科学和技术发展规划纲要(2006—2020年)》，建设创新型国家的战略正式启动。

3. 进一步加强社会主义民主法制建设

2003年2月，中共十六届二中全会审议通过了《关于深化行政管理体制和机构改革的意见》，提出形成行为规范、运转协调、公正透明、廉洁高效的行政管理体制的要求。2004年3月，制定了《全面推进依法行政实施纲要》，明确了建设法治政府的目标和任务。2005年1月，提出进一步加强中国共产党领导的多党合作和政治协商制度建设的意见。同年5月，提出进一步发挥全国人大代表作用、加强全国人大常委会制度建设的意见。积极推进基层民主建设，进一步健全村务公开和村民自治制度，继续完善城市社区居民自治和基层管理体制。《行政许可法》等一批法律法规相继制定或修改实施，中国特色社会主义法律体系进一步完善。

4. 繁荣发展社会主义先进文化

2003年6月，中央召开全国文化体制改革试点工作会议，部署在北京、上海等九个省市和一批文化单位展开试点工作。2005年12月，在总结试点工作成功经验的基础上，中共中央、国务院颁布《关于深化文化体制改革的若干意见》，确定文化体制改革的指导思想、原则要求和目标任务，文化体制改革在全国逐步推开。2006年3月4日，胡锦涛在看望全国政协委员时提出了以“八荣八耻”为主要内容的社会主义荣辱观，即：以热爱祖国为荣、以危害祖国为耻，以服务人民为荣、以背离人民为耻，以崇尚科学为荣、以愚昧无知为耻，以辛勤劳动为荣、以好逸恶劳为耻，以团结互助为荣、以损人利己为耻，以诚实守信为荣、以见利忘义为耻，以遵纪守法为荣、以违法乱纪为耻，以艰苦奋斗为荣、以骄奢淫逸为耻。社会主义荣辱观体现了社会主义道德规范的本质要求，成为社会主义精神文明建设的重要指导方针。

五、中国特色社会主义进入新时代

(一)全面建成小康社会目标的确定

2012年11月8日至14日，中国共产党第十八次全国代表大会在北京召开。

第一，大会阐明中国特色社会主义的总依据是社会主义初级阶段，总布局是经济、政治、文化、社会、生态文明建设五位一体，总任务是实现社会主义现代化和中华民族伟大复兴。

第二，大会提出全面建成小康社会，即经济持续健康发展，人民民主不断扩大，文化软实力显著增强，人民生活水平全面提高，资源节约型、环境友好型社会建设取得重大进展，确保2020年实现全面建成小康社会的目标。

(二)以中国梦引领中华民主伟大复兴

2012年十八大后不久，习近平在参观“复兴之路”展览时，提出了中国梦的目标。这个中国梦，从内涵上讲就是国家富强、民族振兴、人民富裕；具体地就是“两个一百年”的目标，即“到中国共产党成立一百周年时全面建成小康社会，到中华人民共和国成立一百周年时建成富强民主文明和谐的社会主义现代化强国”。

如何实现中国梦？习近平强调了三点：

第一，必须走中国道路，即中国特色社会主义道路。

第二，必须弘扬中国精神，即弘扬爱国主义的民族精神和改革创新的时代精神。

第三，必须凝聚中国力量，即用13亿中国人的智慧和力量汇集起不可战胜的磅礴力量。

（三）协调推进"四个全面"战略布局

十八大以来，以习近平提出并形成了全面建成小康社会、全面深化改革、全面依法治国、全面从严治党的战略布局。

1. 全面深化改革

2013年11月，中共十八届三中全会审议通过了《中共中央关于全面深化改革若干重大问题的决定》，勾画了到2020年全面深化改革的时间表、路线图。

全面深化改革的总目标是，完善和发展中国特色社会主义制度，推进国家治理体系和治理能力现代化。

全面深化改革的总要求是，必须更加注重改革的系统性、整体性、协同性，加快发展社会主义市场经济、民主政治、先进文化、和谐社会、生态文明，让一切劳动、知识、技术、管理、资本的活力竞相迸发，让一切创造社会财富的源泉充分涌流，让发展成果更多更公平惠及全体人民。

全面深化改革的总方针是，紧紧围绕使市场在资源配置中起决定性作用深化经济体制改革，坚持和完善基本经济制度，加快完善现代市场体系、宏观调控体系、开放型经济体系，加快转变经济发展方式，加快建设创新型国家，推动经济更有效率、更加公平、更可持续发展；紧紧围绕坚持党的领导、人民当家作主、依法治国有机统一深化政治体制改革，加快推进社会主义民主政治制度化、规范化、程序化，建设社会主义法治国家，发展更加广泛、更加充分、更加健全的人民民主，紧紧围绕建设社会主义核心价值体系、社会主义文化强国深化文化体制改革，加快完善文化管理体制和文化生产经营机制，建立健全现代公共文化服务体系、现代文化市场体系，推动社会主义文化大发展大繁荣；紧紧围绕更好保障和改善民生、促进社会公平正义深化社会体制改革，改革收入分配制度，促进共同富裕，推进社会领域制度创新，推进基本公共服务均等化，加快形成科学有效的社会治理体制，确保社会既充满活力又和谐有序；紧紧围绕建设美丽中国深化生态文明体制改革，加快建立生态文明制度，健全国土空间开发、资源节约利用、生态环境保护的体制机制，推动形成人与自然和谐发展现代化建设新格局；紧紧围绕提高科学执政、民主执政、依法执政水平深化党的建设制度改革，加强民主集中制建设，完善党的领导体制和执政方式，保持党的先进性和纯洁性，为改革开放和社会主义现代化建设提供坚强政治保证。

全面深化改革的重点是经济体制改革。经济体制改革的核心问题是处理好政府和市场的关系，使市场在资源配置中起决定性作用和更好发挥政府作用。市场决定资源配置是市场经济的一般规律，健全社会主义市场经济体制必须遵循这条规律，着力解决市场体系不完善、政府干预过多和监管不到位问题。必须积极稳妥从广度和深度上推进市场化改革，大幅度减少政府对资源的直接配置，推动资源配置依据市场规则、市场价格、市场竞争实现效益最大化和效率最优化。政府的职责和作用主要是保持宏观经济稳定，加强和优化公共服务，保障公平竞争，加强市场监管，维护市场秩序，推动可持续发展，促进共同富裕，弥补市场失灵。

为推进全面深化改革，2014 年 1 月，中央成立了全面深化改革领导小组，习近平任组长。领导小组第一次会议审议通过了《中央全面深化改革领导小组工作规则》等文件。

同年 1 月，中共中央、国务院印发了《关于全面深化农村改革 加快推进农业现代化的若干意见》。

2. 全面依法治国

2014 年 10 月，中共十八届四中全会审议通过了《中共中央关于全面推进依法治国若干重大问题的决定》。决定提出，全面推进依法治国，总目标是建设中国特色社会主义法治体系，建设社会主义法治国家；总要求是，必须坚持中国共产党的领导，坚持人民主体地位，坚持法律面前人人平等，坚持依法治国与以德治国相结合，坚持从中国实际出发。在这一点上，党的领导是中国特色社会主义最本质的特征，是社会主义法治的根本保证。坚持党的领导，是中国特色社会主义法治道路的核心要义。

决定提出，必须完善以宪法为核心的中国特色社会主义法律体系、加强宪法实施。建议将每年的 12 月 4 日定为国家宪法日；提出建立宪法宣誓制度，凡经人大及其常委会选举或者决定任命的国家工作人员正式就职时公开向宪法宣誓。

2015 年 4 月，中央全面深化改革领导小组审议通过了《党的十八届四中全会重要举措实施规划(2015—2020)》，这成为了今后一个时期推进全面依法治国的总施工图和总台账。

3. 全面建成小康社会

2015 年 10 月，中共十八届五中全会审议通过了《中共中央关于制定国民经济和社会发展第十三个五年规划的建议》，提出了全面建成小康社会新的目标要求。

第一，提出了创新、协调、绿色、开放、共享的发展理念。

第二，提出了以人民为中心的发展思想，坚持发展为了人民，发展依靠人民，发展成果由人民共享。

第三，提出全面建成小康社会，最艰巨最繁重的任务在农村，特别是在贫困地区。2015 年 11 月，中共中央召开扶贫开发工作会议，提出坚持精准扶贫、精准脱贫，坚决打赢脱贫攻坚战，确保 2020 年所有贫困地区和贫困人口同全国人民一道迈入全面小康社会。

4. 全面从严治党

十八大以来，中共中央全面加强党的领导和党的建设，采取全方位、高标准的管党治党举措，开创全面从严治党的新局面。

2012 年 12 月，中共中央政治局审议通过了关于改进工作作风、密切联系群众的八项规定，要求各级党政机关和领导干部带头改进工作作风，并强调，抓作风建设，首先从中央政治局做起。这些规定，发出正风肃纪、从严治党的强烈信号，使全党全社会为之一振。

2013 年 5 月，中共中央发布《关于在全党深入开展党的群众路线教育实践活动的意见》，以为民务实清廉为主要内容，以“照镜子、正衣冠、洗洗澡、治治病”为总要求，着力解决形式主义、官僚主义、享乐主义和奢靡之风。2015 年 4 月，在县处级以上领导干部中开展了“三严三实”专题教育活动。2016 年 3 月，在全党开展两学一做学习教育活动。

在党风建设取得成效的同时，中共中央坚持以零容忍的态度惩治腐败，坚持苍蝇老虎一起打，形成对腐败的高压态势，持续遏制不正之风和腐败现象滋生蔓延。

（四）党和国家事业的历史性成就和历史性变革

到 2017 年底，国内生产总值达到 82.7 万亿元，稳居世界第二位，占世界经济比重达到 15%左右，对世界经济增长贡献率超过 30%。财政收入达到 17.3 万亿元，城镇化率达到 58.8%。

创新型国家建设成果丰硕。全社会研发投入年均增长 11%，规模跃居世界第二位。科技进步贡献率提高到 57.5%。载人航天、深海探测、射电望远镜、暗物质粒子探测、量子通信、大飞机等重大创新成果不断涌现，高铁网络、电子商务、移动支付、共享经济等引领世界潮流。

贫困人口持续下降，贫困发生率下降到 3.1%。居民年均收入增长 7.4%，超过经济增速，形成世界上人口最多的中等收入群体。社会养老保险覆盖 9 亿多人，基本医疗保险覆盖 13.5 亿人，织就了世界上最大的社会保障网。

（五）夺取新时代中国特色社会主义伟大胜利

2017 年 10 月 18 日至 24 日，中国共产党第十九次全国代表大会在北京召开。大会的主题是：不忘初心，忘记使命，高举中国特色社会主义伟大旗帜，决胜全面建成小康社会，夺取新时代中国特色社会主义伟大胜利，为实现中华民族伟大复兴的中国梦而奋斗。

第一，明确了新时代我国社会的主要矛盾是人民日益增长的美好生活需要和不平衡不充分的发展之间的矛盾；

第二，确定新时代发展中国特色社会主义总任务是，实现社会主义现代化和中华民族伟大复兴，在全面建成小康社会的基础上，分两步走，在 21 世纪中叶建成富强民主文明和谐美丽的社会主义现代化强国。第一个阶段，从二〇二〇年到二〇三五年，在全面建成小康社会的基础上，再奋斗十五年，基本实现社会主义现代化。第二个阶段，从二〇三五年到 21 世纪中叶，在基本实现现代化的基础上，再奋斗 15 年，把我国建成富强民主文明和谐美丽的社会主义现代化强国。

后　记

为了更好地发挥思想政治理论课在立德树人中的关键作用，推进教材体系向教学体系的转化，推进科学研究与教学实践的有机结合，提高教师的教学能力和教学水平，我们组织学院各教学团队编写了这套思想政治理论课专题研究丛书。

《中国近现代史纲要专题》是专题研究系列中的一本。本书内容以教育部《中国近现代史纲要专题教学指南》为指导，以教材为依据，结合团队教师多年教学实践经验，以专题形式突出教学的重点、难点问题研究，在每一专题中注重针对性和前沿性，提倡把理论说清楚，把道理讲明白。本书专题设计主要围绕“历史和人民怎样选择了马克思主义，怎样选择了中国共产党，怎样选择了社会主义道路”展开。使学生清楚近现代中国是一代又一代的仁人志士和人民群众为救亡图存和实现中华民族的伟大复兴而英勇奋斗、艰苦探索的历史；是在中国共产党的领导全国各族人民经过新民主主义革命，赢得民族独立和人民解放的历史和经过社会主义革命、建设和改革，把一个极度贫弱的旧中国逐渐变成一个初步繁荣昌盛、充满生机和活力的社会主义新中国的历史。认清只有在中国共产党领导下，坚持社会主义道路，才能救中国和发展中国。培养有理想、有道德、有文化、守纪律的社会主义新人。本书选取了“历史循环与殖民侵略”“传统阶级的自救与抗争”“资产阶级的改良与革命”“工人阶级的成长与中国共产党的诞生”“中国革命新道路的探索”“中华民族的抗日战争”“社会主义制度的确立与中国式社会主义建设道路的初步探索”“改革开放与中国特色社会主义道路的形成”等专题，整体结构完整，理论讲述透彻、案例生动鲜活，便于教师进一步编写教案或讲义，便于学生掌握相关知识，增强理论学习兴趣，达到教学目标。

本书由刘启春主编，负责拟订大纲、审稿和统稿，黎海波为副主编。编写分工如下：王军：专题一；黎海波 刘斐斐：专题二；刘启春 刘嵩彬：专题三；滕帅：专题四；詹全友：专题五；詹全友 朱瑞芳：专题六；丁波：专题七；刘启春：专题八。

本书编写时，参考了有关专著、论文、教材，吸收了相关研究成果，借此向有关作者致谢。思想政治理论课教学内容不断更新，编写难度较大，老师们付出了辛勤劳动，向为本书作出贡献的老师们致谢。本书编写与出版由中南民族大学马克思主义学院专项基金资助。

本丛书由武汉大学出版社出版，黄金涛编审付出了辛勤的劳动，特此致谢。由于我们水平有限，书中的缺点与疏漏在所难免，恳请专家和读者指正。

编者组

2020 年 12 月 1 日